# 徐花潭文集

金學主 譯

明文堂

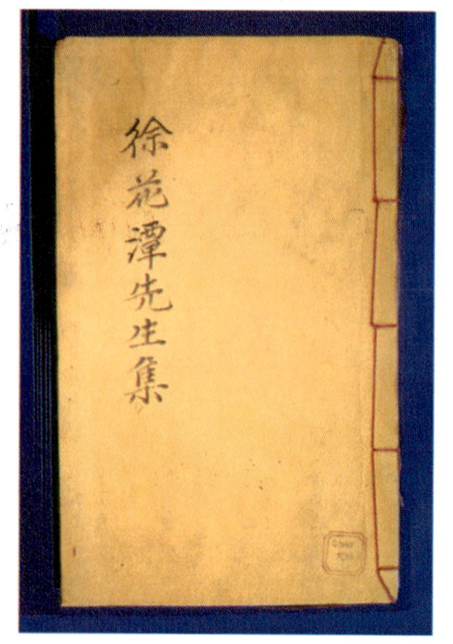

▲서화담선생집(徐花潭先生集) 표지
국립도서관 소장

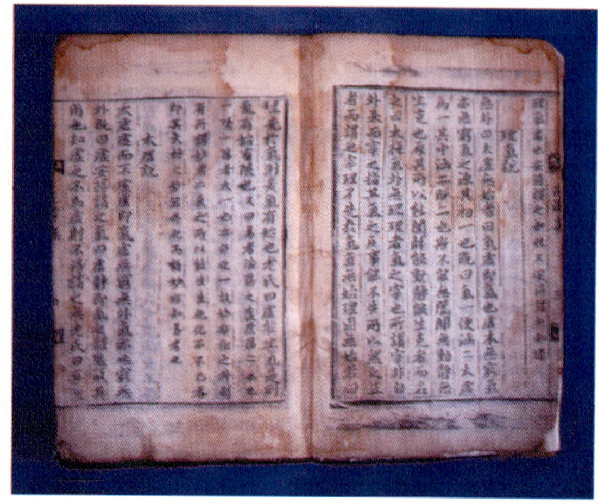

▲서화담선생집(徐花潭先生集) 내용
국립도서관 소장

▲만월대(滿月臺)

송도(松都:개성) 송악산(松嶽山) 기슭에 있는 만월대는 고려(高麗) 시대의
궁궐터로서 길이 약 445m, 너비 약 150m. 서화담은 이 송도에서 태어나
이곳에서 학문을 연구했고 이곳에서 세상을 떠났다.

**▲개성**(開城) **선죽교**(善竹橋)
개성시 선죽동(善竹洞)에 있는
고려시대의 석교(石橋).

**▶박연폭포**(朴淵瀑布)
정 선 ( 鄭 敾 : 1676 ~
1759) 그림. 서화담과
박연폭포와 황진이는
송도삼절(松都三絶)로 일컬어진다.

**▲서예**(書藝)**를 하는 기생**
서예는 기생의 중요 교양과목이었는데 황진이도
시(詩)·서(書)에 능했다고 한다. (조선조 말기의 사진)

▲**숭양서원**(崧陽書院)

개성(開城:松都) 선죽동 소재.

▲**개성**(開城) **남대문**(南大門)

고려시대 반월성(伴月城)의 남문으로 정면 3칸, 측면 2칸이다.

# 교정본 앞머리에

이 책은 1971년 한국자유교육협회에서 발행한 《서화담문선》을 교정 보충한 것이다. 거기에는 '산문·논설문' 곧 문(文)을 앞에 놓고, '부(賦)·시(詩)'를 뒤에 놓아, 서경덕의 사상에 독자들이 보다 쉽게 접근할 수 있도록 배려했었다. 그러나 이번 교정본에서는 《서화담문집》의 모습을 그대로 살려 '부·시'를 앞에 놓고, '산문·논설문'을 뒤로 돌렸다.

번역의 대본인 영조(英祖) 46년(1770)에 간행된 개성본(開城本)의 편찬 의도를 그대로 살려보려 노력하는 한편, 개성본에서 서경덕의 시문(詩文)과 후세 사람들의 글을 똑같이 취급하여 4권으로 정리한 모순도 바로잡았다. 곧 서경덕의 시문은 원래 모습대로 1·2권으로 나누어 정리하고, 후세 사람들의 글은 모두 〈부록(附錄)〉으로 정리하여 번역한 것이다.

그밖에서도 〈부록〉의 중복이 되는 글들이나 필요치 않다고 생각되는 부분은 번역에서 제외되었다. 그러나 앞머리의 두 학자의 서문(序文)과 뒤쪽의 여러 사람들의 발문(跋文)은 모두 그 자리에 번역하여 실음으로써, 《서화담문집》의 편찬과 간행의 성격과 간행 과정을 이해할 수 있도록 하였다.

다만 상수지학(象數之學)에는 식천(識淺)한 역자로서는 알 듯 모를 듯한 이론들이 적지 않다. 혹 독자 여러분들께서 잘못된 곳을 발견하게 되면 꼭 필자에게 가르쳐 줄 것을 간곡히 부탁한다.

어떻든 서경덕은 우리나라 학계에 있어서 유기론(唯氣論)의 선도자

(先導者)이며, 이황(李滉)·이이(李珥)에 앞서 성리(性理) 연구를 개척하였던 학자이다. 서경덕을 모르고는 조선의 도학(道學)을 논하기 어려울 것이다.

서경덕은 상수에 있어서는 송(宋)나라 소옹(邵雍, 1011~1077), 기론(氣論)에 있어서는 장재(張載, 1020~1077)의 영향을 가장 많이 받은 듯하다. 시문(詩文)에 있어서나 학문태도에 있어서도 그들의 영향이 느껴진다. 그러니 서경덕의 이해는 북송(北宋) 도학자(道學者)들에 대한 연구가 선행되어야 하기 때문에 더욱 어렵게 된다.

번역에 있어서 그러한 어려움을 극복하며 일반 사람들도 쉽게 이해할 수 있도록 하기에 노력하였다. 그러한 노고가 헛되지 않기를 바랄 뿐이다.

끝으로 이 자리를 빌어 어려운 여건 속에서도 꾸준히 양서 출판에 전념하는 명문당 사장 김동구씨에게 경의를 표한다.

2002년 12월 20일
김학주 인헌서실에서

# 차 례



〔**화담선생 문집목록**(花潭先生文集目錄)〕

**권지일**(卷之一)　　**시**(詩) · **부**(賦)

**부**(賦)



**시**(詩)

**권지이(卷之二)  산문(散文)·논설문(論說文)**

## 임금에게 올리는 글〔疏〕



## 편지〔書〕

## 잡문[雜著]



## 서(序)

## 명문(銘文)



## 부록(附錄) 1



## 부록(附錄) 2

### 1. 서화담 선생을 기리는 시 · 319

# 해  제

## 1. 《서화담 문집》의 편찬과 전래

　《서화담 문집》은 서경덕(徐敬德)이 죽은 뒤 그의 문인인 박민헌(朴民獻)·허엽(許曄) 등이 그의 시와 문장을 수집하여 간행함으로써 세상에 첫선을 보였다. 그러나 이것은 곧 임진왜란을 겪는 동안 없어져 버렸다. 그러나 선조(宣祖) 38년(1605) 은산(殷山)의 현감(縣監) 홍방(洪霧)이 서경덕의 학문을 숭앙하여 그 문집을 널리 구하던 나머지, 마침내 윤효선(尹孝先)의 발문(跋文)이 붙은 사본으로 된 유고(遺稿)를 얻게 되어 이를 출판하였다. 이것을 보통 1605년이 을사(乙巳)년이어서 '을사 은산본(乙巳殷山本)'(1책)이라 부른다.

　윤효선의 발문은 선조 34년(1601)에 쓰여진 것인데, 그는 발문에서 다음과 같이 《화담집》의 사본을 전사(傳寫)한 경위를 쓰고 있다.

　전란을 겪는 동안 서적들이 많이 없어져 다시는 선생[서경덕]의 저술은 볼 수 없으리라 여기면서 애통해하였다. 그러다 아드님 용담공(龍潭公)에게 유고를 구하였더니, 한 권의 시와 문장이 담긴 책을 내보여주었다. 그것은 선생의 문인 박민헌(朴民獻)과 허엽(許曄)이 수집한 것이었다.

　용담공은 어려서 선생을 여의었으므로 이곳에 거둬들이지 못하고 없어진 것도 많을 것이라 하니 애석하기 짝이 없다. 기왕 지난 일이야 어쩔 수 없으니 앞으로나 잘 전해야겠다고 생각하고, 마침내 민유청(閔惟淸) 동지에게 전사(傳寫)하도록 요청하여, 그것을 아끼며 읽고 공경히 간직하면서 문화계의 위대한 보배로 여기고 있다.

그러니 윤효선의 사본도 서경덕이 죽은 지 50여년만에 이루어진 것이다.

이렇게 간행된 《서화담 문집》이 오랫동안 서경덕의 학문을 받들던 개성(開城)의 화곡서원(花谷書院)에 보존되어 있었다. 그러나 판면(板面)이 희미해져 개성의 여러 선비들이 이 문집을 다시 간행할 것을 계획하게 되었다. 그 결과 진사(進士) 한명상(韓命相)·마지광(馬之光)·채위하(蔡緯夏) 등의 주간으로 영조(英祖) 46년(1770, 庚寅)에 1책으로 된 새로운 문집이 세상에 나왔다. 이것은 보통 '영조경인 개성본(英祖庚寅開城本)'이라 부른다.

이 판각(板刻)의 대본은 영조 28년(1752) 김용겸(金用謙)이 새로이 《서화담집》의 편차를 정리하여 손으로 베껴두었던 것을 사용하였다. 그 내용을 보면 모두 4권으로 되어 있는데,

첫째 권에는 부(賦)와 시(詩),

둘째 권에는 소(疏)·서(書)·잡저(雜著)·서(序)·명(銘) 등의 산문,

셋째 권에는 부록으로 연보(年譜)와 비명(碑銘) 및 유사(遺事),

넷째 권에도 부록으로 사제문(賜祭文)·서원상량문(書院上樑文)·종사의(從祀議)·증화(贈和) 및 추모(追慕)의 시·문인록(門人錄) 등이 실려 있다. 다시 말하면 진짜 서경덕의 문집은 1권과 2권뿐이고, 3권과 4권은 서경덕에 관한 참고 문헌을 모아 놓은 것이다. 그밖에 책의 첫머리에는 원인손(元仁孫)의 서(序)와 윤숙(尹塾)의 서가 붙어있고, 끝머리에는 윤효선(尹孝先)·김용겸(金用謙)·홍방(洪霶)·윤득관(尹得觀)·채위하(蔡緯夏) 등의 발문(跋文)이 실려 있다. 지금은 성균관대학 대동문화연구원에서 영인(影印)한 《이조초엽명현집선

(李朝初葉名賢集選)》에 개성본을 바탕으로 한 《화담 선생 문집》이 들어 있어 가장 구해 보기가 쉽다.

어떻든 윤효선(尹孝先)이 발문에서 지적했듯이 우리가 지금 보는 《서화담 문집》은 서경덕의 완전한 문집이 못되는 듯하여 서운한 감이 없지 않다.


## 2. 서경덕의 생애

서경덕은 자는 가구(可久), 호는 복재(復齋)라 하였으며, 뒤에는 개성(開城) 문 밖 화담(花潭)에 물러나 살면서 학문과 우주의 원리를 궁리하는 데 몰두하여, 세상 사람들은 그를 '화담 선생'이라고 흔히 불렀다.

서경덕은 조선 성종(成宗) 20년(1489) 2월 17일 송경(松京, 개성)의 화정리(禾井里)에서 아버지 호번(好蕃), 어머니 한씨(韓氏)를 양친으로 모시고 태어났다. 어머니 한씨는 공자묘(孔子廟)에 들어가는 꿈을 꾸고 나서 서경덕을 뱄다 하니, 낳기도 전부터 위대한 학자가 될 숙명을 지니고 있었던 듯하다.

서경덕은 어려서부터 궁리하는 데 소질이 있었던 것 같다. 서경덕은 집이 가난하여 어렸을 적에 부모들이 봄에 들에 나가 나물을 뜯어 오게 하였다. 서경덕은 매일 들에서 늦게 들어오는데, 나물은 바구니에 조금밖에 들어 있지 않았다. 부모들이 이상하게 생각하고 그 까닭을 물으니 소년 서경덕의 대답은 엉뚱하였다.

"저는 나물을 뜯다가 새새끼가 나는 것을 보았습니다. 첫날은 땅에서 한 치를 날고, 다음 날은 두 치 다시 그 다음날은 세 치를 날다가 차차 하늘로 날아다니게 되었습니다. 저는 이 새새끼의 나는 것을 보고 속으로 그 이치를 생각해 보았으나 터득하지 못하여

나물도 얼마 못뜯고 늦게 돌아왔던 것입니다.”(朴世采《南溪集》의 기록)

서경덕은 열네살(1502, 연산군 8년) 때 글방에 가서 글을 읽었는데, 《서경(書經)》의 첫머리 요전(堯典)에 보이는 ‘일년은 삼백육십오일여(朞三百六旬有六日)’란 대목에 이르러 서당 선생은 그 원리를 설명하지 못하였다. 서경덕은 성인들이 허황된 말을 썼을 리가 없다 생각하고 물러나 보름 동안 골똘히 사색한 끝에 그 이치를 스스로 깨쳤다 한다.

그리고 열여덟살 되던 해(1506, 중종 1년)에는 《대학(大學)》을 읽다가 ‘앎을 얻게 되는 것은 사물의 이치를 규명함에 있다〔格物致知〕’는 대목에서 크게 깨닫고, 곧 그는 자기가 모르는 사물의 이름들을 벽에다 써붙여 놓고는 밤낮으로 그것을 보면서 그 원리를 깨닫게 될 때까지 궁리하였다 한다. 학문은 옛 책을 읽는 것보다도 궁리하는 데서 더 중요한 진리들이 얻어진다고 그는 일찍부터 생각하고 있었던 것 같다.

그 결과 스물한살 되던 해(1509, 중종 4년)에는 빈 방 안에 홀로 앉아서 여러 날 잠도 자지 않고 밥먹는 일도 잊은 채 스스로 괴로워하면서 사색에 잠겼었다 한다. 이렇게 3년을 지내자 마침내는 병이 되어서 자연히 언제나 사색만을 일삼게 되었다 한다. 너무 신경을 많이 써서 일종의 신경쇠약에 걸렸던 것 같다.

이러한 그의 학문 경향 때문에 그의 학문은 너무나 근거 없는 사색의 글인 듯한 느낌이 든다. 《논어(論語)》에서 공자가 일찍이 ‘생각만 하고 공부하지 않으면 위태롭다〔思而不學則殆〕’고 말했는데, 그는 너무나 생각만 하는 편으로 기울어졌던 것 같다.

그러나 그의 사람됨은 어려서부터 총명하고도 단정하여 어른들의 말을 잘 들었다 한다. 서경덕 자신이,

'나는 스무살이 되면서부터 같은 잘못을 두번 거듭 저지르지 않게
되었다.'(朴民獻〈神道碑銘〉의 기록)

라고 말하고 있으니, 도학자(道學者)로서의 소질조차도 타고났던 듯
하다.

서른한살 적(1519, 중종 14년)에는 조정에서 천거과(薦擧科)를 설
치하여 120명이 과거에 추천되었는데, 서경덕은 그 중 첫번째로 추천
되었으나 사양하고 가지 않았다. 마흔세살 적(1531, 중종 26년)에는
어머니의 명으로 마지 못해 서울에 가서 과거에 응하여 사마시(司馬
試)에는 급제하였으나 진작 대과(大科)는 끝내 보지 않고 돌아왔다.
그리고 쉰두살 적(1540, 중종 35년)에는 대제학(大提學) 김안국(金安
國)에 의하여 조정에 추천되었고, 쉰여섯살 적(1544, 중종 39년)에는
후릉참봉(厚陵參奉)이란 벼슬이 내려졌으나 받기를 사양하고 벼슬자
리에 나아가지 않았다.

이처럼 서경덕은 세상에서의 높은 벼슬이나 명예 같은 것은 아랑곳
없이 오직 궁리를 통한 학문 연구와 올바른 몸가짐을 지키면서 조용
히 일생을 보내었다. 서경덕이 생존했던 시기는 고려 말기에 수입된
송(宋)나라의 성리학(性理學)이 일단 우리나라 사회 사조나 학문 사
상과의 갈등을 극복하고, 이제는 본격적인 사색(思索)을 통한 이론의
체계화를 시도함으로써 새로운 유학(儒學)을 건설하려던 때였다.

특히 1519년 중종의 기묘사화(己卯士禍) 이후로는 대부분의 선비
들이 우주의 철리(哲理)를 궁리한다는 성리학을 빌어 어지러운 현실
을 도피하려는 경향이 짙은 때였다. 이러한 철리의 추구는 본질적으
로 유교보다는 불교(佛敎)에 더 가까운 것이어서, 겉으로는 유교를
숭상하면서도 안으로는 불교를 떠받드는 듯한 기미조차 두드러지던
때였다. 이러한 시대 조류는 유교편에서 볼 적에는 성리학 발달의 좋
은 계기가 되는 것이었다.

성리학은 피상적으로 살펴볼 때 대충 다음과 같은 두가지 두드러진 경향을 보여주는 학파라 할 수 있다. 첫째는 철리의 사색을 통하여 현실주의적인 유교를 철학화(哲學化)하는 것이요, 둘째는 예에 입각한 엄격한 행동과 몸가짐, 곧 예교(禮教)에 입각한 도학자(道學者)적인 생활의 숭상이다.

서경덕이 위대한 학자로서 명성을 떨친 데에는 성리학을 배경으로 한 이와 같은 시대적인 특성이 크게 작용하였던 것 같다. 곧 서경덕이 위대한 학자로 명성을 떨친 것은 순전한 그의 학문상의 업적 때문보다도, 궁리를 위주로 하는 그의 학문 방법과 도덕 실천을 통한 고결하고 엄격한 도학자적인 그의 생활방식이 여러 사람들의 존경의 대상이 되었기 때문인 것 같다.

당시 개성(開城)의 명기로서 가무와 용색(容色)으로 일대를 울린 황진이(黃眞伊)가 서경덕을 연모한 나머지 금주(琴酒)를 가지고 화담으로 그를 찾아가 여러번 유혹해 보았으나 끝내 성공하지 못하고,

"지족선사(知足禪師)는 나의 농락대로 30년간의 면벽적공(面壁積功)을 허물어뜨렸지만, 화담 선생만은 별 수단을 다 써 보아도 모두 성공하지 못하였다. 선생이야말로 참된 성인이시다."

라고 탄식을 발했다 한다. 이 얘기도 불교에 못지않은 성리학을 통한 그의 학문의 철학적인 깊이와 함께 그의 뛰어난 도덕을 찬양하는 사람들이 지어낸 전설인지도 모른다. 황진이 자신이 박연폭포·화담 선생과 자기의 셋을 '송도의 삼절(松都三絶)'이라 하였다고 하지만, 이것은 황진이 개인의 평가가 아니라 그 시대 사람들의 일반적인 평가였다고 보는 게 옳을 것이다.

서경덕은 이처럼 화담이란 아름다운 고장에 조용히 묻혀 살다가 쉰여덟살 되던 해(1546, 명종 1년) 7월 7일 조용히 이 세상을 떠났다. 그는 죽기 전 2년 가까이나 병상에 누워 있었으나 죽음을 예감하고는

제자들에게 명하여 화담으로 메어 나가 목욕을 하였다 한다. 그리고
는 이때 한 제자가 임종을 앞둔 그에게

"선생님의 지금 심경이 어떠하십니까?"
하고 묻자, 그는

"삶과 죽음의 이치를 안 지 이미 오래라 심경은 편안하기만 하다."
라고 대답하였다 한다. 잉태(孕胎)로부터 임종(臨終)에 이르기까지
그의 일생은 철저히 도학자답다. 중국의 왕수인(王守仁)이 죽음을 앞
두고 문인의 묻는 물음에

"이 마음이 광명(光明)한데, 또 다시 무슨 말을 하겠느냐?"
라고 대답했다지만, 도통(道通)한 도학자들로서는 그럴싸한 임종이라
하겠다.


## 3. 서경덕과 소옹(邵雍)

이이(李珥, 1536~1584)가

"화담의 사상은 대체로 장재(張載, 1020~1077)에게서 나왔다."
라고 말한 이래로, 근래에 이르기까지도 흔히 화담의 사상에 가장 큰
영향을 미친 사람은 장재라 믿고 있다. 그러나 한번이라도 《서화담문
집》을 읽어본 사람이라면 송나라의 성리학자 중 누구보다도 소옹(邵
雍, 1011~1077)의 영향이 큼을 직접 느끼게 될 것이다. 화담 사상의
바탕을 이루고 있는 '유기론(唯氣論)'은 물론 장재의 '기(氣)'의 철학
과 통하는 것이지만, 전체적으로 볼 적에 소옹의 '도서선천상수의 학
(圖書先天象數之學)'과 소옹의 도학적인 생활방식이 서경덕의 학문과
인간 전체에 절대적인 영향을 미친 것 같다.

소옹은 자가 요부(堯夫)이며, 만년엔 안락선생(安樂先生)이라 스스
로 호하였고, 저서로는 《격양집(擊壤集)》20권·《황극경세서(皇極經

世書)》·《관물내외편(觀物內外篇)》·《어초문대(漁樵問對)》 등이 있다. 우선 《화담집》을 펼쳐 보면 직접 소옹의 〈관역음(觀易吟)〉이나 〈수미음(首尾吟)〉 등을 본뜬 시들이 있고, 그밖의 철학시(哲學詩)는 말할 것도 없거니와 자기의 감상이나 자연을 노래한 시들에서도 거의 매편에 소옹의 영향이나 흔적이 보인다.

그리고 그의 논설문을 보더라도 성음해(聲音解)·발전성음해미진처(跋前聲音解未盡處)·황극경세수해(皇極經世數解)·괘변해(卦變解)·육십사괘방원지도해(六十四卦方圓之圖解) 등 태반의 글이 모두가 직접 소옹의 도서(圖書)나 상수(象數)에 관한 이론을 해설한 것이다. 다시 말하면 시나 산문을 막론하고 《화담집》의 중요한 부분은 거의 태반이 직접 소옹과의 관계 아래 쓰여지고 있는 것이다.

소옹의 생애를 대략 더듬어 보아도 서경덕과 비슷한 점이 너무나 많다. 우선 두 사람 모두 그들 할아버지대부터 벼슬도 안한 가난한 집안이나, 덕이 있기로 알려진 사람들이었다. 그리고 두 사람 모두 어려서부터 집안일을 도와서 일하는 한편, 궁리를 통하여 공부하기에 힘썼다.

그러다가 소옹은 견문을 넓히기 위하여 황하(黃河) 유역으로부터 한수(漢水) 유역에 이르는 넓은 지역을 여행하였는데, 서경덕도 서른네살에 속리산·지리산·금강산 등 명산을 두루 찾아다녔다.

이들이 비바람이나 겨우 가리는 초당에서 끼니도 근근이 이어가는 처지였으면서도 언제나 진리탐구에만 몰두하고 세상의 명리나 벼슬 같은 데 초연했던 생활태도도 비슷하다. 소옹은 부필(富弼)과 문언박(文彦博) 같은 고관의 추천을 받았으나, 모두 거절하고 벼슬자리에 나아가지 않았다.

그리고 송나라 인종(仁宗) 때에는 벼슬을 않고 있는 어진 사람들을 천거하라는 칙명이 있어, 소옹도 천거를 받아 조정에서는 벼슬까지 내리려 하였으나 나아가지 않았다. 다시 신종(神宗) 초기에도 벼슬 않는 훌륭한 사람들을 구하여, 소옹은 여러 사람들의 천거를 받아 조정에선 꽤 높은 벼슬을 내리려 하였으나 역시 벼슬살이를 하지 않았다.

그리고 이 두 사람은 모두 귀천을 가리지 않고 자기 고장 사람들과 어울리어 얘기하고 지냄으로써, 어진 이들은 그의 덕을 존경하고, 못난 자라도 그의 진실됨에 감동케 하였다는 접인(接人) 태도도 비슷하다. 그리고 만년에는 소옹도 사마광(司馬光)에게

"삶과 죽음이란 모두 보통 있는 일이다."

라고, 사람의 죽음에 대하여 초연한 태도를 보였다는 것도, 임종 때에 서경덕이 문인들에게 보여준 태도와 비슷하다.

서경덕의 사상은 장재에 가까운 '유기론(唯氣論)'이 그 바탕을 이루고 있는 것이 사실이지만, 거기에는 소옹의 선천(先天)사상이 가미되어 있음을 보아 넘겨서는 안될 것이다. 서경덕은 〈원이기(原理氣)〉란 중요한 논문에서

'태허(太虛)는 맑게 형체가 없는 것인데, 그것을 일컬어 선천(先天)이라고 한다. 그 크기는 한이 없고 그 역사엔 시작이 없으며, 그 내력은 추궁할 수도 없다. 그 맑고 허정(虛靜)한 것이 기(氣)의 근원인 것이다.'

라고 말하고 나서, 다시

'그 맑은 본체를 일기(一氣)라 말하고, 그 맑은 둘레를 태일(太一)이라고 한다. 이미 일기라 하였으니, 일(一)은 스스로 이(二)를 품고 있으며, 이미 태일이라, 말하였으니 일은 바로 이를 지니고 있는 것이다. 일은 이를 생성치 않을 수 없고, 이는 스스로 생성 극복[生克]할 수가 있다.'

라고 후천(後天)으로 만물 생성의 원리를 발전시키고 있다. 선천이나

후천은 《역(易)》의 철리에 근거를 둔 것이지만, 이처럼 '유기론'에 그 것을 배합시키어 체계를 세운 것은 소옹의 영향으로 보아야 할 것이 다. 그러나 이황(李滉, 1501~1570)도

'황극경세수해(皇極經世數解)'란 바로 서화담 선생이 저술한 것이 다. 이분은 해설서들도 보지 않고 스스로 궁리하여 이에 이르렀다 고 한다. 이것은 하나의 기이한 일이다. 그러나 과연 소옹의 본수 (本數)와 합하는지는 모르겠다.'

라고 평하고 있으니, 서경덕이 소옹의 도서(圖書)와 상수(象數)를 얼 마나 깊이 터득하고 있었는지는 알 길이 없다.

도서란 옛날 황하(黃河)와 낙수(洛水)에서 나왔다는 '하도낙서(河 圖洛書)'라는 형이상학(形而上學)적인 도표를 근거로 하여 우주의 원 리를 탐구하는 것이며, 상수(象數)란 《역》의 해석에 있어서 도상적 (圖象的)인 방법에 의한 상학(象學)과 일종의 수리(數理)를 근거로 하여 우주의 신비를 풀어 보려는 철학적인 수학(數學)을 뜻한다. 곧 《역》의 우주 이론이나 우주의 시간을 수나 도표로써 체계와 이론 을 따라 풀이해 보자는 것으로서, 오랫동안 도가(道家)나 도사(道士) 들 사이에 밀교적(密敎的)으로 전하여 오던 것이었다. 소옹은 그러한 밀교적인 방법을 유학에 도입하여 우주의 신비를 해결하려 하였던 것 이다.

그 중에서도 가장 중요한 것은 수학(數學)이라 할 것이다. 소옹의 수리(數理) 중에서도 대표적인 보기로 그의 《황극경세서(皇極經世 書)》에 보이는 원(元)·회(會)·운(運)·세(世)의 설을 간단히 소개 해 보기로 한다.

그는 1세(世)를 30년으로 잡고, 1운(運)은 12세(30×12=360년), 1 회(會)는 30운(360×30=10,800년), 1원(元)은 12회(10,800×12= 129600년)로 우주의 순환의 시간적 단위가 이루어진다. 이 우주의 시

간은 다시 원의 세(129,600×30), 원의 운(129,600×30×12), 원의 회(129,600×30×12×30), 원의 원(129,600의 제곱)으로 발전하며, 마지막으로는 '원의 원의 원의 원' 곧 2만8천2백11조9백90만7천4백56억년까지 계산되어 있다.

그리고 우주의 시간은 첫째 회인 10,800년에서 하늘이 열리고, 둘째 회 10,800년에서 땅이 열렸으며, 셋째 회 10,800년에서 사람이 생겨나고, 만물이 생성되었다고 한다. 그리고 여섯번째 10,800년은 《역》에서 말하는 건괘(乾卦)에 해당하며, 천지의 전성기(全盛期)로서, 요(堯)임금은 이 회의 서른번째 운(運)의 아홉번째 세(世), 곧 원의 시작부터 따지면 64,710년부터 64,800년 사이에 세상을 다스렸다 한다.

이런 식으로 밀고나가서 소옹 자신이 살고 있던 송나라 신종(神宗)의 희녕(熙寧) 원년(1068)은 여섯째 회의 열번째 운, 원의 시작부터 계산하면 백아흔째 운의 둘째 세의 15년째, 곧 처음부터 세어 68,085년에 해당한다고 한다. 이것은 천지가 전성기의 극점을 지나서 우주 시간으로 볼 때 내리막판을 향하는 시기에 해당한다.

이것은 앞에서도 얘기했듯이 논리상으로 볼 때 체계와 질서가 정연한 도표나 수자는 바로 천지조화(天地造化)와 통하는 것이라 보고, 그러한 체계와 질서를 이치를 따라 추구함으로써 천지조화의 모든 원리를 알아내려던 것이었다.

다시 말하면 우주의 신비나 비밀을 숫자나 도표의 체계를 이용하여 사람의 머리로 캐내자는 것이다. 평생을 우주의 섭리를 밝히려고 조용히 사색하며 공부하는 데 바친 서경덕이 이러한 소옹의 도서나 상수에 깊은 관심과 연구를 기울였던 것은 당연한 일이라고도 할 수 있을 것이다.

## 4. 서경덕의 '기(氣)'론

서경덕의 사상은 '기'를 바탕으로 하고 있기 때문에 흔히 '유기론 (唯氣論)'이라고도 말한다. 그는

'갓이 없는 것을 태허(太虛)라 말하고, 시작이 없는 것을 기(氣)라 고 말하는데, 허(虛)가 바로 기인 것이다. 허는 본시부터 무궁한 것 인데, 기도 역시 무궁하다. 기의 근원은 그 시초가 일(一)인 것이다. 이미 기가 일[氣一]이라 하였으니, 곧 이(二)를 함유하고 있는 것 이다. 태허도 일(一)이므로 그 속에는 이(二)를 함유하고 있다. 이 미 이(二)가 되면은 여기에는 닫히고 열림이 없을 수 없으며, 움직 임과 고요함이 없을 수 없고, 생성[生]과 극복[克]이 없을 수 없 는 것이다.'(理氣說)

'태허는 허하면서도 비어 있지 않은데, 허(虛)가 곧 기(氣)이기 때 문이다.'(太虛說)

라고 하면서, 만물의 생성과 우주 변화의 원체(原體)로서의 '기'를 인 정하고 있다. '기'는 하나이지만 동시에 음양(陰陽)의 둘이기도 한 것 이다. 이 '기'가 지니고 있는 이(二)의 성질이 서로 운동을 하는 과정 에서 모든 존재들이 성립된다는 것이다. 따라서 우주의 모든 존재란 다른 말로 표현하면 '기의 집산(集散)'이라 볼 수도 있다는 것이다.

그런데 송나라의 장재가 이미

'태허는 형체가 없으며, 기의 본체(本體)이다.'(《正蒙》 太和)

라고 하면서

'태허에는 기가 없을 수 없으며, 기는 모여서 만물이 되지 않을 수 가 없고, 만물은 흩어져 태허가 되지 않을 수 없는 것이다. 이렇게 순환하면서 출입하는데, 모두가 어쩔 수 없이 그렇게 되어가는 것

이다.'(《正蒙》太和)

라고 서경덕에 앞서 거의 같은 '기론'을 펴고 있다.

또 서경덕은 유명한 〈귀신사생론(鬼神死生論)〉에서

'죽고 사는 것과 귀신은 다만 기가 모였다 흩어졌다 하는 것일 따름이다.'

라고 하면서 '기'의 불멸론(不滅論)을 구체적으로 주장하고 있다. 그러나 장재도 이미

'모여도 또한 나의 몸이요, 흩어져도 역시 나의 몸이다. 죽음이 소멸(消滅)이 아님을 아는 자라야만 더불어 성(性)을 얘기할 만하다.'

'기가 태허에 모였다 흩어졌다 하는 것은 마치 얼음이 물에 녹는 것과 같아서, 태허가 곧 기이니 무(無)란 없음을 알겠다.'(《正蒙》太和)

라고 분명히 '기'의 불멸론을 강조하였다. 오히려 장재는 '기'를 도덕적인 단계로까지 승화시키어

'하늘과 땅은 허(虛)를 가지고 덕(德)을 삼으니, 지극히 선(善)한 것이 바로 허인 것이다.'(《正蒙》太和)

고 말하고 있다. 그리고는 만물일체(萬物一體)의 가치관(價値觀)·도덕관(道德觀)으로 밀고 나간다.

'건(乾)을 아버지라 부르고 곤(坤)을 어머니라 부른다. 나는 이 아득한 곳에 바로 한데 어울리어 그 속에 있은 것이다.'(〈西銘〉)

라고 하였는데, '건'이란 하늘이요, '곤'이란 땅인 것이다. 그리고 다시

'백성들은 나의 동포(同胞)요, 물건들은 나의 친구이다.'(〈西銘〉)

라고 하면서, '기'의 이론을 끝까지 몰고 나간다.

그러나 서경덕은 끝까지 이 '기'의 이론을 밀고 나가지 않고 중간에서 초점을 흐리어 관심을 소옹의 도서(圖書)와 상수(象數)로 돌렸던 것 같다. 이러한 '기'의 철학을 주희(朱熹)의 성리학(性理學)이나

왕수인(王守仁)의 심학(心學)에 비길 때 '유물론(唯物論)'이라 한다면, 이론적인 체계화란 점에서 서경덕은 오히려 장재에 뒤지고 있는 것이다.

앞에서도 지적했듯이 서경덕은 순수한 학문적인 업적 때문이 아니라 다른 뜻에서 존중되었던 학자이다. 그는 송나라의 장재나 소옹이 주희(朱熹)의 성리학의 대성(大成)에 교량과 같은 역할을 한 것처럼, 이황(李滉)과 이이(李珥)의 이기론(理氣論) 형성의 교량이 되었던 것 같다. 퇴계(退溪) 이황은 12년, 율곡(栗谷) 이이는 47년 서경덕보다 뒤에 세상에 나왔는데, 이들은 서경덕의 학문을 바탕으로 하여 우리나라의 성리학을 중국의 수준을 넘어 철학화시킬 수가 있었을 것이다.

그리고 우리나라의 성리학이 사색과 실천면에 있어서 더한층 도학적(道學的)인 경향을 뚜렷이 한 것도 서경덕의 영향이라고까지 할 수 있을 것이다. 나쁘게 표현하여 학문의 시대적인 사명은 아랑곳없이 형식적이고 번잡한 예에 맞는 반듯한 몸가짐의 강요와 근거 없는 우주 원리의 궁리는, 우리나라 학문을 달팽이처럼 자기 껍질 속으로만 움츠러 들어가려는 듯한 응고화(凝固化)로 몰아대었다 해도 할 말이 없을 것이다.

그의 문인으로는 수안군수(遂安郡守)를 지낸 민순(閔純, 1519~1591), 여러 해 영의정(領議政)을 지낸 박순(朴淳, 1513~1589), 경상도 관찰사(觀察使) 벼슬에까지 올랐던 허엽(許曄, 1517~1580) 등이 개성의 화곡서원(花谷書院)에 배향(配享)되어 있으며, 그밖에도 박민헌(朴民獻, 1516~1586), 《토정비결(土亭秘訣)》의 저자로 알려진 이지함(李之菡, 1517~1578)·홍인우(洪仁祐, 1515~1554)·박지화(朴枝華, 1513~1592)·남언경(南彦經)·김혜손(金惠孫) 등 쟁쟁한 인물들이 많다.

이러한 문인을 통해서 보더라도 서경덕은 학자로서 당대의 존경을 받았던 사람임을 알겠다. 자기가 아는 것을 남에게 드러내어 뽐내는 것을 꺼린 서경덕이라면, 우리가 지금 그의 학문상의 업적을 대단치 않게 평가하는 것도 그가 평생 궁리하여 터득한 원리들이 글로써 모두가 발표되어 있지 않기 때문일 가능성도 많다.

# 일러두기

1. 이 번역의 대본은 성균관대학교 대동문화연구원(大東文化硏究院)
   에서 영인한 영조(英祖) 경인년(庚寅年, 1770) 간 개성본(開城本)
   을 사용하였다.
2. 개성본은 도합 4권으로 이루어져 있으나, 실상 서경덕의 문집은 제
   1권의 부(賦)와 시(詩), 제2권의 문(文) 두 권뿐이고, 3·4권은 부
   록(附錄)이다. 따라서 문집은 2권으로 정리하고, 다른 사람들의 글
   인 3·4권은 〈부록〉1·〈부록〉2로 정리하여 뒤에 붙였다.
3. 개성본에 실린 후세 두 학자의 서문(序文)은 문집 앞머리에, 그리
   고 여러 사람들의 발문(跋文)은 문집 뒤에 번역하여 실었다. 《서화
   담문집》의 편찬 경위와 간행 내력을 그대로 알리기 위해서이다.
4. 개성본 3권의 유사(遺事)는 거의 모두 서경덕의 〈연보(年譜)〉 및
   그의 생평에 관한 글들과 내용이 중복되어 번역을 하지 않았다. 그
   리고 4권의 사제문(賜祭文)·향축문(享祝文)·상량문(上樑文) 등
   도 서경덕을 이해하는 데 별 도움이 되지 않는다 여겨져 번역을 생
   략하였다.
5. 번역문의 그대로 이해하기 어려운 말이나 글에는 간단히 주석을 붙
   였다.
6. 원문에는 현토를 달고 표점부호를 찍어 읽기에 편하도록 하였다.

# 중간화담선생집서(重刊花潭先生集序)/元仁孫

무자년(戊子年, 1768)에 내가 송경(松京) 태수(太守) 벼슬을 했는데 화담선생의 서원을 배알하고 서사정(逝斯亭)에 올라 선생께서 은거하면서 도를 즐긴 일을 상상하였다. 우뚝한 물외(物外)의 정취가 시원하여 크게 한숨쉬며 산고수장(山高水長)의 생각을 하게 되었다. 그 위에는 선생의 분묘가 있다고 한다.

송경은 고려의 전성시대부터 위대한 인물들이 적지않이 배출되었는데, 맑게 통하고 아름답고 순수하며 영롱하고, 쇄락하여 곧바로 하늘과 사람에 대하여 깨치는 학문은 포은(圃隱) 정몽주(鄭夢周, 1337~1392)[1] 이후로 오직 선생 한 분만이 이 땅에서 영기(靈氣)를 빛냈을 뿐이다.

아아! 우리 성종(成宗, 1470~1494)과 중종(中宗, 1506~1544)의 시대에는 진실한 선비의 배출이 실로 중국의 성화(成化, 1465~1487)·홍치(弘治, 1488~1505)의 시대[2]와 같았으니, 또한 천하 문명의 중심이었던 것이다. 성화(成化) 임인년(壬寅年, 1482)에는 정암(靜庵) 조광조(趙光祖, 1482~1519)[3]가 태어나고, 홍치(弘治) 기유년(己酉年, 1489)에는 선생이, 홍치(弘治) 신해년(辛亥年, 1491)에는 회재(晦齋) 이언적(李彦迪, 1491~1553)[4]이, 홍치(弘治) 신유년(辛酉年, 1501)에는 퇴계(退溪) 이황(李滉, 1051~1570)[5]이 탄생하였고, 그후 40여년이 지나 가정(嘉靖) 병신년(丙申年, 1536)에 율곡(栗谷) 이이(李珥, 1536~1584)[6]가 태어났다. 포은이 죽은 지 불과 백수십년

동안 다섯 선생이 아울러 학문과 문학의 재능을 갖고 나왔었으니 이
것이 어찌 우연한 일이겠는가?

그러나 세상의 논의가, 다른 네 분의 선생은 모두 성리학의 올바른
원류로 귀착시키고, 화담선생만은 늘 상수지학(象數之學)이라 지목하
고 있다. 이는 본시 주자(朱子)의 선생님들[7]을 소옹(邵雍, 1011~
1077)[8]과 나란히 받드는 것이나 같은 뜻일 것이다.

선생에게 시호(諡號)를 내리기를 도덕박문(道德博聞)을 일러 〈문
(文)〉이라 하고 연원유통(淵源流通)을 일러 〈강(康)〉이라 하니, 거기
에 하필 강(康)을 넣은 것은 소자(邵子)와 부합하는 바가 있기 때문
인 것 같다.

선생은 기묘년(己卯年, 1519)에는 과거(科擧)에 추천되었는데도 나
아가지 않았고, 뒤에 후릉참봉(厚陵參奉)으로 부를 때도 몸을 움직이
지 않았다. 죽은 지 얼마 지나지 않아 우의정을 추증하니 조정의 사
림(士林)들의 논의가 한결같이 칭송하고 존경했던 것을 알 수 있겠다.

선생의 학문은 오로지 〈격물치지(格物致知)〉에 있었다. 나이가 들
어 7,8세 때부터 집안이 가난하여 부모님의 명으로 들에 나가 나물을
뜯어가지고 돌아오는데 항상 바구니가 가득 차지 않았다. 그 까닭을
물으니 대답하기를, "새가 땅에서 하늘로 날아오르는데 그 이치를 추
구하느라고 종일토록 나물 뜯는 것을 잊고 있었다."하였다. 그것은 오
묘한 깨달음에 투철하고, 끝까지 살피는 일에 철저했기 때문일 것이
다. 이미 어릴 때부터 이기설(理氣說)이나 태허설(太虛說) 등을 모르
면서도 그와 같았던 것이다.

율곡이 일찍이 퇴계의 옛분들을 본뜨는 것이 화담의 스스로 터득하
는 것보다 나으니, 경중(輕重)의 차이가 있다 하였다. 그러나 그것은
현명한 분들이면 갖추어야 할 것을 추궁한 것이다. 이미 스스로 터득
한다고 했으면 즉 천기(天機)의 핵심이 인공(人工)의 돈오(頓悟)에 촉

발된 것이고, 우리 공문(孔門)에서 공자께서도 찬동하여, 봉황새가 천 길 높이를 나는 것 같은 기상이니, 선생이 아니라면 누가 그러하겠는가.

송경(松京)의 인사들이 장차 선생의 유집(遺集)을 중간(重刊)하고자 하여 나에게 와서 서(序)를 부탁하였다. 나는 말하기를, "화담(花潭)은 산수가 맑고 아름다우며 대단히 빼어나서 선생의 정신과 정취 및 흥회가 모여 있는 것이, 살아 있을 때나 죽어서나 차이가 없다. 그 사이에 솔개와 물고기가 날며 뛰놀고, 물이 바위 사이에 움직이고 물결치고 있어서, 거기에서 그것을 다시 구한다면 가히 묘함을 얻을 수 있을 것이다. 지금 판각되어 있는 것은 흩어지고 탈락된 것이 많은데, 선생을 지극히 섬기는 자가 아니라 하더라도 더 이상 그릇되게 하여서는 안될 것이다."라 하였다. 대략 작은 서(序)를 써서 그 아래에 붙이는 바이다. 《시경》[9]에 "높은 산을 우러러보고 한길을 걸어다닌다〔高山仰止, 景行行止〕."하였는데, 아아! 멀기만 하구나!

숭정기원후(崇禎紀元後) 삼경인(三庚寅, 1770) 여름에 원성후인(原城後人) 원인손(元仁孫, 1721~1774)[10]은 삼가 서하노라.

### 原文　重刊花潭先生集序

戊子에, 不侫守松京이러니, 謁花潭徐先生書院하고 登逝斯亭하여, 想像先生考槃樂道라. 亭亭物表之趣로 灑然太息하니, 有山高水長之思라. 其上蓋有先生塚云이라.

松京自勝國時로, 偉人鉅公亦非不多나, 而若其淸遍英粹하고 玲瓏灑落하여, 直悟天人之學은 圃隱以後로 惟先生一人이 炳靈於玆地而已니라.

嗚呼라! 當我宣靖兩陵之世에 眞儒輩出하니 實中朝成弘之際요, 亦天下文明之會也라. 成化壬寅엔 靜庵生이요, 弘治己酉엔, 先生生이오, 弘治辛亥엔, 晦齋生이오, 弘治辛酉엔, 退溪生이오, 其後四十

餘年인, 嘉靖丙申엔, 栗谷生이라. 自圃隱之歿로, 不過百數十年之內
에  五先生並膺聚奎之運이, 是豈偶然也哉아!

然世之論靜·晦·退·栗四先生은, 歸之以洛閩正源이나, 而至於
花潭은 則必以數學目之라. 此固紫陽六先生贊을  並列邵子之意歟인저.

謚先生者曰 ; 道德博聞曰文이오,  淵源流通曰康이라하니,  其必曰
康者는  抑有所符合於邵子歟인저.

先生當己卯薦科而不赴하고,  已而以厚陵叅奉召而不起니라.  卒後
不多年에  而贈右議政하니,  朝廷士林之論이  一辭稱尊可知也니라.

先生之學은  專在格致라.  年纔髫齓에, 家貧하여, 親使之往採野蔬
러니,  歸不盈筐이라.  問其何爲오하니,  答曰 ; 有鳥自地至天하여,  窮
其理而終日忘其採라하니라.  盖其透徹妙悟와,  窮格到底이,  已自幼
時로,  不待理氣太虛等說而如此也니라

栗谷嘗以退溪之依樣이,   勝於花潭之自得하여,   有所軒輊라하나,
而此亦責賢者備也라.

旣曰自得이면,  則天機之根觸이,  人工之頓悟니,  孔門與點으로,  鳳
翔千仞之氣像이니,  非先生而誰오?

松京人士이  將重刻先生遺集하여,  來索序於不佞이라.  不佞曰 ;
花潭山水는  淸麗特絶하여,  先生之神情興會이  無間存歿이라.  鳶魚
活潑하고,  水石動蕩하니,  於斯求之면,  可得其妙라하니라.

今此所刻은  零星脫落이니  非先生之至者면,  而第不可以違也라
하니라.  略爲小敍하여  以附其下하노라.  詩曰 ; 高山仰止하고,  景行
行止라하니,  嗚呼遠哉로다!

崇禎紀元後  三庚寅季夏原城後人元仁孫이  謹序하노라.


註解

1) 정몽주(鄭夢周, 1337~1392)―고려 말의 학자이며 충신. 자는 달가(達

可), 호는 포은(圃隱). 문과(文科)에 급제한 뒤 예문검열을 시작으로 성균박사·성균사예(成均司藝)·성균대사성(成均大司成)·예문관대제학·문하찬성사(門下贊成事) 등을 역임한 뒤, 1390년에는 익양군충의백(益陽郡忠義伯)이 되었다. 그러나 곧 선죽교(善竹橋)에서 태종(太宗) 이방원(李芳遠)이 보낸 사람에 의하여 격살(擊殺)되었다. 그는 불교의 폐해를 없애기 위해 유학을 내세우며, 성리학(性理學)을 공부하여 동방이학(東方理學)의 시조라 알려지고 있다.

2) 성화(成化)·홍치(弘治)의 시대—성화는 명(明)나라 헌종(憲宗, 1464~1487 재위)의 연호, 홍치는 효종(孝宗, 1488~1505)의 연호임.

3) 조광조(趙光祖, 1482~1519)—자는 효직(孝直), 호가 정암(靜庵). 성리학을 연구하여 중종(中宗) 때 사림파(士林派)의 영수가 되었으며, 유교의 왕도정치(王道政治)를 바탕으로 하는 지치주의(至治主義)를 역설하였다. 문과에 급제한 뒤 벼슬은 전적(典籍)·감찰(監察) 등을 거쳐, 호조와 예조의 정랑(正郎)·교리(校理)가 되었고, 다시 부제학(副提學)을 거쳐, 1519년에는 대사헌에 세자부빈객(世子副賓客)을 겸하였다. 그는 신진사류(新進士類)를 요직에 안배하는 한편 훈구파(勳舊派)를 외직에 내몰고, 특히 정국공신(靖國功臣)들의 삭훈(削勳)을 결행하다가, 훈구파의 반발로 모함을 받아 오히려 사사(賜死)되었다. 선조(宣祖) 초에 영의정이 추증(追贈)되고 문묘(文廟)에 배향(配享)되었다. 시호는 문정(文正)이라 하였다.

4) 이언적(李彦迪, 1491~1553)—자는 복고(復古), 호는 회재(晦齋), 자계옹(紫溪翁)이라 하였다. 문과에 급제한 뒤, 여러 벼슬을 거쳐 1530년엔 사간(司諫)이 되었다. 그때 김안로(金安老)의 복직을 반대하다가 숙청을 당하여, 경주 자옥산(紫玉山)에 들어가 성리학 연구에 전념하였다. 1537년 김안로 일파가 거세된 뒤 다시 불려나가 부제학과 이조·예조·형조의 판서를 거쳐 한성부 판윤(判尹)이 되었고, 인종(仁宗)이 죽자(1545) 좌찬성(左贊成)으로 원상(院相)이 되어 국사를 관장하였으며, 명종(明宗)이 즉위하자 위사공신(衛社功臣)이 되었으나, 뒤에 벽서사건에 연루되어 배소(配所)에서 죽었다. 그는 조선 전기의 성

리학자로서 이황(李滉) 등에게 큰 영향을 끼쳤다.

5) 이황(李滉, 1051~1570)—자는 경호(景浩), 호는 퇴계(退溪). 문과에 급제한 뒤, 여러 가지 벼슬을 거쳐, 공조의 참판과 판서 및 예조판서, 다시 우찬성(右贊成)을 거쳐 양관대제학(兩舘大提學)을 지낸 뒤 고향으로 은퇴하였다. 그는 주자학(朱子學)을 집대성(集大成)한 학자로, 이이(李珥)와 쌍벽을 이루었다. 그는 주자(朱子)의 이기이원론(理氣二元論)을 발전시키어 영남학파(嶺南學派)를 이룩하였고, 도산서원(陶山書院)을 창설하여 후진 양성과 학문연구에 전심하였다. 여러번 임금의 소명(召命)이 있었으나 모두 사양하였다. 죽은 뒤 영의정이 추증되었고, 문묘(文廟)를 비롯하여 여러 서원에 배향(配享)되었다. 시호는 문순(文純)이라 하였다. 수많은 저술을 남겼다.

6) 이이(李珥, 1536~1584)—자는 숙헌(叔獻), 호는 율곡(栗谷). 어머니는 사임당(師任堂) 신씨(申氏). 13세 때 진사 초시에 합격했으나 공부를 하다가, 23세 때 이황(李滉)을 만나 유학 공부에 전심하기 시작하였다. 1564년에 생원시·문과에 모두 장원급제하여, 호조좌랑(戶曹佐郎)에서 시작하여 여러 가지 벼슬을 역임한 끝에, 우부승지(右副承旨)·병조참지(兵曹參知)·대사간을 지낸 뒤 병으로 사직, 학문연구에 전심하였다. 뒤에 다시 대사헌·동지중추부사(同知中樞府事)·양관대제학(兩舘大提學)을 지냈고, 이조판서로 있다가 죽었다. 그는 성리학 연구로 기호학파(畿湖學派)를 형성하여 이황(李滉)과 학계의 쌍벽을 이루었다. 이황의 이기이원론(理氣二元論)을 비판하고 기발이승일도설(氣發理乘一途說)을 바탕으로 이통기국(理通氣局)을 주장하였다. 뒤에 문묘(文廟)와 여러 서원(書院)에 제향(祭享)되었고, 시호는 문성(文成)이라 하였다.

7) 주자(朱子)의 선생님들—원문엔 '자양육선생(紫陽六先生)'이라 한 것이다. '자양은 주자의 별호(別號)이며, '육선생'은 정호(程顥)·정이(程頤)와 이동(李侗)·유면지(劉勉之)·유자휘(劉子翬)·호헌(胡憲)의 여섯 선생을 가리킨다.

8) 소옹(邵雍, 1011~1077)—북송(北宋) 시대 성리학의 선구적인 학자.

자는 요부(堯夫), 호는 안락선생(安樂先生). 특히 상수지학(象數之學)
을 연구하여 서경덕의 학문에 큰 영향을 끼쳤다.
 9) 《시경》-소아(小雅) 거할(車舝) 시에 보이는 구절.
10) 원인손(元仁孫, 1721~1774)-자는 자정(子靜). 진사가 된 뒤 설서(說
　書)·부응교(副應敎) 등의 벼슬을 거쳐, 이조판서에 이어 우의정에까지
　이르렀다. 시호는 문민(文敏)이라 하였다.

# 화담선생문집중간서(花潭先生文集重刊序)/尹塾

　신(神)과 성(聖)을 나면서부터 알아 집대성한 것에, 나는 무어라 표현할 수가 없다. 맹자(孟子) 이후로 박학하고 사변적(思辨的)이면서도 진리의 추구를 힘써 오래한 뒤에야 지극한 경지에 이를 수 있는 것이다. 그러나 모두 힘써야만 할 위대한 기초가 있어야 되는 것이다. 그러므로 《대학》에서는 경(敬)을 주로 내세웠고,[1] 《중용》에서는 성(誠)을 주로 내세웠으며,[2] 안자(顔子)는 사물(四勿)을 주로 내세웠고,[3] 맹자(孟子)는 성선(性善)을 주로 내세웠는데,[4] 그 뒤로는 성리(性理)의 학문이 한동안 끊어졌었다. 송대(宋代)에 문운이 밝게 돌아와 주돈이(周敦頤, 1017~1073),[6] 소옹(邵雍, 1011~1077)[7] 두 선생이 나와 〈도설(圖說)〉에서는 태극(太極)을 주로 하고 〈황극(皇極)〉에서는 대연(大衍)을 주로 하여, 진리를 깨우쳐 주었다. 정자(程子)[8]는 이(理)를 주로 하고 〈본의(本義)〉에서는 복서(卜筮)를 주로 했다. 장재(張載, 1020~1077)[9]는 〈서명(西銘)〉에서, 진덕수(眞德秀, 1178~1235)[10]는 〈근사(近思)〉에서 모두 심득(心得)한 바로서 이(理)를 풀어 후인들에게 밝혀주었던 것이다.

　오직 우리 동쪽 나라는 기자(箕子)[11]가 조선에 봉(封)함을 받은 이래로 팔조(八條)의 위대한 가르침과 구정(九井)의 제도[12]가 마련되어, 우리나라 인문(人文)이 완연히 중국과 같은 유풍이 있었다. 다만 홍범구주(洪範九疇)[13]의 법이 후세에 전해지지 않아 삼한(三韓)은 적막하게도 유교가 흥성하지 못하였다.

　신라 말에 최치원(崔致遠, 875~?)[14]과 설총(薛聰)[15]이 함께 문묘(文廟)에 배향되었지만, 저술이 전하지 않아 가르친 바가 상세하지 않다. 고려 중엽에는 최충(崔冲, 984~1068)[16]이 수천 년의 미개적인 시기에서 떨치고 일어나 학문을 크게 일으켜, 각기 사람들의 재주에 맞춰 가르치니 십팔원(十八院) 학사(學士)의 성함이 가정(嘉定)·순우(淳祐)의 시대[17]와 다를 것이 없었다. 안향(安珦, 1243~1306)이 뒤를 이어 일어나 구경(九經)과 성리(性理)에 관련된 서적을 들여와 후학을 지도하니 우리나라의 인사들이 비로소 도학(道學)에 문호(門戶)가 있음을 알게 되었다.

　우탁(禹倬, 1263~1342)[18]이 《역경(易經)》의 정맥(正脈)을 얻어 산남(山南)에 은거하면서 들어앉아 전심 연구하여 일가의 법도를 대성하였고, 그 아들 길생(吉生)[20]이 배워서 이를 정몽주(鄭夢周, 1337~1392)[21] 선생에게 전하니, 정몽주는 스승에게서 배우게 된 연원이 있게 된 것이다.

　도우(道友)에 우현보(禹玄寶, 1333~1400)[22]가 있어 깊은 이치를 궁구하여 성학(聖學)을 크게 개척하였다. 하늘이 우리 동방의 나라를 계몽(啓蒙)하시어 한(漢)나라 학문이 처음으로 정착되고, 송(宋)나라의 문화가 다시 모여들었고, 성왕(聖王)이 대대로 나와 홍유(鴻儒)를 배출하였다. 정암(靜菴) 조광조(趙光祖, 1482~1519)[23]는 진실한 학문을 제창하여 우리나라 사람들에게 혜택을 베풀고, 백 년 뒤에 정몽주를 좇아 그 도를 전하였다. 도산(陶山) 이황(李滉, 1501~1570)[24]은 성현(聖賢)의 책을 상세히 공부하고 심성(心性)에 관한 문제들을 분석하여, 주자(朱子, 1130~1200)[25]의 끊임없는 계통을 이어받아 어설프고 잘못이 많은 학문을 배척하였다. 이 두 선생은 순수하고 올바른 학문이야말로 우리가 추구해야 할 책임이라 자임하고, 오묘하게 원리를 마음으로 터득함으로써 지극히 바르고 지극히 위대한 영역에 이르렀던 것이다.

화담(花潭) 서경덕(徐敬德) 선생은 조광조보다는 뒤지고, 이황보다는 앞서서 거친 산의 풀밭같은 데에서 일어났다. 천마산(天摩山)의 부여잡고 오를 수 없는 빼어남을 모으고, 화천(花川)의 수없이 꺾이고 도는 정기(精氣)로 잉태하여,[26] 이미 어릴 때부터 경국제세(經國濟世)의 웅지를 품고 백가(百家)의 서적을 섭렵하면서 사숙(私淑)의 수고를 아끼지 않고 끝까지 궁구하고 탐색하였다. 마침내 크게 힘을 모아 역학(易學)에 착수하여 이기(理氣)의 이론과 심성(心性)의 분별, 원회(元會)의 수에 관통(貫通)하지 않는 것이 없게 되었다. 분명히 복희(伏羲)[27]와 증삼(曾參)·맹자(孟子) 및 주돈이(周敦頤)·정자(程子)·장재(張載)·주희(朱熹)[28]로 이어지는 학문을 아침저녁으로 터득하였던 것이다. 진실로 우리나라의 우뚝한 소옹(邵雍) 같은 학자라 할 것이다.

산 아래 궁벽한 곳에 살면서 형편없는 음식도 마다않고 경전을 끼고 도를 논하고 숨어 살면서 나타나려 하지 않았다. 중종(中宗) 때(1506~1544) 인재를 널리 모을 때에도 조정에 나가 자신의 도를 실천하지 못하였다. 인종(仁宗, 1545)이 작고하는 날에는 갑자기 활을 품고 하늘을 보며 통곡하였고, 평생을 벼슬 없는 처사(處士)로 지냈다. 이것은 선생의 운명이 궁색한 까닭이었는가, 백성들의 복이 얕아 그러했던 것인가?

만약 이기설(理氣說)을 추구하는 데 있어서, 이(理)에서 일(一)은 비어있는 것인데, 비어있는 것이 기(氣)를 생성한다는 이론을 가지고서, 선생님이 공연한 문자들이나 쓴 것이라 귀착시키고, 또 〈황극경세수해(皇極經世數解)〉와 〈성음해(聲音解)〉 등의 이론을 두고서 선생이 수학(數學)에 있어서 어긋나는 게 있다고 한다면, 이는 선생을 적게 알거나 아니면 전혀 알지 못하는 자이다. 그것은 마치 〈무극이태극(無極而太極)〉의 이론을 근거로 주돈이(周敦頤)를 공격하는 것과 무엇이 다르며, 복서(卜筮)는 수술(數術)과 같다는 이론을 놓고서 소옹(邵雍)을 비판하는 것과 무엇이 다르겠는가?

개성부(開城府)의 북쪽 10리에 화곡원(花谷院) 건물이 있는데 이곳은 바로 선생이 살아 계실 때 기거하던 곳이며 돌아가신 뒤로는 제자들이 학문을 닦던 장소였다. 그 곁에는 한 칸 초가집이 있는데, 서사정(逝斯亭)이라 부르며 선생이 항상 노닐며 낚시를 즐기던 곳이다. 아래에는 석천(石泉)이 있어 물이 모여 맑은 연못을 이루어 하늘 빛과 산그림자가 하루종일 드리워져 있다. 솔개는 날고 물고기는 뛰놀며 자연의 섭리를 좇아 즐겁게 노닌다. 더욱이 선생님이 기거하시던 곳은, 반 걸음 거리밖에 안되는 가까운 곳에 있다.

즐겁도다! 이 언덕이여! 높은 산의 울창함이여! 아름답도다! 이 정자여! 맑은 물의 넘실거림이여! 후세 사람들이 이 화곡원을 찾아와 이 서사정에 오른다면, 그 누가 기수(沂水)에서 목욕하고 우(雩)에서 바람쐬는 것 같은 생각[29]을 갖지 않겠는가.

선생의 후손은 쇠미해져서 선생의 도를 전하는 이들이 드물게 되었다. 당시의 유고 중 십중팔구은 없어져, 판각된 것은 겨우 1권뿐이다. 그리고 세월이 흘러 많은 부분이 떨어져 달아나고 훼손되어 선생의 진실한 업적이 오래도록 전해지지 못하게 되었다. 이에 송도 사람들이 교관(敎官) 조유선(趙有善, 1731~1809)과 상사(上舍) 마지광(馬之光)이 새로 판각하여 널리 후세에 전하기로 하였다. 그러므로 약간의 재물을 구하여 두 사람에게 맡겨 이 일을 관장하도록 하고, 이에 책머리에 기록하노라.

병오년(丙午年, 1786) 봄에 후학 파산(坡山) 윤숙(尹塾, 1734~1797)[30]이 삼가 쓰노라.

原文  花潭先生文集重刊序

神與聖을, 生知集大成하니, 吾無能名焉이라. 亞聖以下로, 博學思辨하고, 眞積力久하여, 然後可以造極이라. 而亦皆有先着力大立脚地니라.

故로 大學主敬하고 中庸主誠하여, 顔子主四勿과, 孟子主性善이러니, 其後性理之學中絶이라. 宋運文明하여, 周邵兩先生首出하여, 而南指圖說主太極하고, 皇極主大衍이라. 程傳主理하고, 本義主卜筮라. 橫渠之西銘과 眞氏之近思는 皆有心得而理解하여 以詔後人이라.

惟我東方은 自父師封鮮으로, 八條貴敎와, 九井開制로, 鰈域人文이, 宛有乘輅之遺風이라. 第驪圖龜疇之法은 不傳于後하며, 寥寥三韓하니, 儒敎不興이라.

鷄林之末에 如文昌弘儒躋享文廟나 而著述無傳하여, 敎授莫詳이라. 逮于勝國中葉하여는 崔文憲奮起於累千年魯莽之際하여, 倡興文學하고, 各隨其才而敎之하니, 十八院學士之盛이 無異於嘉祐之世라. 安文成繼而起하여, 賫來九經性理之書하여 導牖後學하여 東土人士이 始知道學之有門戶라. 易東先生이 得義經正脉하고 隱居山南하여 沈潛溫繹하니, 大成一家之則이라. 其子吉生이 學而傳之於鄭文忠先生하니, 文忠受師有淵源이라.

道友有禹玄寶니 發揮窮賾하여, 丕啓聖學이라. 天啓吾東하여, 漢鼎初定하고, 宋奎再聚하여, 聖辟世作하니, 鴻儒輩出이라. 靜菴文正公이, 倡起眞學하여, 惠我東人하니, 百年之後에 踵圃老而傳其道라. 陶山李文純이, 紬繹聖賢之書하고, 分析心性之際하여, 繩晦菴不絶之緒하고, 斥篁墩多累之學하니라. 此兩先正은 以粹正之學으로, 任吾道之責하고, 妙契心得하여, 以造乎至正至大之域이라.

花潭徐先生은　後乎靜老而先乎退翁하여　崛起於荒山草萊之中이라. 鍾天摩不可攀之秀하고, 孕花川百折回之精하여, 已自童丱으로, 大抱經濟之志하고, 汎濫乎百家書籍하여　不勞私淑而窮格探賾이라. 廼大着力立脚於易學하여　理氣之辨과　心性之分과　元會之數를　無不通貫이라. 曉然若宓義曾孟濂洛關閩을　朝暮相遇하니　眞一吾東國邵堯夫也니라.

窮居山僻하여　不厭糟糠하고　而抱經論道하며, 隱而不顯이라. 當中廟彙茅之世에도　不能立朝而行道라. 及仁宗汲梗之日엔, 遽爾抱弓而泣天하고, 終身爲少微眞人이라. 此先生之命窮而然耶아? 生民之福薄而然耶아?

若以原理氣說中理之一其虛及虛能生氣之說로, 歸先生於空字上하고, 又以皇極經世數解及聲音鮮等說로, 靠先生於數學上이면, 則非徒淺如요, 抑是不知者爾니라. 何異於以無極而太極으로, 譏斥濂溪며, 亦何異於以卜筮若數術로, 評議康節也哉아?

府治之北十里에　有花谷院宇하니, 寔先生生時攸芉요, 而沒後藏修之所니라. 其側有一間茅亭하여　名逝斯하니, 卽先生盤桓垂釣之處也니라. 下有石泉하고, 滙成澄潭하여　天光山影이, 盡日淳醮라. 鳶飛魚躍하고, 隨機流瀁이라. 況先生衣履之藏이, 近盈跬步이랴?

樂哉라! 斯丘여! 高山莫莫이로다. 美哉라! 斯亭여! 淸水盈盈이로다. 後人之尋是院하여, 登是亭者이　孰不有浴沂風雩之思也哉리오?

先生之孫仍陵遲하여, 傳道者幾希라. 當時遺稿이　十遺八九하니, 入剞秪一卷이라. 而歲月寢久하여, 間多剝落하니, 使先生眞蹟으로, 將不得悠久傳去라. 都人趙敎官有善과　馬上舍之光이, 願爲新鋟하여, 以廣傳後라. 故로　鳩集若干財하여, 令兩人管是役하고, 仍識于卷首하노라.

丙午中春에, 後學坡山尹塾이　謹叙하노라.

註解

1) 《대학》에서는 경(敬)을 주로 내세웠고―《대학》에서 '명덕(明德)'을 설
   명하면서, 《시경(詩經)》〈대아(大雅)〉 문왕(文王)편의, "훌륭하신 문왕
   이여, 아아! 끊임없이 공경하셨네(穆穆文王이여 於緝熙敬止로다)."하
   고 노래한 구절을 인용한 다음, "신하된 사람은 '경(敬)'으로 처신해야
   한다(爲人臣은, 止於敬이라)"고 '경'의 사상을 강조하고 있다.

2) 《중용》에서는 성(誠)을 주로 내세웠으며―《중용》에서는 "성(誠)이란
   하늘의 도요, 성을 행하는 것은 사람의 도이다(誠者는, 天之道也요,
   誠之者는, 人之道也니라)."고 하면서, 중용(中庸)을 실천하는 데 있어
   서는 '성'이 가장 중요함을 거듭 강조하고 있다.

3) 안자(顔子)는 사물(四勿)을 주로 내세웠고―'안자'는 공자의 제자 안회
   (顔回), 자는 자연(子淵). 공자의 가르침을 가장 제대로 따라주어 공
   자가 큰 기대를 걸었으나 젊은 나이에 죽어 스승을 절망케 하였다.
       《논어(論語)》 안연(顔淵)편을 보면, 안연은 공자가 가르친 "예에 어
   긋나는 것은 보지 말며, 예에 어긋나는 것은 듣지 말며, 예에 어긋나는
   것은 말하지 말며, 예에 어긋나는 짓은 행하지 말라(非禮勿視하고, 非
   禮勿聽하며, 非禮勿言하고, 非禮勿動하라)."고 한 네 가지 가르침을 제
   대로 실천하였다. 이것은 '네 가지 하지 않는 것'이란 뜻의 '사물'이다.

4) 맹자(孟子)는 성선(性善)을 주로 내세웠는데―《맹자》 등문공(滕文公)
   에서 "맹자는 '성선'을 주장하고, 말할 적에는 반드시 요·순임금을
   내세웠다(孟子道性善하고, 言必稱堯舜이다)."하였다. 성선설(性善說)
   은 순자(荀子)의 성악설(性惡說)과 대비가 되는 유명한 이론이다.

5) 성리(性理)의 학문이 한동안 끊어졌었다―이른바 유학(儒學)의 도통론
   (道統論)을 근거로 한 말. 옛 성왕(聖王)들로부터 전해내려오던 학문
   의 도통은 공자에 이르러 유학(儒學)으로 완성되었고, 다시 그 학문은
   증삼(曾參)·자사(子思)를 거쳐 맹자(孟子)에게로 전해진 뒤, 그 전승
   (傳乘)이 끊이었다. 그 뒤 송(宋)대에 이르러 다시 그 도통이 계승되
   어 성리학이 이루어졌다는 것이 이른바 도통론이다(朱熹 〈中庸章句
   序〉 참조).

6) 주돈이(周敦頤, 1017~1073)－자는 무숙(茂叔), 세상에선 염계선생(濂溪先生)이라 불렀다. 남안군사리참군(南安軍司理參軍)을 비롯하여 계양령(桂陽令) 등을 역임하며 많은 치적을 올렸다. 국자박사(國子博士)까지 되었으나 벼슬을 그만두고 여산(廬山) 아래 염계(濂溪)로 물러나 살면서 학문연구에 전념하여 성리학의 개척자 중의 한 사람이 되었다. 도학(道學)의 대표적인 저술로 《태극도설(太極圖說)》이 있어, '태극'의 원리를 추구하고 있다.

7) 소옹(邵雍, 1011~1077)－북송시대 성리학의 개척자 중의 한 사람. 자는 요부(堯夫), 호는 안락선생(安樂先生). 특히 상수지학(象數之學)을 연구하여 《황극경세서(皇極經世書)》가 있다. 그의 상수지학은 '대연(大衍)의 수'를 바탕으로 한 것인데, '대연의 수'란 《역경(易經)》 계사전(繫辭傳) 상에서 "대연수 수가 50인데, 그 쓰이는 것은 49이다(大衍之數五十이나, 其用四十九라)."라고 한 데 근거를 둔 것이다. 왕필(王弼)은 "하늘과 땅이 운영되어 나가는 수"가 '대연의 수'라 풀이하고 있다.

8) 정자(程子)－정호(程顥, 1032~1085)와 정이(程頤, 1033~1107) 형제로, 주희(朱熹)가 스승으로 사숙(私淑)하였다. 정호는 자가 백순(伯淳), 호를 명도선생(明道先生)이라 하였다. 진사가 된 뒤로 약간의 벼슬을 하였으나 물러나 학문연구에 전념하였다. 아우 정이는 자가 정숙(正叔)이며 호를 이천선생(伊川先生)이라 하였다. 형과 함께 주돈이(周敦頤)에게 배웠고, 벼슬도 얼마간 하였으나 학문연구가 본업이었다. 송대 도학(道學)의 터전은 이 두 형제에게서 이룩된 것으로 알려지고 있다.

9) 장재(張載, 1020~1077)－자는 자후(子厚), 호는 횡거선생(橫渠先生)이라 하였다. 일찍이 정자(程子)와 도학(道學)의 요점에 대하여 토론을 한 성리학의 개척자이다. 진사가 된 뒤 숭문원교서(崇文院校書) 등의 벼슬을 하였으나 곧 물러나 학문에 전념하다 죽었다. 대표적인 저술의 하나로 《서명(西銘)》이 있다.

10) 진덕수(眞德秀, 1178~1235)－자는 경원(景元), 또는 경희(景希). 진사가 된 뒤 태학정(太學正)을 거쳐 한림학사(翰林學士)・참지정사(參

知政事)까지 되었다. 시호를 문충(文忠)이라 했고, 흔히 서산선생(西山先生)이라 부른다.

마음과 행실이 곧았고, 주자의 학문을 정통(正統)으로 계승한 학자로 알려지고 있다. 《심경(心經)》, 《문장정종(文章正宗)》 등의 저술이 전한다.

'근사(近思)'는 《논어》 자장(子張)편에서 '인(仁)'에 대하여 설명하면서 "절실한 것을 묻고 가까운 것을 생각한다(切問而近思)"는 데서 나온 말로, 성리학 선구자들의 학설은 모은 《근사록(近思錄)》(朱熹·呂祖謙 共撰)도 그 뜻을 취한 것이다.

11) 기자(箕子)—은(殷)나라 마지막 임금 주(紂)의 숙부. 주왕이 무도한 정치를 하자, 기자는 여러번 간하였으나 들어주지 않았다. 그는 미친 체하고 세상에 살았으나, 주(周) 무왕(武王)은 은나라를 쳐부순 뒤 기자를 조선에 왕으로 봉(封)하였다 한다.

12) 팔조(八條)의 위대한 가르침과 구정(九井)의 제도—'팔조'는 흔히 범금팔조(犯禁八條)라고도 하는 고조선 시대의 습관법 8개 조항. 그 중 3개조만이 전하는데, ① 살인자는 사형에 처한다, ② 남을 상한 자는 곡물로써 보상한다, ③ 남의 물건을 훔치면 그 주인의 노예가 되는 것이 원칙이며, 속죄하고자 하면 매인당 50만 전(錢)을 내놓아야 한다는 세 가지이다.

'구정(九井)'은 기자정전(箕子井田)이라고도 하며, 고조선 때 1리(里) 사방 9백 묘(畝)의 땅을 정자(井字) 모양으로 9등분하여, 사방의 여덟개 땅은 8가구가 각각 하나씩 경작하고, 나머지 가운데의 하나는 공전(公田)이라 하여 공동경작하여 나라에 수확물을 바치던 제도이다.

13) 홍범구주(洪範九疇)—《서경(書經)》 주서(周書) 홍범(洪範)편에 보이는 세상을 다스리는 아홉가지 원리. 주(周)나라 무왕(武王)이 은(殷)나라를 쳐부순 뒤 기자(箕子)가 서술한 것이라 전한다. '구주'는 1. 오행(五行), 2. 오사(五事), 3. 팔정(八政), 4. 오기(五紀), 5. 황극(皇極), 6. 삼덕(三德), 7. 계의(稽疑), 8. 서증(庶徵), 9. 오복(五福), 육극(六極)의 9종류이다.

14) 최치원(崔致遠, 857~?)-신라 때의 학자. 자는 고운(孤雲), 당(唐)나
    라에 유학하여 승무랑(承務郞)·시어사(侍御史)·내공봉(內供奉) 등
    의 벼슬을 하였고, 귀국하여서는 시독(侍讀) 겸 한림학사(翰林學
    士)·수병부시랑(守兵部侍郞)·지서서감(知瑞書監) 등의 벼슬을 하였
    으나, 국정이 어지러움을 통탄하고 자청하여 여러 지역의 태수(太守)
    등을 지내다가 해인사(海印寺)에 들어가 여생을 마쳤다 한다. 문묘
    (文廟)에 배향(配享)되고 문창후(文昌侯)에 추봉(追封)되었다. 당나라
    에서 지은 〈토황소격문(討黃巢檄文)〉이 유명하고, 《계원필경(桂苑筆
    耕)》 같은 저술도 전한다.
15) 설총(薛聰)-신라 경덕왕(景德王, 742~764 재위) 때의 학자. 원효대
    사(元曉大師)의 아들, 어머니는 요석궁공주(瑤石宮公主). 벼슬은 한
    림(翰林)을 지냈고, 신라에 유학을 발전시키는 데 큰 공헌을 한 학자
    로 신라 10현(十賢)의 한 사람으로 친다. 특히 이두(吏讀)를 완성시
    켜 유명하다. 뒤에 홍유후(弘儒侯)에 추봉되고, 문묘(文廟)에 배향
    (配享)되었다.
16) 최충(崔冲, 984~1068)-자는 호연(浩然), 호는 성재(惺齋)·월포(月
    圃)·방회재(放晦齋). 문과에 장원으로 급제한 뒤, 우습유(右拾遺)를
    시작으로 참지정사(參知政事)·내사시랑평장사(內史侍郞平章事)·문
    하시중(門下侍中) 등의 벼슬을 하였다. 그리고 여러 가지 업적으로
    추충찬도공신(推忠贊道功臣)에 이어 치사(致仕)한 뒤에는 추충찬도좌
    리동덕홍문의유보정강제공신(推忠贊道佐理同德弘文懿儒保定康濟功
    臣)에 올랐다.
    치사한 뒤에 사숙(私塾)을 열어 인재를 양성하자, 다른 학자들도 이
    를 본떠 11개의 사숙이 생겨나, 이들은 모두 12공도(公徒)라 불렀다.
    고려의 유학을 흥성케 하여 해동공자(海東孔子)라 추앙되었고, 그의
    제자들을 문헌공도(文憲公徒)라 불렀다. 시호가 문헌(文憲)이며, 정종
    (定宗)의 묘정(廟庭)에 배향되었다가 뒤에 선종(宣宗)의 묘에 배향되
    었고, 해주(海州) 문헌서원(文憲書院)에 제향(祭享)되고 있다.
17) 가정(嘉定)·순우(淳祐)의 시대-남송(南宋) 영종(寧宗)의 가정연간

(1208~1224)과 이종(理宗)의 순우연간(1241~1252). 주자를 뒤이어 성리학이 크게 성행하였던 시대임.

18) 안향(安珦, 1243~1306)−자는 사온(士蘊), 호는 회헌(晦軒), 처음 이름은 유(裕)였다. 문과에 급제한 뒤 교서랑(校書郎)·감찰어사(監察御史) 등을 시작으로, 뒤에는 첨의시랑찬성사판판도사사(僉議侍郎贊成事判版圖司事)가 되었다. 그는 문교(文敎)의 진흥에 힘써 섬학전(贍學錢)이라는 육영재단을 설치하고, 공자를 모시는 국학대성전(國學大成殿)을 이룩하는 한편, 제기(祭器)·악기(樂器)와 육경(六經)·제자(諸子)·사(史)에 관한 책들을 사들였다. 그를 통해 유학이 크게 진흥되어, 주자학(朱子學)은 그로부터 우리나라에 발전하기 시작한 것이라 할 수 있다.
도첨의중찬(都僉議中贊)으로 치사(致仕)하였고, 시호는 문성(文成), 문묘(文廟)를 비롯하여 여러 서원(書院)에 제향(祭享)되고 있다.

19) 우탁(禹倬, 1263~1342)−자는 천장(天章). 탁보(卓甫), 호는 역동(易東). 문과에 급제한 뒤 영해사록(寧海司錄)으로 부임하여 민심을 어지럽히는 요신(妖神)의 사당을 철폐하였다. 그러나 벼슬보다도 물러나 공부에 전념하였고, 충숙왕(忠肅王)이 여러번 불렀으나 나가지 않고 있다가, 뒤에 성균좨주(成均祭酒)로 치사(致仕)하였다. 정주학(程朱學)을 연구하여 후진을 가르쳤고, 특히 복서(卜筮)를 중심으로 한 역학(易學)에 정통하였다 한다.
시호는 문희(文僖)이며, 단양의 단암서원(丹巖書院), 예안의 역동서원(易東書院) 등에 제향(祭享)되고 있다.

20) 길생(吉生)−우현보(禹玄寶)의 아버지이며, 적성군(赤城君)에 봉해졌다는 것 정도 이상 알 길이 없다.

21) 정몽주(鄭夢周, 1337~1392)−앞의 글의 주해 1) 참조.

22) 우현보(禹玄寶, 1333~1400)−자는 원공(原功), 길생(吉生)의 아들. 문과에 급제한 뒤, 춘추관검열(春秋館檢閱), 문하찬성사(門下贊成事) 등을 역임하였다. 이성계(李成桂)가 위화도(威化島)에서 회군한 뒤 좌시중(左侍中)으로 있다가 단양부원군(丹陽府院君)으로 봉해졌다.

공양왕(恭讓王) 때 판삼사사(判三司事)로 있다 유배되는 등, 복관과 유배를 되풀이하였다. 그러나 다시 단양백(丹陽伯)으로 있다가, 정종(定宗) 2년(1400) 왕자의 난을 이방원(李芳遠)에게 알린 공으로, 뒤에 추충보조공신(推忠輔祚功臣)이 되었다. 시호는 충정(忠靖)이다.

23) 조광조(趙光祖, 1482~1519)—앞의 글의 주해 3) 참조.

24) 이황(李滉, 1051~1570)—앞의 글의 주해 5) 참조.

25) 주자(朱子, 1130~1200)—주희(朱熹)를 높여 일컫는 말. 남송(南宋) 때의 학자로 성리학을 집대성(集大成)한 학자. 따라서 성리학은 도학(道學)이란 말 이외에 주자학(朱子學) 또는 정주학(程朱學)이라고도 부른다.

   그는 자가 원회(元晦) 또는 중회(仲晦)이고, 호는 회암(晦庵)·둔옹(遯翁)이라 하였다. 《사서장구(四書章句)》 등 수많은 저술을 남겼다.

26) 화천(花川)—앞의 천마산(天摩山)과 함께 개성(開城)에 있는 산과 냇물 이름.

27) 복희(伏羲)—태곳적 황제 이름. 곧 태호(太昊). 역(易)의 기본이 되는 팔괘(八卦)를 처음 만들었다 한다.

28) 주희(朱熹)로 이어지는 학문—성리학의 도통(道統)의 개념을 바탕으로 한 말이다. 앞의 주해 5) 참조

29) 기수(沂水)에서 목욕하고 우(雩)에서 바람을 쐬는 것 같은—《논어》 선진(先進)편을 보면, 공자가 몇 명의 제자들과 있다가 제자들에게 "만약에 세상일이 너희들 뜻대로 된다면 무얼 하겠느냐?"고 묻는다. 몇 명의 제자들이 모두 큰 포부를 말한 뒤에, 증석(曾晳)은 "어른 대여섯 명과 아이들 예닐곱 명과 함께, 기수(沂水)에서 목욕을 하고 무우(舞雩)에서 바람을 쏘이고, 노래를 읊조리며 돌아오는 것입니다." 라고 대답한다. 그때 공자도 증석에게 동감을 표시하고 있다.

30) 윤숙(尹塾, 1734~1797)—자는 여수(汝受). 문과 을과(乙科)에 급제한 뒤, 검열(檢閱), 사관(史官)을 지내다 귀양살이를 했다. 뒤에 다시 기용되어 병조좌랑(兵曹佐郎), 대사간(大司諫)을 지냈다. 시호는 충숙(忠肅), 영의정이 추증(追贈)되었다.

권지일(卷之一)

# 시(詩) · 부(賦)

# 부(賦)

## 도죽장부(桃竹杖賦)[1]

땅의 신(神)께서 생물을 길러내시되 진귀(珍貴)한 것을 드러내실
적에는,
반드시 특수한 땅에 기이(奇異)하게 솟아나도록 하신다.
도죽(桃竹)이 홀로 빼어나,
멀리 떨어진 섬 외로운 절벽에 기탁(寄託)한 것은 당연하다.
오산(鰲山)[2] 꼭대기에 서린 뿌리를 박고,
용퇴(龍堆)[3]에 떨기를 번성시켜 그늘지운다.
고래 노는 물결에서 뿜어오르는 물을 뒤집어쓰며,
천년 묵은 이끼에 덮여 있다.
그 잎새는 종려(棕櫚)[4]나무 같고, 그 줄기는 대나무 같으며,
그 나무의 구조는 야물고 그 속은 단단하다.
맑고 차가운 유궁(幽宮)[5]을 억누르며,
몇년의 서릿바람과 싸워 왔다.
惟后媼毓靈而效珍엔,
必奇崛之異地니라.
宜桃竹之獨挺이,
寄絶嶼之孤峙니라.
託盤根於鰲頭하고,

蔭繁叢於龍堆니라.
浴鯨濤之噴薄하고,
老千年之蝕苔니라.
楞其葉而竹其身이오,
犀其理而實其中이라.
壓淸冷之幽宮하고,
戰幾年之霜風이라.


어떤 만물 박사에게 물어서
물의 신선이 기거(寄居)할 나무를 베어 왔나?
가지 껍질을 깎아내고 지팡이를 만드니,
불로 지진 곳은 자옥이 영롱한 듯하다.
바탕은 쇠와 돌의 야무지고 단단함을 빌려왔고
기운은 소나무와 잣나무의 곧고 깨끗함을 빼앗아 온 듯하다.
바르고 곧아서 어긋남이 없으니
군자(君子)가 덕(德)을 지닌 것과 비슷하다.
나는 그대의 늙은 몸 부축함을 사랑하노니,
마치 내게 많은 재물을 준 거나 같게 여겨진다.
이 지팡이의 진실로 아름다움을 알고서야
어찌 초야(草野)의 늙은이가 욕되이 짚을 수 있겠는가?
問誰氏博物하여,
奪水仙之所寄로다.
削枝皮而爲杖하니,
懊紫玉之陸離로다.
質分金石之堅確하고,
氣奪杉栢之貞潔이라.

旣正直而不亞하니,
類君子之中德이라.
吾愛爾之扶老하니,
等百朋之錫我라.
知玆杖之信美니,
豈野夫之辱策이리오?

나는 그것을 가져다 아홉겹[6] 궁전에 바치어
묘당(廟堂)[7]의 원로(元老)에게 내리도록 하리라.
천금(千金)의 빼어난 몸 부축하고
천천히 신선 같은 걸음걸이 하는 이를 보호케 하리라.
옥 섬돌에 부딪히어 맑은 소리를 내면서
함께 궁궐을 출입하게 되리라.
그렇지 않으면 그대를 짚고 멀리 노닐며
넓고 넓은 장관(壯觀)들을 다 구경하리라.
서쪽으로는 해 지는 엄자(崦嵫)산을 지나고
동쪽으로는 해 뜨는 곳에 있다는 약목(若木)을 스쳐가며
남쪽으로는 더위 내는 화유(火維)산을 구경하고
북쪽으로는 추위 내는 수천(水天)을 두루 보리라.
곤륜(崑崙)[8]산을 넘고 봉래(蓬萊)[9]산을 가로지르면서
신선 세상 여러 신선들에게도 인사 드리리라.
여러 가지 위험 무릅쓰며 험한 곳을 오를 때,
이 지팡이에 힘입어 넘어지려는 몸 지탱한다.
그것으로 요망스런 뱀을 치며 사나운 호랑이도 때려잡고
숲과 우거진 풀을 헤치고 위태로운 돌들을 치우리라.
吾將持獻於九重하여,

錫廟堂之大老하리라.
扶千金之逸躬하고,
護徐趨之鶴步하리라.
鏗玉砌而有聲하며,
伴出入於禁闈하리라.
不然策爾遠遊하며,
極壯觀之浩博하리라.
西掠崦嵫하고,
東拂若木하며,
南探火維하고,
北窮水天하리라.
超崑崙而駕蓬萊하여,
揖上界之羣仙하리라.
紛冒險而陟阻할세,
賴扶老而持顚하리라.
擊妖蛇而搏猛虎하고,
撥林莽而挑危石하리라.

그러나 그대가 가는 도중에
나를 섬기는 일 다하지 못할까 두렵다.
나의 몸으로 하여금 의지할 곳 잃게 하여,
외로이 가다가 멈춰 서게 할 것이다.
만약 내 몸을 잘 보호해 주어 해를 멀리하고 돌아오게 된다면,
천금(千金)을 내놓고 그대의 공로를 논하리라.
나는 그러한 뒤 사립문 안에 노닐며 쉬고,
초라한 집일망정 유유히 살리라.

뜰 오동나무에 걸린 맑은 달을 완상(玩賞)하고,
울타리 버드나무에 부는 맑은 바람을 노래부르리라.
윤건(綸巾)을 뒤로 젖혀 쓰고 어슬렁거리면서,
한가히 그대와 더불어 노니리라.
평생의 지기(知己) 같은 우정을 맺는다면
어찌 들거나 나거나 목적이 달라지랴?
然恐爾之中道에,
效我職之不克이라.
使余身而失憑하여,
羌子立而彳亍이라.
倘相與衛遠害歸來면,
委千金而論爾之功也리라.
吾然後棲遲乎衡門之下하고,
逍遙乎圭竇之中하며,
玩庭梧之霽月하고,
詠籬柳之淸風하리라.
岸綸巾而徙倚하며,
聊與爾而優遊하리라.
結平生之知己면,
豈出處之異謀리오?

거듭 노래부르노니 [重曰], [10]
산호(珊瑚) 지팡이는 사치스럽고,
쇠막대기는 수고로우니,
어찌 '도죽'처럼 멋지고 격(格)이 높을 수 있겠는가?
진실로 맑고 깨끗하기는 시나 읊으며 지내는 선인과 절조(節操)

가 같다.

　지팡이여! 지팡이여!

　굽혀도 꺾여지지 않고

　수시로 늙은 몸을 부축해 주어

　나로 하여금 싫증나지 않게 해주렷다!

　重曰；

　珊瑚兮侈하고,

　鐵柱兮勞니,

　豈如桃竹風流格高리오?

　允矣詩仙瀟洒同節이라.

　杖兮杖兮여!

　撓莫折하고,

　趨時扶危하여,

　毋吾斁兮하라!


註解

1)　도죽장부(桃竹杖賦)―'도죽장'은 도죽(桃竹)이란 나무로 만든 지팡이.
　　도죽은 도사죽(桃絲竹)이라고도 부르며, 부(賦)에서 '그 잎새는 종려
　　(棕櫚)나무 같고, 그 줄기는 대나무 같다'고 한 것처럼 남쪽 지방에
　　나는 '종죽(椶竹, Rhapis humilis)'과 같은 종류의 것이다. 도죽과
　　종죽은 줄기가 가늘지만, 단단해서 지팡이나 우산 손잡이를 만드는
　　데 흔히 쓰인다. '부(賦)'는 한(漢)대에 성행하였던 운문(韻文)의 일
　　종. 《초사(楚辭)》로부터 발달하여 글의 형식을 꾸미기에 힘썼으며, 화
　　려한 경치나 성대한 사물(事物)을 읊는 게 보통이었다.

2)　오산(鼇山)―오대(鼇戴)라고도 부르는데, 《열자(列子)》 탕문(湯問)편에
　　의하면 발해(渤海) 가운데 큰 바다 자라에 떠받치어 바다 속에 떠있
　　다는 산. 그 속에는 신선(神仙)들이 살고 있다 한다.

3) 용퇴(龍堆)—천산남로(天山南路)에 있는 사막 이름. 백용퇴(白龍堆)라고도 부른다.

4) 종려(棕櫚)나무—열대 지방에 자라는 나무. 줄기는 가지가 없어 둥근 기둥 같고, 위쪽에 손바닥 모양의 큰 잎새들이 줄기 끝에 모여 난다. 야자(椰子)나무와 비슷한 점이 많다. 종(椶)은 종(棕)과 같은 글자임.

5) 유궁(幽宮)—유도(幽都)의 궁전. 쌀쌀한 바람을 내는 북방의 신(神)의 궁전.

6) 아홉겹 궁전—하늘에 아홉겹이 있다는 데서(《漢書》禮樂志 郊祀歌) 천자(天子)가 계시는 궁전도 '아홉겹〔九重〕'이라 부른다.

7) 묘당(廟堂)—천자가 대신들과 나랏일을 처리하는 조당(朝堂).

8) 곤륜(崑崙)—파미르고원에서 시작하여 신강(新疆)·서장(西藏)의 변경을 따라 북쪽으로 뻗는 중국에서 가장 큰 산맥 이름. 옛부터 중국 사람들은 그곳에 신선이 사는 고장이 있다고 믿어 왔다.

9) 봉래(蓬萊)—발해(渤海) 가운데 있다는 신선이 사는 산 이름. 방장(方丈)·영주(瀛洲)와 함께 삼신산(三神山)이라 불리워진다(《列子》湯問편, 《漢書》郊祀志).

10) 거듭 노래부르노니〔重曰〕—'중왈'하고 다시 이제껏 읊은 주제(主題)를 기리어 결론을 맺는 것은 부의 한 형식이다. '중왈' 대신 '난왈(亂曰)'을 쓰기도 하는데, '난(亂)'은 노래의 끝장〔終章〕을 뜻한다.

# 시(詩)


## 김상국[1]께서 부채를 보내주심에 감사하는 시 두 수
〔謝金相國(名 安國, 字 國卿, 號 慕齋) 惠扇 二首〕


〔서 문〕

묻건대 부채는 휘두르면 바람이 난다는데
바람은 어디로부터 나오는가?
만약 부채에서 나온다고 한다면
부채 속에 언제부터 바람이 있었단 말인가?
만약 부채에서 나오지 않는다고 한다면
도대체 바람은 어디서 나오는 것일까?
부채에서 나온다는 것도 말이 되지 않거니와
부채에서 나오지 않는다는 것도 말이 되지 않는다.
만약 허공에서 나온다고 한다면
또한 저 부채를 떠나서는
허공은 어떻게 스스로 바람을 나게 하는 것일까?
어리석은 생각으로는 그렇게 말할 필요가 없을 것 같다.

問扇揮則風生이나,

風從何出고?

若道出於扇인댄,

扇裏何嘗有風在오?
若道不出於扇이면,
畢竟風從何出고?
謂出於扇旣道不得이오,
謂不出於扇且道不得이라.
若道出於虛인댄,
却離那扇하여,
且虛安得自生風고?
愚以爲不消如此說이라.


부채는 그것으로써 바람을 쳐낼 수 있는 것이지
부채가 바람을 나게 할 수는 없는 것이다.
바람이 대공(大空)에 쉬고 있을 적에는
고요하고 맑아서 아지랑이나 먼지가 일어나는 것조차도 보이지
　　않는다.
그러나 부채를 휘두르자마자 바람이 곧 쳐내어지는 것이다.
바림이란 기(氣)인 것이다.
기가 공간에 꽉 차 있음은
물이 골짜기에 가득 차 있는 것과 같아서
빈 공간이란 없는 것이다.
바람이 고요하고 잠잠한 때에는
전혀 그것이 모이고 흩어지는 형체가 보이지 않는다.
기(氣)가 언제건 공간을 떠날 수가 있겠는가?
노자(老子)가 말한 '비었으면서도 다함이 없고, 움직일수록 더 나
　　온다'[2]는 것도 이것이다.
다른 부채의 휘둘러 움직임을 받자마자

밀리고 쫓기어가
기(氣)는 물결치듯이 바람이 되는 것이다.
그래서 시에,
'형체에 밀리어 기(氣)가 와서 불리어지게 된다'고 한 것이다.
扇所以能鼓風이나,
而非扇能生風也니라.
當風息太虛엔,
靜冷冷地不見野馬塵埃之起니라.
然扇纔揮에, 風便鼓니라.
風者는, 氣也니라.
氣之撲塞兩間이,
如水彌漫谷谿하여,
無有空闕이라.
到那風靜澹然之頃엔,
特未見其聚散之形爾라.
氣何嘗離空得고?
老子所謂虛而不屈하고,
動而愈出者이, 此也니라.
纔被他扇之揮動에,
驅軋將去면,
則氣便盪湧爲風이니라.
故詩曰 ;
形軋氣來能鼓吹라하니라.


〔一〕

한 자의 맑은 바람[3]을 초당(草堂)으로 보내와

오동나무에 기대 휘두르니 그 맛 별나게도 좋네.
한 대에 머리끝까지 모두 꿰어 있는 줄 뉘 알았으리?
천가닥 가지가 스스로 펼쳐지는구나.
형체에 밀리어 기(氣)가 불리어와
고요한 허공 아래 갑자기 시원하게 통하네.
휘두르느라 먼지 뒤집어쓸 것 없이
대지팡이와 어울리어 구름과 물따라 가자꾸나.
一尺淸颷寄草堂하여,
據梧揮處味偏長이라.
誰知一本當頭貫고?
便見千枝自幹張이라.
形軋氣來能鼓吹하여,
有藏虛底忽通凉이라.
不須拂洒塵埃撲이니,
竹杖相將雲水鄕이로다.


　[二]

초당(草堂)이고 묘당(廟堂)이고 가리지 않고
어디서나 맑은 바람 시원하게 불어 주네.
덕(德)은 온화하여 만물을 도움에 검은 것 흰 것 가리지 않고
도(道)는 위대하여 사람을 따라 합쳐졌다 펴졌다 하네.
나로서는 무더위를 쫓아버릴 수 없었는데
그 덕분에 서늘한 가을바람 끌어들였네.
대장부라면 마땅히 백성들 더위를 씻어 줘야 할 것이니
응당 시원한 바람을 온 나라 안에 퍼뜨려야 할 걸세.
不擇茅齋與廟堂하고,

淸風隨處解吹長이라.
德和濟物兼玄白이오,
道大從人聽翕張이라.
顧我無能驅暑濕이러니,
賴渠還得引秋凉이라.
丈夫要濯羣生熱이니,
當把冷颷播帝鄉이라.

註解

1) 김상국(金相國)—김안국(金安國, 1478~1543), 자는 국경(國卿), 호는
   모재(慕齋).  예조판서(禮曹判書)·병조판서(兵曹判書)·대사헌(大司
   憲)·대제학(大提學) 등의 벼슬을 하였으므로 '상국'이란 칭호를 붙인
   것이다. 그는 문인이며 학자였고, 성리학에도 조예가 깊었다.
2) 《노자(老子)》에는 이 말 앞에 '하늘과 땅 사이는 마치 풀무와 같은 것
   이다'는 말이 들어 있다. 풀무 속은 텅 비어 있지만, 바람을 내는 변화
   에 있어서는 다함이 없고, 움직일수록 바람이 더 많이 나온다. 자연도
   공간은 일정하지만 그 변화는 무궁무진하며 움직임이 많을수록 더 많
   은 사물들이 이루어진다는 것이다. 여기서는 그 구절의 뜻을 주로 취
   하고 있다.
3) 한 자의 맑은 바람—부채를 형용한 말.


## 하늘의 빌미〔天機〕


벽 위에 하도(河圖)[1] 붙여놓고
삼년 들어앉아 공부를 했네.
혼돈(混沌)[2]히 세상 시작되던 때 거슬러 올라가 보건대,

음양(陰陽)과 오행(五行)³⁾은 누가 움직이게 했을까?
이들이 상응하며 주고받고 작용하는 곳에
환히 하늘의 빌미가 보인다.
태일(太一)⁴⁾이 움직임과 고요함을 주관하며
만물의 변화는 천지(天地)의 회전을 따른다.
음(陰)과 양(陽)의 풀무가 바람을 내불고
하늘과 땅의 문이 열렸다⁵⁾ 닫혔다 한다.
해와 달이 서로 왔다 갔다 하며
풍우(風雨)는 번갈아 흐렸다 개었다 한다.
강(剛)함과 유(柔)함⁶⁾이 복잡하게 서로 움직이고
떠도는 기(氣)⁷⁾가 어지러이 불리어진다.

壁上糊馬圖하고,
三年下董幃라.
遡觀混沌始컨대,
二五誰發揮오?
惟應酬酢處에,
洞然見天機라.
太一幹動靜하고,
萬化隨璇璣라.
吹噓陰陽橐하고,
闔闢乾坤扉라.
日月互來往하고,
風雨交陰暉라.
剛柔蔚相盪하고,
游氣吹紛霏라.

물건을 분류하여 각기 형체대로 되어지게 하여
널리 흩어놓아 모든 곳에 가득 차게 하였네.
꽃과 풀은 자연스럽게 푸르고 붉게 되었고
털짐승 깃짐승은 자연스럽게 뛰고 날게 되었네.
누가 그렇게 시킨 것인지는 알 수 없으니
조물주(造物主)의 일은 빌미를 알기 어렵네.
도(道)는 어진 일로 드러나지만, 공용(功用)은 감추어지니[8]
극히 미묘하게 널리 작용됨을 누가 알리?
보려 해도 볼 수가 없고
찾아보아도 찾아지지 않네.
그래도 사물(事物)의 이치를 미루어 나가면
미묘한 발단(發端)을 어렴풋이 알게 되네.
品物各流形하여,
散布盈範圍라.
花卉自靑紫하고,
毛羽自走飛라.
不知誰所使니,
玄宰難見幾라.
顯仁藏諸用이니,
誰知費上微오?
看時看不得이오,
覓處覓還非라.
若能推事物이면,
端倪見依稀라.


화살은 시위로부터 나가고

군대는 깃발로써 지휘하며,
소를 복종시키는 일은 쇠코뚜레로써 하고
말을 길들이는 일은 말재갈로 한다네.
일의 법도는 먼 데 있는 것 아니니
하늘의 빌미인들 어찌 나를 어기리?
張弩發由牙요,
三軍麾用旐며,
服牛當以牿이오,
擾馬當以羈라.
伐何卽不遠이니,
天機豈我違리오?

사람들이 모두 생활함에 있어서는
목마르면 마시고 추우면 옷 입으니,
자기 주위에서 원리(原理)를 배운 것이지만
근본이 되는 것은 아는 이가 드무네.
모든 이상이 결국은 한 가지 목표로 귀착되고
길은 다르지만 마침내는 같은 곳으로 돌아가네.
앉아서도 온 세상 일을 알 수 있거늘
어찌 집 문밖을 나갈 필요가 있겠는가?
人人皆日用에,
渴飮寒則衣라,
左右取逢原이나,
原處便知希라.
百慮終一致니,
殊途竟同歸라.

坐可知天下어늘,
何用出庭闈리오?


봄이 돌아오면 어진 덕[仁德][9]이 베풀어짐을 보고
가을이 되면 위세[10]가 발휘됨을 알며,
바람이 자면 달빛이 밝게 비치고
비개인 뒤면 풀이 더욱 향기롭네.
알고보면 모두가 음양의 변화로 말미암는 것이며
물건과 물건들은 서로 의지하며 존재하네.
오묘한 빌미를 꿰뚫어 알고 나서
고요한 빈 방에 앉아 있으니 광채 더욱 밝네.
春回見施仁하고,
秋至識宣威하며,
風餘月揚明하고,
兩後草芳菲라.
看來一乘兩이오,
物物賴相依라.
透得玄機處에,
虛室坐生輝라.


┌──┐
│註解│
└──┘

1)  하도(河圖)—복희(伏羲)씨가 세상을 다스리던 옛적에 황하(黃河)에서
    용마(龍馬)가 지고 나왔다는 문서. 거기에는 《역(易)》의 팔괘(八卦)가
    그려져 있었다고 한다(《書經》 顧命  孔傳).  본문에서 '마도(馬圖)'라
    한 것은 용마(龍馬)와의 관련 때문에 그렇게 부른 듯하다.
2)  혼돈(混沌)—세상이 시작될 적에 원기(元氣)가 서리어 있던 모양.

3) 음양(陰陽)과 오행(五行)－중국의 철학자들은 음과 양의 변화와 오행의
   상호 작용에 의하여 천지만물이 생성되었다고 믿어 왔다. '오행'이란
   쇠[金]·나무[木]·물[水]·불[火]·흙[土]의 다섯 가지를 가리킨다.

4) 태일(太一)－《장자(莊子)》 천지(天地)편에 '태일로써 중심을 삼는다[主
   之以太一]'고 하였는데, 성현영(成玄英)은 소(疏)에서 '태(太)란 넓고
   큼을 뜻하며, 일(一)은 둘이 아님을 뜻한다. 대도(大道)는 넓고도 제한
   된 범위가 없으며, 만물을 통틀어 하나가 되므로 태일이라 부르는 것
   이다'고 설명하고 있다.

5) 《역경》 계사(繫辭) 상(上)에 '문이 닫힌 것을 곤(坤=땅)이라 하고 문
   이 열린 것을 건(乾=하늘)이라 한다. 한 번 닫혔다 한 번 열렸다 하는
   것을 변화라 한다[闔戶를, 謂之坤이오, 闢戶를, 謂之乾이라. 一闔一闢
   을, 謂之變이라.]'고 한 말에 근거한 표현임.

6) 《역경》 계사 상에 '강함과 유함이 서로 마찰되며 팔괘(八卦)가 서로
   움직이어, 이것을 침에는 천둥으로써 하며, 이것을 적심에는 비바람으
   로써 하고, 해와 달이 운행되며 추웠다 더웠다 하게 된다[剛柔相摩하
   고, 八卦相盪하여, 鼓之以雷霆하고, 潤之以風雨하며, 日月運行하고,
   一寒一暑라.]'고 한 데 근거한 표현이다.

7) 떠도는 기(氣)－《역경》 계사 상에 '정기(精氣)가 물건이 되고, 떠도는
   혼(魂)이 변화를 일으킨다[精氣爲物하고, 游魂爲變이라.]'고 하였는데,
   이 '정기'와 '떠도는 혼'을 합쳐 '떠도는 기'라 표현한 듯하다.

8) 《역경》 계사 상에 보이는 말. '역경'엔 '현저인(顯著仁), 장저용(藏著
   用)'으로 되어 있다.

9) 어진 덕[仁德]－봄에 초목을 자라나게 하는 따뜻한 기운을 '어짊'에
   비유한 것임.

10) 위세[威]－가을에 나뭇잎과 풀을 시들게 하는 쌀쌀한 기운을 비유
   한 말.

## 역경을 읽고 읊음[觀易吟]

[一]

감(坎)과 이(離)[1]의 감추어지고 쓰이고 하는 원리는 만물의 형체에 앞서 있었지만

그 원리가 두루 작용된 다음에야 도(道)가 비로소 전해졌네.

복희(伏羲)[2]씨가 그린 팔괘(八卦)는 참된 형상을 간략히 묘사한 것이고

주(周)[3]나라 문왕이 지은 경문(經文)은 또 현상으로 나타나는 하늘의 뜻을 해설했네.

만물의 현상을 따라 연구하면 변화를 알 수 있고

근원으로부터 이치를 찾아보면 오묘함을 깨칠 수 있으리라.

총명한 성인[4]이 세상에 나오시지 않으셨더라면

점가치와 《역》을 빌어 진리(眞理)를 찾아보기 어려울 것이네.

坎離藏用有形先이나,

到得流行道始傳이라.

羲畫略摹眞底象하고,

周經且說影中天이라.

硏從物上能知化하고,

捜自源頭可破玄이라.

不是聰明間世出이면,

難憑竹易討蹄筌이라.

[二]

팔괘(八卦)와 괘사(卦辭)・효사(爻辭)는 귀신도 감동시키는데
하늘이 내신[5] 공자님은 그것을 더욱 늘이셨네.
지극한 이치를 헤쳐놓아 안드러나고 남는 게 없으니
은연중 마음이 통달하는 것은 사람이 하기에 달렸네.
羲畫周經動鬼神하고,
仲尼天縱引而伸이라.
廓開至理無遺蘊하니,
默契心通只在人이라.


註解

1) 감(坎)・이(離)―《역경》의 괘 이름. 감은 ☵로써 물을 상징하고, 이는
  ☲로써 불을 상징한다.
2) 전설에 의하면 복희(伏羲)씨가 하늘과 땅의 여러 가지 현상과 변화를
  살피어 그 기본 원리를 상징하는 《역경》의 기본인 팔괘(八卦)를 만들
  었다 한다. 팔괘는 건(乾, ☰)・태(兌, ☱)・이(離, ☲)・진(震, ☳)・손
  (巽, ☴)・감(坎, ☵)・간(艮, ☶)・곤(坤, ☷)의 여덟 가지를 말한다.
3) 《역경》의 각 괘(卦)와 괘의 각 효(爻)와 길흉(吉凶)을 설명하는 괘사
  (卦辭)와 효사(爻辭)는 주(周)나라 문왕(文王)이 지었다는 설이 유력
  하다. 그래서 《역경》을 《주역(周易)》이라고도 부른다.
4) 총명한 성인―공자(孔子)를 가리킴. 《역경》의 십익(十翼)은 공자가 지
  었다고 하는데, 십익이란 단전 상(彖傳上)・단전 하(彖傳下)・상전 상
  (象傳上)・상전 하(象傳下)・계사 상(繫辭上)・계사 하(繫辭下)・설괘
  (說卦)・문언(文言)・서괘(序卦)・잡괘(雜卦)의 열 편을 말한다. 《역
  경》의 중요한 원리는 거의 모두 이 속에 해설되어 있다.
5) 앞의 주해 4) 참조.

## 동지날[冬至吟]

[一]

양기(陽氣)[1]가 대지에 불어와 한 소리 천둥이 되어 울리니

기운은 황종궁(黃鐘宮)[2]에 호응하여 이미 회관(灰管)[3]의 재가 움직이었네.

샘 속의 물맛도 담박(淡泊)[4]하지만

나무 뿌리는 흙속에서도 움트기 시작하네.

사람이 절기의 순환을 알면 도(道)는 먼 데 있지 않으니

세상은 간혹 이념이 바뀐다 하더라도 다스림은 되돌아오게 되네.

넓고 큰 공부는 하기에 달려 있으니

그대는 도에 통하여 지극한 벗들을 오게 만드리라.

陽吹九地一聲雷하니,

氣應黃宮已動灰라.

泉味井中猶淡泊이나,

木根土底始胚胎라.

人能知復道非遠이니,

世或改圖治可回라.

廣大工夫要在做니,

君看馴致至朋來리라.


[二]

하늘의 도는 언제나 유동하고 바뀌어서

끊임없이 이 몸을 늙게 만드네.

곱던 얼굴은 해와 더불어 시들어가고
희어가는 머리는 날로 더욱 늘어가네.
예(禮)를 되찾아 보아야 석달 지키기 어렵고[5]
쉰살이 되고도 또 한 해를 넘겼네.
어린 양기(陽氣)도 곧 점점 자랄 것이니
선을 행함에 우물쭈물할 것 없네.

天道恒流易하여,
悠悠老此身이라.
韶顔年共謝하고,
衰鬢日復新이라.
復禮難三月하고,
知非又一春이라.
稚陽看漸長이니,
爲善勿因循이라.


<u>註解</u>

1) 음양설(陰陽說)로 보면 지일(至日)은 음양이 처음으로 변화하기 시작
   하는 날이다. 동지(冬至)는 양기(陽氣)가 발동하기 시작하는 날이라
   한다.
2) 음악의 십이률(十二律)을 24절기(節氣)에 배정하면 동지(冬至)는 '황
   종궁(黃鍾宮)'에 해당한다.
3) 옛날에는 갈대를 태운 재를 율관(律管)에 넣고 기후(氣候)를 점쳤는
   데, 그 재가 들은 율관을 '회관(灰管)'이라고도 부른다. 동지날이 되면
   회관 속의 재가 움직이며 날아가 관속이 트였다 한다.
4) 동짓날이 되면 '맹물 맛도 담박(淡泊)해지고, 큰 소리도 작아진다'고
   한다(서화담 '復其見天地之心說' 참조).
5) 계절이 되돌아오지만 석달만 되면 바뀜을 암시한 듯하다.

## 역경을 읽다가 우연히 수미음[1]을 얻어 역경을 배우는 여러분들께 보여드림〔觀易偶得首尾吟以示學易輩諸賢〕

서화담은 소옹처럼 시를 읊기를 좋아하지 않지만[2]

소옹이 지극한 이론을 전개하던 때 같은 경지만은 읊게 되네.[3]

태극(太極)이 작용을 시작하지 않았을 적엔 혼돈(混沌)도 존재도 없었고

음(陰)과 양(陽)이 마주치는 곳에 감(坎)과 이(離)[4]가 생겨났네.

수면(水面)처럼 고요하고 평평하게 정신을 통일하면 하늘의 마음을 깨닫게 되고

버들가지에 부는 바람을 보고 오동나무에 걸린 달을 이해하기 쉽게 되네.

가을 강물, 봄 못의 경치는 얼마나 서로 먼가?

서화담은 소옹처럼 시를 읊기 좋아하지 않네.

花巖不愛邵吟詩나,

吟到堯夫極論時와.

一未開來無混有요,

二能交處坎生離라.

神於水面天心得이오,

易向柳風梧月知라.

秋洛春潭景何遠고?

花巖不愛邵吟詩라.

# 다시 한 수 읊음[又一絶]

사물을 관찰하는 공부가 충분하여지면
해와 별 높이 뜨고 흉한 기운 맑게 걷히네.
자연히 호연지기(浩然之氣)[5]를 가슴속에 기르게 되고
타고난 대로 자연 속에 놓여져, 밖의 어지러움으로부터 풀려나네.
觀物工夫到十分이면,
日星高揭霽披氛이라.
自從浩氣胸中養하고,
天放林泉解外紛이라.

---

[註解]

1) 수미음(首尾吟)—시의 첫 구절과 맨 끝 구절이 똑같은 시. 이 시는 소
   옹(邵雍)의 〈수미음(首尾吟)〉 135수를 본뜬 것이다. 소옹의 〈수미음〉
   은 《이천격양집(伊川擊壤集)》 권20에 실려 있다.
2) 소옹의 〈수미음〉은 '요부는 시를 읊기 좋아하는 것은 아니로되[堯夫非
   是愛吟詩]'하는 구절로 시작하고 끝맺는데, 이 소옹의 구절을 약간 변
   화시킨 것이다. '요부(堯夫)'는 소옹의 호이다.
3) 소옹의 〈수미음〉의 마흔여덟번째 편에서는 '요부는 시를 읊기 좋아하
   는 것은 아니로되, 시란 요부가 확실한 논리를 전개할 때 읊는다네[堯
   夫非是愛吟詩, 詩是堯夫確論時]'란 구절을 본뜬 것이다.
4) 감(坎)과 이(離)는 만물을 상징하는 괘(卦)이다.
5) 호연지기(浩然之氣)—바르고 크고 넓은 기운(《孟子》 公孫丑편 참조).

## 웃고 희롱함[笑戲]

서화담은 소옹처럼 시를 읊기 좋아하지 않지만[1]
소옹처럼 한가하고 조용한 때는 얻어보지 못하였네.
도(道)는 사람으로부터 멀리 있는 것이 아니니 속히 되돌아가야
만 하며,
일은 모두 물건에 따르는 것이 어긋나지 않게 해야 하네.
이미 본성(本性)을 알았으면 마땅히 따듯이 길러야만 하니
반드시 일이 생긴 다음으로 미룬다고 어찌 너무 고집하랴?
스스로 살기 위한 공부에 일찍부터 힘을 다했으니
서화담은 소옹처럼 시를 읊기 좋아하지 않네.
花巖不愛邵吟詩나,
輸得堯夫閒靜時라.
道不遠人須早復이오,
事皆方物莫教睽라.
旣知性處宜溫養이니,
必有事來豈太持오?
自在工夫曾喫力이니,
花巖不愛邵吟詩라.

### 註解

1) 이 시도 소옹(邵雍)의 〈수미음〉을 본떠 가벼운 자기의 철학을 읊어본
   것이다.

## 소옹(邵雍)의 수미음의 뜻을 읊어 옛사람을 벗하고자 하는 생각을 드러냄〔體述邵堯夫首尾吟聊表尙友千古之思〕

서화담은 소옹처럼 시를 읊기 좋아하지 않으니
시읊고 노니는 소옹은 알려들지도 않네.
곤(鯤)[1]이 삼천리나 뛰어오른다 하지만 땅을 벗어나진 못하고
붕(鵬)[2]이 구만리나 바람 타고 날아오른다지만 어찌 내려앉을 때가 없으랴?
만물은 모두 숨기어지기도 하고 쓰여지기도 하는 도(道)로 말미암은 것이니, 성인이 어찌 버리랴?
시대에는 그 시대의 성인이 있고, 하늘에는 알맞은 때가 있네.
그 시대 세상 다스릴 솜씨를 헛되이 버려두게 될까봐
서화담은 소옹처럼 시를 읊기 좋아하지 않네.

花嚴不愛邵吟詩니,
吟戲堯夫不試知라.
鯤躍三千雖得地요,
鵬搏九萬奈無期리오?
物皆藏用聖何棄오?
代不乏人天有時라.
閑却當年經世手하여,
花嚴不愛邵吟詩라.

註解

1) 곤(鯤)－《장자(莊子)》 첫머리의 소요유(逍遙遊)편에 보이는 전설적인

물고기. 이 물고기는 북쪽 바다에 사는데, 그 크기가 몇천리나 되는지 알 수 없다 하였다. 여기 보이는 '삼천리'란 숫자는, 《장자》에선 '곤'이 새로 변하면 '붕(鵬)'새가 되는데, 날아오를 적에는 물을 삼천리 멀리까지 쳐서 튀겨낸다고 한 데서 나온 것이다.
2) 붕(鵬)―역시 《장자》에 보이는 전설적인 새 이름. 이 새는 워낙 커서 한번 날으려면 적어도 바람을 타고 구만리 이상 하늘 위로 올라간 다음에야 날을 수 있게 된다는 것이다.


## 창문을 열고 〔開窓〕


병풍친 방 안이 싸늘하여 남쪽 창을 활짝 여니
시원한 바람 얼굴 휩싸며 맑은 기운 돌아오네.
짙푸른 하늘빛은 예대로 아득하니
나의 본성(本性)이 온 곳[1]을 비로소 알게 되네.
屛寒窓牖忽南開하니,
迎面冷風淑氣回라.
湛湛天光依舊遠하니,
始知吾性所從來라.


〔註解〕

1) 나의 본성(本性)이 온 곳―《중용(中庸)》 첫머리에 '하늘이 내려준 것을 성(性)이라 하고, 그 성을 따르는 것을 도(道)라 한다〔天命之謂性이오, 率性之謂道라〕'라고 한 말에 근거를 둔 것이다. 이 시는 창문을 열고 하늘을 바라보며 《중용》에서 얘기한 사람의 '본성'과 '도'를 깨닫는 철학시(哲學詩)이다.

## 만물의 존재 〔有物〕

〔一〕

존재하는 만물은 오고 또 와도 다 오지 못하니
다 왔는가 하고 보면 또 다시 오네.
오고 또 오는 것은 '시작이 없는 것'[1]으로부터 오는 것
묻노니 그대는 처음에 어디로부터 왔는가?
有物來來不盡來하니,
來纔盡處又從來라.
來來本自來無始니,
爲問君初何所來오?

〔二〕

존재하는 만물은 돌아가고 또 돌아가도 다 돌아가지 못하니
다 돌아갔는가 하고 보면 아직 다 돌아가지 않았네.
돌아가고 또 돌아가고 끝까지 해도 돌아감은 끝나지 않는 것
묻노니 그대는 어디로 돌아갈 건가?
有物歸歸不盡歸하니,
歸纔盡處未曾歸라.
歸歸到底歸無了니,
爲問君從何所歸오?

註解

1) '시작이 없는 것'—만물의 창조 이전의 '태극(太極)'을 말한다. 태극으

로부터 음과 양이 생기고, 음양의 변화에 따라 만물이 생겨났는데, 태
극이란 처음이 없는 것이다.


## 감상〔偶吟〕


조각달이 서쪽으로 진 뒤
낡은 거문고 뜯다 쉬는데,
밝음 어두워지고 시끄러움 고요해졌으니
이런 때의 묘한 맛 어떠한가?
殘月西沈後니,
古琴彈歇初에,
明喧交暗寂하니,
這裏妙何如오?


## 감회를 읊음〔述懷〕


공부하던 그 옛날엔 세상 다스리는 일에 뜻을 두었었건만
나이 늙자 이제는 안회(顔回)와 같은 가난함[1] 달갑게 여기며 사네.
부귀(富貴)에는 다툼이 있게 마련이니 손 대기 어렵고,
숲과 샘물은 간섭하는 이 없으니 몸을 편히 담을 수 있네.
산에서 약 캐고 물에서 낚시질하여 배 채우고
달을 노래하고 바람을 읊으니 정신 맑아지네.
공부하여 의심없게 되면 쾌활하여짐을 느끼니
헛되이 백년[2] 사는 사람이 되지 않게 되겠네.

讀書當日志經綸이러니,
晚歲還甘顔氏貧이라.
富貴有爭難下手요,
林泉無禁可安身이라.
採山釣水堪充腹하고,
詠月吟風足暢神이라.
學到不疑知快活하니,
免敎虛作百年人이라.

註解

1) 안회(顔回) 같은 가난함—안회는 춘추(春秋)시대 노(魯)나라 사람으로, 자가 자연(子淵)이며, 안연(顔淵)이라고도 부른다. 공자의 제자 가운 데에서도 특히 덕행이 뛰어나, 가난한 살림 속에서도 언제나 공부하는 즐거움을 잊지 않았다 한다. 따라서 공부하여 올바른 도리를 지키면서 가난할지언정 떳떳하게 사는 것을 '안회 같은 가난함'이라 표현한 것 이다.

2) 백년—사람의 한평생을 가리킨다. 백년 사는 사람이란 그의 학문이나 명성이 그의 일생에 국한되고 마는 사람이다. 다시 말하면 후세에 아 무것도 끼치지 못하고 죽는 사람을 뜻한다.


## 참동계[1]를 읽고 장난삼아 시를 지어 보진암의 조욱[2]에게 드림[讀參同契戲贈葆眞庵趙景陽昱]

내 몸은 납과 수은 같은 선약(仙藥)을 만드는 재료인데
물과 불로 조절되어 성스러운 태아(胎兒)로 엉기었네.
혼돈된 속에서 현묘(玄妙)한 어미에 접하였고

들리지도 보이지도 않는 중에 갓난아기 되었네.
아홉개의 단사(丹砂)가 담긴 솥[3]이 은근히 돌아가고
서른여섯개의 동천(洞天)[4]이 차례로 열려지네.
내가 바로 옥도(玉都)[5]의 진일자(眞一子)[6]인데
그것이 바로 회회(回回)[7]임을 아무도 모르네.
吾身鉛汞藥之材로,
水火調停結聖胎라.
混沌前頭接玄母하고,
希夷裏面得嬰孩라.
三三砂鼎慇懃轉하고,
六六洞天次第開라.
余是玉都眞一子어늘,
無人知道是回回라.


註解

1) 참동계(參同契)—한(漢)대의 위백양(魏伯陽)이 지은 책으로, 물과
   불·납과 수은을 가지고 불로장생(不老長生)하며 신선이 되는 약을
   만드는 원리가 쓰여 있다. 후세 도사(道士)들의 연단(鍊丹)은 모두 이
   책을 근거로 하고 있다.
2) 조욱(趙昱, 1498~1557)—자가 경양(景陽)이고, 호는 우암(愚庵)·보
   진재(葆眞齋)·용문(龍門)·세심당(洗心堂) 등 많다. 생원(生員)·진
   사(進士) 양과에 모두 합격한 뒤 용문산(龍門山)에 숨어 시문으로 나
   날을 즐기었으므로 용문 선생이라고 불렀다. 뒤에 내섬시주부(內贍寺
   主簿)·장수현감(長水縣監) 등의 벼슬을 지냈으며, 서경덕·이황(李
   滉)·김안국(金安國) 등과 사귀었다.
3) 아홉개의 단사(丹砂)가 담긴 솥—연단(鍊丹)을 할 때 쓰이는 아홉 개
   의 솥. 단사는 주사(朱砂)라고도 하는 붉은 광물로서, 이것을 솥에 넣

고 약과 섞어 열을 가하면 수은(水銀)이 나오며, 다시 이것으로 장생
불사(長生不死)하는 약을 만드는 것이다. 도사들이 납과 수은을 재료
로 하여 선약(仙藥)을 만드는 것을 '연단'이라 부르는 까닭도 여기에
있다.

4) 서른여섯개의 동천(洞天)―'동천'은 도가에서 말하는 신선들이 사는 고
   장.  동천에는  십대동천(十大洞天)과  삼십육소동천(三十六小洞天)이
   있다고 하는데, 여기서는 신선들의 고장인 모든 동천을 가리킨 것이다.

5) 옥도(玉都)―신선이 산다는 고장.

6) 진일자(眞一子)―'옥도'의 신선 중에서도 첫째 가는 신선. 회교(回敎)
   에서 말하는 진신(眞神) 알라(Allah)를 은근히 가리킨다.

7) 회회(回回)―마호메트교를 회교 또는 회회교라 하였으니, 여기의 '회
   회'는 알라신을 가리킨다고 보아야겠으며, 이 시는 도가(道家)들의 연
   단술(鍊丹術)이 올바른 학문이 아님을 비꼰 것이다.


## 산에서 삶〔山居〕


〔一〕

운암(雲巖)[1] 아래 내가 살 곳을 정한 것은
정말로 성격이 느슨하고 성글기 때문일세.
숲속에 앉아서 숨어 사는 새들을 벗삼고
시냇가를 거닐면서 노니는 고기들을 벗하네.
한가하면 꽃잎 지는 언덕길에 비질을 하고
때로는 호미 메고 약초(藥草) 캐러 간다네.
이밖에는 전혀 아무 일도 없으니
차 한잔 들고 나서는 옛 책을 뒤적이네.

雲巖我卜居니,
端爲性慵疎라.
林坐朋幽鳥하고,
溪行伴戲魚라.
閒揮花塢箒하고,
時荷藥畦鋤라.
自外渾無事니,
茶餘閱古書라.


〔二〕
화담에 있는 한칸 초옥은
깨끗하기 신선 사는 집 같네.
창문 열면 산빛이 다가오고
베갯머리엔 샘물 소리 울리네.
골짜기 그윽한데 바람만이 살랑이고
고장이 외따니 나무만이 무성하네.
그 속에 거니는 이 있으니
맑은 아침이면 책 읽기를 잘하네.
花潭一草廬는,
瀟洒類僊居라.
山色開軒近이오,
泉聲到枕虛라.
洞幽風淡蕩하고,
境僻樹扶疎라.
中有逍遙子하니,
清朝好讀書라.

註解

1) 운암(雲巖)—서경덕이 살던 화담(花潭)에 있는 바위 이름.


## 무제(無題)


〔一〕

눈에는 발을 치고 귀에는 문을 닫았으되
소나무 바람소리 시냇물 소리 여전히 시끄럽네.
자기를 잊고서 만물을 올바로 보게 되니
마음 속은 어디를 가나 스스로 맑고 따스하네.
眼垂簾箔耳關門이로되,
松籟溪聲亦做喧이라.
到得忘吾能物物하니,
靈臺隨處自淸溫이라.


〔二〕

성글고 느슨하여 초라한 집에 사는 게 알맞은 것이지
공연히 도망하여 세상 시끄러움 사절하는 게 아니네.
그래서 세상 티끌과 멀리 떨어졌으니
아무도 찾아와 세상살이 얘기하지 않네.
疎慵端合臥衡門이니,
不是逃空謝世喧이라.
自是雲塵相逈隔하니,
無人來問話凉溫이라.

## 한가한 마음〔閒懷〕

세상살이 가벼이 멋대로 하지만 하는 말은 참되니
일생 동안 위대한 도 따라 살 수 있을 듯하네.
평생토록 그윽한 흥취 다 찾아 즐기지 못했으나
구름 낀 산 볼 적마다 눈은 두 배로 밝아지는 듯하네.
處世逍遙語吐誠하니,
百年堪許影邊行이라.
平生未足探幽興이나,
每見雲山眼倍明이라.

## 비개인 뒤 산을 바라보며〔雨後看山〕

텅 빈 누각에서 자다 일어나 문득 발을 들어 보니
비 지나간 산빛 더욱 짙어졌네.
볼수록 화공도 그려내지 못할 저 경치,
높은 봉우리에 구름 걷히니 푸른 꼭대기 드러나네.
睡起虛樓忽上簾하니,
雨餘山色十分添이라.
看來難下丹靑手니,
雲卷高岑露碧尖이라.

## ‘산에 올라’, 김식손[1]·박민헌[2]·황원손[3]과 금신사 뒷봉우리[4]에 올라 지음〔登高吟, 携彦順(金息孫) 頤正(朴民獻) 及 黃元孫登金神寺後峯作〕

가장 높은 곳 밟아보고자 높은 봉우리 올라가니
얼굴 들어 바라볼수록 더욱 높아 가장 높은 곳에 이르지 못하네.
하늘 높은 것으로 말하면 다다르지 못한 것이지만
발 밑도 높은 곳을 딛고 있음을 비로소 알게 되네.
欲窮高處陟危峯하니,
仰而彌高高不窮이라.
若語天高猶未極이나,
始知足底是高蹤이라.

---

[註解]

1) 김식손(金息孫)—서경덕의 문인 중의 한 사람.

2) 박민헌(朴民獻, 1516~1586)—자를 이정(頤正) 또는 희정(希正), 호는 정암(正菴)·슬간재(瑟僩齋)·의속헌(醫俗軒) 또는 저헌(樗軒)이라 했으며, 본관은 함양(咸陽)이고, 서경덕의 문인이다. 과거에 급제한 뒤 해남현감(海南縣監)에서 시작하여 여러 벼슬을 거쳐 한성부우윤(漢城府右尹)·동지경연사(同知經筵事) 겸 오위도총부부총관(五衛都摠府副摠管)·형조참판(刑曹參判) 등을 역임, 동지중추부사(同知中樞府事)·상호군(上護軍) 등을 지냈다.

3) 황원손(黃元孫)—자세한 평생은 알 수 없으나 서경덕의 문인 중의 한 사람인 듯하다.

4) 금신사 뒷봉우리—개성 근처의 산인 듯하나, 산 이름은 확인하지 못하

였다.


## 산놀이 〔遊山〕


노니는 몸 하늘 가운데 있으니
걷는 발길에 구름 안개 밟히네.
신선 공부 애쓸 것 없이
한가한 마음으로 세월 보내네.
身遊在半天하니,
平步躡雲烟이라.
不用求仙學이니,
心閒日抵年이라.


## 대흥동(大興洞)


붉은 나무는 병풍처럼 둘린 산에 비추고
푸른 시냇물은 거울 같은 웅덩이로 흘러내린다.
신선 세계 가운데 거닐며 시 읊으니
갑자기 마음이 맑고 깨끗해짐 느껴진다.
紅樹映山屛하고,
碧溪瀉潭鏡이라.
行吟玉界中하니,
陡覺心淸淨이라.

## 지족사(知足寺)

저 아래로 연평도(延平島)가 보이고
위로는 보현봉(普賢峯)이 솟아 있다.
산수는 내가 있어 즐기나니
지팡이 짚고 나직이 시를 읊는다.
自卑延平島요,
高尙普賢峯이라.
山水吾有取하니,
沈吟倚短筇이라.

## 이끼〔詠苔〕

절벽 암자는 그늘지고 축축하여
천년 묵은 이끼 빛만 푸르네.
자기 스스로도 그와 같다 여기노니
살려는 뜻에 구속됨이 없네.
崖广陰滲漉이오,
千年苔色綠이라.
自家知一般하니,
生意無拘束이라.

## 눈과 달[雪月吟]

눈은 온 산에 차갑게 쌓여 있고
달은 하늘 가득히 높다랗게 빛나고 있다.
뜰 앞을 홀로 거니는 사람 있으니
그의 마음 얼마나 맑고 깨끗한가?
冷積千山雪이오,
高明一天月이라.
庭前獨步人하니,
意思何淸潔 고?

## 봄날[春日]

성곽(城郭) 밖에 사니 지저분한 일 없고
산빛 짙은 창안에 자니 늦게 일어나네.
봄 찾아 골짜기 시냇물 가 거닐면서
예쁜 꽃가지를 눈에 띄는 대로 꺾어 보네.
廓外無塵事요,
山窓睡起遲라.
探春行澗壑하며,
看取好花枝라.

## 장윤 교수가 복숭아나무를 보내준 데 감사드리며［謝張敎授綸惠桃樹］

〔一〕

꿈에 하늘나라로 올라가 옥 문을 두드렸는데
요대(瑤臺)[1]의 봄빛이 머리속에 아련하네.
이른 아침 부쳐 준 복숭아나무 받고 보니
신선 세상 것을 옮겨온 게 아닌가 여겨지네.
夢陟淸都扣玉扉러니,
瑤臺春色覺依稀라.
凌晨見寄仙桃樹하니,
疑是移從上界歸라.

〔二〕

친구는 내가 정말 꽃을 좋아함 알고서
멀리 복숭아나무 부쳐와 친한 정을 보여주네.
곧 거친 잡나무를 베어젖히고 창밖에 심어 놓으니
수많은 꽃이 새로이 빗속에 피어나는 것을 보게 되리라.
故人知我玩花眞하고,
遠寄仙桃情見親이라.
旋斲榛荒窓外種하니,
會看繁藥雨中新하리라.

---

註解

1) 요대(瑤臺)−신선들이 산다는 옥돌로 만들어진 집.

## 소나무를 심으면서 [種松]

난간 가 가시덤불 젖히고 어린 소나무 심으니
자라서 천년 뒤 용틀임된 줄기 눈에 선하네.
짧은 뿌리 더디 자란다 업신여기지 말게나
명당(明堂)[1]의 재목 되는 날이면 많은 공로 새겨지리라.

檻邊除棘種稚松하니,
長閱千年想作龍이라.
莫謂寸根成得晚하라,
明堂支日勒豐功이라.

[註解]

1) 명당(明堂) – 나라의 중대한 정사를 처리하는 곳.

## 국화를 읊음 [詠菊]

정원의 모든 꽃 이미 시들었는데
노란 국화만이 기운 온전하네.
홀로 기이한 향내 품은 채 뒤로 처져
봄꽃들과 함께 앞을 다투지 않네.
서리 내릴 즈음에야 비로소 향내 뿜고
이슬에 촉촉히 젖어 있으면 빛깔 더욱 곱네.
떨어진 꽃 씹으면 온 배 속 맑아지니

지팡이 짚고 때때로 울타리[1] 가 맴도네.

園中百卉已肅然이나,
祗有黃花氣自全이라.
獨抱異芳能殿後하여,
不隨春艷並爭先이라.
到霜甘處香初動하고,
承露溥時色更鮮이라.
飡得落英淸五內니,
杖藜時復繞籬邊이라.

<u>註解</u>

1) 울타리 가─국화가 피어 있는 곳. 국화를 좋아해서 유명한 중국의 대
   시인 도연명(陶淵明)이 음주(飮酒) 시에서 '국화를 동편 울타리 아래
   서 따들고 의젓이 남산을 바라본다〔採菊東籬下하여, 悠然見南山이
   라〕'는 유명한 구절을 읊었다. 이로 말미암아 '울타리 가'는 국화가 심
   어진 장소를 상징하게 된 것이다.

## 딱따구리 우는 소리를 들으며〔聞鼓刀〕

이른 아침 어떤 새[1]가 도마질 소리를 내는데
도마질은 응당히 짐승 고기 다루는 푸주간에서나 날 일이지.
일년이 다 가도록 밥상 위에 소금조차 없은 지 오래되었으니
초가집 향하여 괴롭게 울부짖지 말게나.
有鳥凌晨勸鼓刀하니,
鼓刀應在割烹庖라.

年來盤上無鹽久니,
莫向茅齋苦叫號하라.

註解

1) 어떤 새―칼로 고기 다지는 도마질 소리를 내는 새라면 딱따구리에 틀
림없을 것이다.


## 시냇물 소리〔溪聲〕

콸콸 바위 사이 흐르는 물은 밤낮없이 우는데
슬퍼하는 듯 원망하는 듯 다투는 듯도 하이.
세상의 여러 가지 억울한 일들을
푸른 하늘에 호소하면서도 분함은 영 가시지 않는가!
聒聒巖流日夜鳴하니,
如悲如怨又如爭이라.
世間多少銜冤事를,
訴向蒼天憤未平가!


## 그의 운을 따라 유수 이귀령[1]에게 답함〔次韻答留守李相國
(龜齡)〕

반묘[2]되는 집 안엔 즐거움 끝 없으니
하루 종일 심신 보양하며 아무 일 없이 깨끗이 지내네.
꽃풀을 감상하고 읊는 게 누구 소임인지 아는가?

산과 골짜기 다스리는 일이 내게 맡겨져 있다네.
좋은 경치 대할 때마다 홀로 읊조리고
때로 흥이 나면 사람들과 어울리어 노래부르네.
신선 세상 노닐던 꿈 선뜻 깨어 보니
숲 사이 봄 이미 지나가 버린 것을 알지도 못하고 있었구려.
半畝宮中樂莫涯하니,
頤神終日澹無何라.
品題花卉知誰任고?
管領溪山屬我家라.
每會景佳能獨詠하고,
時因興劇共人歌라.
泠然一覺遊仙夢하니,
不記林間春已過라.

註解

1) 이귀령(李龜齡, 1482~1542)―자는 미지(眉之), 본관은 전의(全義).
관찰사 덕숭(德崇)의 아들이며 문정왕후(文定王后)의 외삼촌. 1514년
문과(文科)에 급제한 뒤 여러 가지 벼슬을 거쳐 1525년에는 홍문관부
응교(弘文館副應敎)·전라도어사(全羅道御史)·응교(應敎)를  지냈다.
그 뒤 예조참의(禮曹參議)·승지(承旨)·대사간(大司諫) 및 여러 도
의 관찰사를 지낸 다음 1537년에는 호조참판(戶曹參判), 다음 해 공
조판서(工曹判書)·예조판서, 1540년엔 좌참찬(左參贊)·우참찬에 이
어 병조판서가 되었다. 척신(戚臣)으로서 높은 벼슬을 지내며 주색을
일삼고 나랏일에는 소홀하였다고 전한다. 이 시는 1534년경 개성부유
수(開城府留守)로 있을 때 서경덕과 주고받은 것이다.
2) 묘(畝)―옛날 중국에서 땅의 넓이를 표시할 때 쓰던 단위. 대략 한 마
지기 정도의 넓이였다.

## 보진암[1]으로 보냄〔贈葆眞庵〕

하늘 한복판에 서도 몸가짐 부끄러울 게 없고
흥취는 맑고 온화한 지경 가까이 들어갔네.
내 마음 높은 벼슬 얕본 게 아니라
본시부터 지닌 뜻이 산천에 있었기 때문이네.
정성되이 밝히[2]는 일에 멋대로 능력을 발휘하고
오묘한 이치[3]를 캐는 일에도 손을 약간 대고 있네.
공경함을 위주[4]로 공을 이룩하여야 비로소 하늘의 뜻에 맞게 되
리니
창 가득히 들어오는 바람과 달도 스스로 의연하기만 하네.
將身無愧立中天하고,
興入淸和境界邊이라.
不是吾心薄卿相이오,
從來素志在林泉이라.
誠明事業恢遊刃하고,
玄妙機關少著鞭이라.
主敬功成方對越이니,
滿窓風月自悠然이라.

〔註解〕

1) 보진암－앞의 〈독참동계희증보진암조경양욱(讀參同契戲贈葆眞庵趙景
   陽昱)〉 시로 보아 이 시는 곧 보진암에서 수양하고 있던 조욱에게 보
   낸 시임을 알겠다.

2) 정성됨이 밝힘〔誠明〕—이는《중용》의 ‘自誠明을, 謂之性이오, 自明誠
   을 謂之敎니라. 誠則明矣오, 明則誠矣니라(정성됨으로 말미암아 밝아
   지는 것을 성이라 말하고, 밝음으로 말미암아 정성되어지는 것을 가르
   침이라 말한다. 정성되면 곧 밝아지고, 밝으면 곧 정성되어지는 것이
   다)’라고 한 말에 근거를 둔 것으로서 성리학자(性理學者)들이 흔히
   몸을 닦는 일을 얘기할 때 인용하는 말이다.
3) 오묘한 이치—여기서는 곧 ‘성리(性理)’의 연구를 뜻한다고 보아도 될
   것이다.
4) 공경함을 위주로〔主敬〕—이 말은 정이천(程伊川)·주희(朱熹)를 비롯
   하여 성리학자들이 학문의 방법으로써 널리 받들어 온 것이다. ‘주경
   (主敬)’은 ‘거경(居敬)’이라고도 말하여지며, 단순히 ‘공경함을 위주로
   한다’는 간단한 뜻을 지닌 것은 아니지만 자세한 설명은 생략한다.


## 상사[1] 조옥이 붓을 보내준 데 감사함〔謝趙上舍玉惠筆〕


손수 글쓰는 보배 봉하여 멀리까지 보냈으니
산 속의 늙은이에게도 쓰일 때 있으리라는 생각에서겠지.
붓통 싣고 다니는 것은 숲속 일 아니려니와
들은 일 기록하는 것도 어찌 할 일 없는 사람의 알 바이랴.
다만 산골짜기의 아름다움 느낀 대로 적어 두고
바람과 달의 기이함이나 가리어 거둬두리라.
이밖엔 전혀 달리 쓸 곳 없으니
붓끝이 잘 길들여지거들랑 다시 새 시나 적기로 하지.
手封文寶遠相遺하니,
應謂山翁用有時라.
載管旣非林下事니,

記聞安屬散人知리오?
只將題品溪山勝하고,
且得甄收風月奇하리라.
自外都無閒冗用이니,
養鋒時復錄新詩하리라.

註解

1) 상사(上舍)－성균관(成均館)에서 공부하고 있는 학생의 별칭. 조옥이
   어떤 사람인지도 알 수가 없다.


## 신광한[1]의 운을 따라 지음〔次申企齋(名光漢字漢之時爲史判兼大提學)韻〕

재상이 공평한 처사로 정당에 나아가 있으니
여러 어진 사람들은 제각기 뛰어난 재주 뽐내네.
이 세상 인물들 저울질해 보면 뉘라서 무게를 당할까?
세상의 법도될 문장을 홀로 맡아 지어내네.
자신을 올바로 다스리는 것만으로도 모범이 될 수 있거니와
재주있는 사람 등용함에는 개인 감정 전혀 헤아리지 않네.
다투어 어진 임금에 기대어 공을 이루는 판국이니
가난한 선비가 시골 한구석에 머물러 있음을 비웃고 있으리라.
相國持平就政堂라니,
羣賢濟濟各矜長이라.
權時人物誰輕重고?
範世文章獨主張이라.

律己旣能爲表率이오,
抽才未始校炎凉이라.
競依堯舜收功日이니,
應笑寒儒滯一鄕이라.


[註解]

1) 신광한(申光漢, 1484~1555)―호가 기재(企齋)인데, 낙봉(駱峰)·석선재(石仙齋)·청성동주(靑城洞主)라고도 호를 불렀으며, 자는 한지(漢之) 또는 시회(時晦)라 하였다. 신숙주(申叔舟)의 손자로서 1510년 과거에 급제한 뒤 홍문관전교(弘文館典校)가 되었다. 조광조(趙光祖) 등과 함께 신진사류(新進士類)로서 1518년 대사성(大司成)에 특진되었다가 기묘사화(己卯士禍)에 연루되어 벼슬을 깎이었다. 그 뒤 중종 때인 1537년에 다시 등용되어 이조판서 겸 홍문관제학(弘文館提學)이 되었는데, 이 시는 이 무렵의 시이다. 1545년 을사사화(乙巳士禍)에 공을 세워 우찬성에 양관대제학(兩館大提學)을 겸하였으며, 영성부원군(靈城府院君)에 봉해졌다. 그는 문장에 능하고 필력(筆力)이 뛰어났다.


## 이전 시의 운[1]을 따라 지음 〔原韻(用先生曾寄慕齋謝惠扇詩韻)〕

수많은 꽃이 핀 못[2] 가에 초당 한칸 있는데
뜰 앞 풀들은 봄 깊어 푸르고 길게 자라 있네.
안락한 삶은 다만 소옹[3]을 본받을 뿐이며
맑고 자유로운 삶은 까닭도 없이 금장[4]을 흉내내네.
백록동[5]의 가르침 이룩되어 법도는 익어가는데
푸른 깃 옷[6] 지어 입어도 행실은 역시 부족하네.

듣건대 오랜 도읍에는 문헌도 많다 하니
전혀 곤궁한 마을 떠보지도 못함을 스스로 부끄러워하네.
百花潭上一茅堂엔,
庭草春深翠且長이라.
安樂只應師邵氏요,
淸狂非故效琴張이라.
敎成白鹿規將熟이나,
裁得靑衿行亦凉이라.
聞說古都文獻盛이니,
自慚全未學窮鄕이라.

☐ 註解 ☐

1) 이전 시의 운―이전 시의 운이란 서경덕의 시집 첫머리에 보이는 〈사 김상국혜선(謝金相國惠扇)〉 시의 운을 말한다.

2) 꽃이 핀 못―이 구절은 서경덕의 호인 화담(花潭)을 푼 것이다.

3) 소옹(邵雍, 1011~1077)―송(宋) 초의 학자. 자는 요부(堯夫)이며. 수 리(數理)와 도상(圖象)에 의한 만물의 연구에 종사하였으며, 성리학 (性理學)의 선구자 가운데 한 사람이다. 자신의 사는 곳을 안락와(安 樂窩)라 스스로 부르고, 안락선생이라 자호하기도 하였다.

4) 금장(琴張)―춘추(春秋)시대 사람으로 공자의 제자. 금로(琴牢)라고도 불렀으며, 자는 자개(子開) 또는 자장(子張)이라 하였다.

5) 백록동(白鹿洞)―중국의 강서성(江西省) 성자현(星子縣) 북쪽 여산(廬 山) 오로봉(五老峯) 아래 있는 고장 이름. 당(唐)나라 때 이발(李渤) 이란 사람이 이곳에 숨어 살며 공부하였고, 남당(南唐)시대에는 이곳 에 학교가 섰다. 송(宋)나라로 들어와 주희(朱熹)가 이곳에 와 가르침 을 편 일이 있다. 송나라 뒤로 명(明)・청(淸)대에도 이곳에 서원(書 院)을 두었는데, 이것이 유명한 백록서원(白鹿書院)이다. 이 시에서 '백록동의 가르침'이라 한 것은 주희가 크게 이룩해 놓은 성리학을 말

한다.
6) 푸른 깃 옷[靑衿]―《시경(詩經)》 정풍(鄭風) 자금(子衿) 시에 '청청자
금(靑靑子衿)'이란 구절이 나오는데, 《모전(毛傳)》에 '청금(靑衿)이란
푸른 옷깃이며 학생들이 입는 옷이었다' 하였다. 이 시에서 '푸른 깃
옷 지어 입었다'는 것은 곧 학생이 되어 공부를 하였다는 뜻이 된다.


## 또 한 수 지어 올림[1] [又奉贈一首]


허유[2] 억지로 요임금의 요청을 사양한 게 아니거니와
나는 성인의 조정 움직일 재주 없음을 스스로 아네.
태평 시대에 발을 내미는 것은 분수에 지나친 일임을 알고 있으니
홀로 떠나가 자유로이 거닐며 사는 게 좋을 듯하네.
許由非是强辭堯요,
自揣無才動聖朝라.
投足太平知越俎니,
不如孤往任逍遙라.


註解
1) 이 시는 앞에서 보인 김안국(金安國)에게 지어 보낸 것일 것이다.
2) 허유(許由)―옛날 중국의 선비. 자는 무중(武仲). 양성(陽城) 사람인데
패택(沛澤)이란 곳에 숨어 살면서 공부와 도 닦는 일로 세월을 보냈
다. 요(堯)임금이 그의 어질다는 소문을 듣고 임금 자리를 내어 주려
하였으나 그는 그 요청을 사양하고 도망가 기산(箕山) 아래에서 밭을
갈았다. 뒤에 요임금은 그를 구주(九州)의 우두머리(재상에 해당함)로
삼으려 하였는데, 허유는 그 말을 듣자 귀가 더럽혀졌대서 영수(潁水)
가로 가서 귀를 씻었다 한다.

## 신광한[1]의 운을 따라 지어 그의 사위에게 줌[次企齋韻贈其子壻]

사귐 바라는 믿음은 처음 만날 때부터 있었거니
점잔히 읍하고 앉은 모습 몸에 여유가 보이네.
봉황새 굴[2]에서 언제까지나 병아리로 엎드려 있겠나?
뒷날 용문[3]에 이르면 나는 고기로 변하리라.
나아가 벼슬하고 물러나 몸 닦음은 비록 재능과 성격에 달렸다지만
행동은 반드시 전에 배운 대로 따라야 하는 것.
집안의 가르침 따라 맑은 사업 일으키고자
손에 경서 들고 감히 주저하고 있겠는가?
願交孚在奠腒初니,
揖坐雍容體自舒라.
鳳穴幾時爲伏鷇고?
龍門他日化飛魚리라.
進修雖是由材器나,
遷就還應賴養居라.
欲效箕裘淸事業하여,
手持詩戒敢躊躇오?

---

<u>註解</u>

1) 신광한(申光漢)−앞의 〈차신기재운(次申企齋韻)〉 시 참조.
2) 봉황새 굴−훌륭한 인물이 난 좋은 집안을 비유한 말.
3) 용문(龍門)−황하(黃河) 상류에 있는 땅 이름. 바다나 강의 물고기들

이 이 용문에 이르러 황하물을 그 이상 거슬러 올라가면 용으로 변한
다는 전설이 있다. 그래서 예부터 과거 같은 큰 시험에 합격하는 것을
'용문을 오른다'고 비유하여 왔다.


## 유수 심언경[1]의 운을 따라 지음〔次留守沈相國彦慶韻〕


맑은 시대에 숨어 도 닦는 사람된 것 스스로 기뻐하니
명함 내밀고서 임금님 뵙기를 아직도 꺼리고 있네.
나라 바로잡고 세상 풍속 따를 재주는 없고
산에 살며 흰구름 위에 누울 뜻뿐일세.
세상의 공명은 비록 얻지 못하고 있지만
올바른 도리 가운데 찌꺼기는 그래도 분간할 줄 아네.
낮잠 끝에 갑자기 훌륭한 시 내려주심 받으니
선생의 글 더욱 중히 여기심을 감사드리네.
自喜淸時作逸民이니,
還嫌投刺謁邦君이라.
無才醫國趨風土하고,
有志棲山臥白雲이라.
世上功名雖不做나,
道中糟粕尙能分이라.
睡餘忽被垂佳句하니,
爲謝先生更右文이라.


〔註解〕

1) 심언경(沈彦慶)—본관은 삼척(三陟). 좌랑(佐郎) 준(濬)의 아들. 1529
   년엔 아우 심언광(沈彦光)과 함께 유배중인 김안로(金安老)의 용서를

주청하여 예조판서에 등용케 하였다. 형제가 모두 문장에 뛰어났으며, 이 시는 심언경이 개성유수로 있으면서 서경덕에게 지어 보낸 시에 답하기 위하여 지어진 것이다.


## 유수 박우[1]의 운을 따라 지음 〔次留守朴相國祐韻〕


〔一〕

화담이란 빼어난 땅에 조용히 살 곳 마련하니
숲 깊어 마수레 드뭄이 퍽이나 좋으이.
먼지 속으로 가기 싫어 발길을 다시 돌리는
기수에서 목욕[2]이나 하려는 자유로운 성격 없앨 수가 없네.

花潭特地卜幽居하니,
爲愛林深車馬踈라.
懶向塵中回杖屨하고,
浴沂狂性未能除라.


〔二〕

근일 산 속 서재에서 한가히 책 읽다가
우리 고장 유수의 즐거움 넘치는 시 받았네.
유수님의 푸른 눈[3]을 이곳으로 초청해다가
천진[4]의 소옹의 움막 같은 곳을 한번 둘러보시게 하고저.

近日山齋剩讀書라가,
得吾邦宰樂紆餘라.
擬邀司馬公靑眠하여,
一顧天津邵子廬라.

註解

1) 박우(朴祐, 1476~?)-자는 창방(昌邦), 호는 육봉(六峰). 과거에 급제하여 예문관(藝文館)에 등용된 뒤 전적(典藉)·우승지(右承旨)를 지냈다. 김안로(金安老)가 권세를 부리자 자진하여 남원부사(南原府使)로 나갔다. 뒤에 다시 기용되어 해주목사(海州牧使)·대사성(大司成)·병조와 이조의 참의(參議)·한성부윤(漢城府尹) 등을 거쳐 개성부유수를 지냈다. 이 시는 이때 지은 것이다.

2) 기수(沂水)에서 목욕-《논어》 선진(先進)편을 보면 공자가 자로(子路)·증석(曾晳)·염유(冉有)·공서화(公西華) 등의 제자들에게 제각기 뜻을 얻었을 때의 포부를 말하게 한 일이 있다. 여러 제자들이 제각기 큰 포부를 얘기한 뒤 증석은 맨 나중에 다음과 같은 말을 하였다. "늦은 봄에 봄옷을 지어 입고 나서 어른 대여섯명과 아이들 예닐곱명과 함께 기수(沂水)에서 몸을 씻고 무우(舞雩)에서 바람을 쏘이고서 읊조리며 돌아오는 것입니다." 공자도 다른 제자들의 포부를 제쳐놓고 이 증석의 포부에 가장 찬의를 표하였다. '기수에서 목욕을 한다'는 것은 곧 이처럼 여유있고 멋있는 깨끗한 생활방식을 뜻한 것이다.

3) 푸른 눈-중국의 옛 진(晋)나라 완적(玩籍)은 보기 싫은 속된 사람이 찾아오면 흰 눈[白眼]으로 그를 대하였고, 자기 뜻에 맞는 깨끗한 사람이 오면 푸른 눈[靑眼]을 해 가지고 그를 맞이했다 한다. 따라서 '푸른 눈'은 사람을 만나는 기꺼운 태도를 비유한 말로 후세에 쓰이게 되었다.

4) 천진(天津)-서경덕이 사숙한 성리학(性理學)의 개조인 소옹(邵雍)이 숨어 공부하며 살던 고장 이름.


## 복숭아를 유수 박우에게 보내면서 [以桃獻留守朴相國]


푸른 복숭아[1]나무를 깨끗한 고장에 심었더니
맛에 맑고 시원한 바람과 이슬기 띠고 있네.

무릉도원[2]에서 난 열매에 외람되이 비기면서
우리 소부[3]님께 바치어 먼저 맛보시게 하네.
碧桃植在水雲鄕하니,
味帶淸冷風露香이라.
堪擬武陵源上實하여,
獻吾召父得先嘗이라.

註解

1) 푸른 복숭아[碧桃]─복숭아의 일종. 복숭아는 그 색깔에 따라 벽도를
   비롯하여  홍도(紅桃)·백도(白桃)·비도(緋桃)·오도(烏桃)·상도(緗
   桃)·금도(金挑)·은도(銀桃)·연지도(胭脂桃) 등의 구별이 있다.

2) 무릉도원(武陵桃源)─중국의 진(晋)나라 시인 도연명(陶淵明)의 〈도화
   원기(桃花源記)〉란 글이 있다. 한 어부가 냇물을 따라 거슬러 올라가
   다가 우연히 복숭아꽃이 만발해 있는 선경(仙境)에 발을 들여놓았다.
   그곳의 사람들은 아름다운 자연 속에서 어지러운 세상 일들을 잊은
   채 평화롭게 살아가고 있었다. 그곳이 무릉(武陵) 땅이므로, 후세에
   '도화원' 또는 '무릉도원'·'무릉원'이란 말은 깨끗하고 살기 좋은 동양
   적인 유토피아를 대신하는 말로 쓰이게 되었다.

3) 소부(召父)─한(漢)나라 때 소신신(召信臣)이란 사람으로, 동한(東漢)
   시대 두시(杜詩)란 사람과 앞뒤를 이어 남양(南陽)이란 고을 태수(太
   守)를 지낸 사람. 이들은 매우 어질게 그 고을을 다스리어 백성들은
   소신신을 아버지에 비기어 '소부', 두시를 어머니에 비기어 '두모(杜
   母)'라 불렀다 한다.

## 유수 이찬[1]에게 드림 〔奉贈留守李相國澯〕

지저분한 일은 언제나 끝이 날까?
즐기려면 때를 놓치지 말아야 하는데.
돈만 있으면 술을 산다지만
봄을 잡아둘 재주가 어디 있나?
꽃나무엔 붉은 꽃 피기 시작하고
실버들 가지는 푸른 물이 올랐네.
동군[2]께선 좋은 경치 베풀어 주셨으니
놀 줄 모르는 사람을 비웃으시겠지.

塵事何時盡고?
講歡須及辰이라.
有錢能買酒나,
無計可留春이라.
花樹紅初綻하고,
柳絲綠半勻이라.
東君呈景物하니,
應笑不遊人이리라.

註解

1) 이찬(李澯, 1498~1554)—자는 자정(子淨), 호는 수곡(守谷). 문과에
   급제한 뒤, 이조참판(吏曹參判)을 거쳐 동지중추부사(同知中樞府事)
   로 죽음. 글씨를 잘 써서 유명함.
2) 동군(東君)—봄을 다스리는 신(神).

## 김홍에게 보냄[贈金都事洪]

〔一〕

삼년 동안 애쓰며 부지런히 작은 벼슬자리에 있었지만
자질구레한 일 처리하는 능한 솜씨 또한 볼만하였지.
훗날 부귀를 누리게 될 것임은 틀림없을 줄 알거니와
오늘날 시냇물 흐르는 산에는 즐길 일이 남아나네.
三載憂勤莅小官이나,
割鷄能手亦堪觀이라.
他年富貴知難免이니와,
此日溪山剩講歡이라.

〔二〕

다스림 맑고 형벌 간략하니 백성들 편안한데
이상하게도 구름 서린 숲으로는 한 번도 올라오지 않는구려.
영통사[2]란 절이 있어 경치 즐길만하고
시냇물 흐르는 산의 눈과 달은 말타고 돌아오며 시 읊을 만하다네.
政淸刑簡吏民安이나,
怪底雲林不一攀이라.
有寺靈通堪玩景하고,
溪山雪月詠歸鞍이라.

[註解]

1) 김홍(金洪)―개성부 도사(都事)를 지낸 사람. 도사는 종오품(從五品)
   의 유수 밑에 있는 벼슬자리. 그의 자세한 생평은 알 길이 없다.
2) 영통사(靈通寺)―오관산 아래쪽 영통동(靈通洞)에 있던 귀법사(歸法

寺)를 가리키는 듯하다. 서경덕이 숨어살던 화담(花潭)은 이 영통동 입구에 있다.


## 심종원[1]의 시운을 따라 지음[次沈別提宗元韻]


뜻을 잃고 살아온 지 여러 해에 머리 모두 희어졌으나
성글고 느슨한 성격은 타고난 대로 놀기에 알맞네.
그저 마시고 먹고 할 줄이나 알았지 아무 데도 쓸 곳 없으니
스스로 인간 세상에 붙은 한 개의 혹으로 알고 있네.
潦倒年來白盡頭나,
疎慵端合任天遊라.
只能飮啄都無用이니,
自是人間一贅疣라.

註解

1) 심종원(沈宗元)―자세한 그의 생평은 알 길이 없다. 그가 지낸 별제 (別提)란 벼슬은 정육품(正六品) 또는 종육품(從六品)에 해당하는 자 리이다.


## 심의[1] 교수께서 보내준 시운을 따라 지음[次沈敎授(名義 字義之號大觀子) 見贈韻]


〔一〕
세상 밖에 멋대로 사는 사람은 언제나 속 편해서
초가는 정말로 신선 사는 곳 같네.

성글고 느슨한 탓으로 어울리는 이 적지만 그래도 즐길만하니
구름과 샘물 흐르는 자연을 스스로 여유있게 만드네.
象外散人常晏如하니,
草廬眞箇類仙居라.
踈慵寡與還堪樂이니,
弄得雲泉自有餘라.


〔二〕

공부한답시고 길게 탄식하며 쭈그리고 앉아 있으니
내 몽매함 깨쳐 줄 훌륭한 분 못 만났기 때문이네.
애쓰며 부지런히 공부하고 나니,
오십년이 되어서야 비로소 통하는 듯하네.
爲學長嗟坐冗叢하니,
未逢先正發餘蒙이라.
辛勤做得工夫手이,
五十年來似始通이라.


〔三〕

선각자이신 맹자님께서는 생각을 정성되이 할 것을 말씀하셨지만
배움이 정성된 단계에 이르면 자유로이 통달하게 되네.
반성해 보면 아직도 마음에 거리낌 없을 수 없으니
뛰어나고 밝은 머리 믿을 게 못됨을 비로소 알게 되네.
孟軻先覺語思誠하니,
學到誠時自在行이라.
反省未能無內疚니,
始知不足恃高明이라.

〔四〕

군자는 모름지기 도리를 깊이 깨달아야만 하니
그 결과를 거두게 되어야만 비로소 학구를 쉬어도 되네.
요새 와서야 참된 내용을 간파하게 되었으니
옛날엔 공연한 마음썼다고 스스로를 웃게 되네.

君子要須造道深이니,
到收功處始休尋이라.
年來覰破眞消息하니,
自笑從前枉費心이라.


〔五〕

뛰어난 재주 배우려고 천금도 아낌없이 썼고
지난날의 장한 뜻은 임금님 신하되려 하였다네.
한 해가 저무는 산 속에서 영지(靈芝)[2]를 노래하는데
영지 노래에 아무도 화답치 않네.

屠龍不惜千金破하고,
壯志當年期帝佐라.
歲晩山中歌紫芝로되,
紫芝一曲無人和라.


〔六〕

산사람은 걸핏하면 물바가지와 밥소쿠리가 다 비는데
앞 시냇물 가 소나무 아래 우물에서 물긷기조차 게을리하기 때문
이네.
대관 선생[3]께서는 세상에 다시없는 분이시니
내게 한 말의 쌀 보내시어 차 솥에 보태게 하셨네.

山人屢見簞瓢罄이니,
懶汲前溪松下井이라.
大觀先生不世翁이니,
遺餘斗米資茶鼎이라.


[註解]

1) 심의(沈義, 1475~?)―자는 의지(義之), 호는 대관재(大觀齋). 1507년
   문과에 급제한 뒤 사가독서(賜假讀書)했고, 이조좌랑(吏曹佐郎)을 거
   쳐 소격서령(昭格署令)에 이르렀다. 바보로 자처하며 벼슬을 그만둔
   탓으로 사화(士禍)를 면할 수 있었다. 문장이 뛰어났으며 서경덕과 교
   우가 깊었다.
2) 영지(靈芝)―자지(紫芝)라고도 한다. 버섯 종류의 신초(神草)로서 이
   것을 먹으면 신선이 된다고 하였다.
3) 대관 선생―심의의 호를 부른 것이다.


## 다시 심의 교수의 시운을 따라 지음[再次]


〔一〕

복희씨가 지으신 경서[1] 한권에는 모든 이치 다 모여 있으니
공자님의 공부하시던 열성[2] 뒤좇아 나의 몽매함 깨우치려네.
감괘와 이괘[3]가 서로 작용함을 사람들은 아는지?
미세한 하늘의 빌미에는 통달하기 쉽지 않네.
一部義經衆理叢이니,
欲追三絶啓余蒙이라.
坎離互宅人知否아?,
些子天機未易通이라.

〔二〕

화담이 있는 골짜기[4]의 안개는 갈수록 더욱 깊어지니
무릉도원[5] 같은 선경인들 어찌 공연히 찾아가랴.
한가한 삶의 맛을 보고난 뒤로는
술병 속의 세상[6]이 마음속에 새겨 있네.

花洞烟霞趂步深하니,

桃源何用枉探尋고?

自從喫得閒中味론,

壺裏乾坤認在心이라.

[註解]

1) 복희씨가 지으신 경서—옛날에 복희(伏羲)씨가 하늘과 땅의 여러 가지
   형상을 관찰한 끝에 《역경(易經)》의 괘(卦)를 발명하였다 한다. 따라
   서 복희씨가 지으신 경서란 바로 《역경》을 뜻한다.

2) 공자님의 공부하시던 열성—《사기(史記)》의 공자세가(孔子世家)에 의
   하면 공자는 《역경》을 얼마나 열심히 읽었던지 《역경》 책을 매놓은
   가죽끈이 세번이나 끊어졌었다 한다. 옛날의 책은 대쪽에 글씨를 써서
   그것을 가죽끈 같은 질긴 끈으로 매어 엮어 놓은 것이었다.

3) 감괘와 이괘—감(坎)괘는 ☵로써 물을 상징하며, 이(離)괘는 ☲로써 불
   을 상징한다. 이 감과 이가 서로 작용하면서 만물의 변화를 일으킨다.

4) 화담이 있는 골짜기—곧 화담이 있는 영통동(靈通洞)을 뜻한다.

5) 무릉도원—진(晋)나라 시인 도연명(陶淵明)이 설정한 이상향. 앞의 〈이
   도헌유수박상국(以桃獻留守朴相國)〉 시 참조

6) 술병 속의 세상—옛날 노(魯)나라에 시존(施存)이란 사람이 살고 있었
   다. 그는 신선술을 배웠는데, 허리에는 닷되들이 술병을 늘 차고 다녔
   다. 그 술병 속에는 또다른 세상이 들어 있어서 거기에는 해도 있고
   달도 있었으며, 밤이면 그 속으로 들어가 잤다. 사람들은 그를 호공
   (壺公)이라 불렀다. '술병 속의 세상'이란 호공의 술병 속의 세상처럼

자기 나름대로의 독특한 세계를 가리키는 듯하다.


## 신호[1]의 낙화 시운을 따라 지음［次申秀才濩落花韻］


봄바람이 갖가지 꽃무늬를 짜내어 놓으니
하나님의 빈틈 없으신 조화 속을 그 누가 알랴?
향기로움 쇠하여 없어지기 쉬운 걸 어찌하리,
그래서 시구로서 아쉬운 정 읊는 걸세.
떨어지는 꽃잎 가지 떠나는 것이 가엾어서
몸 굽혀 꽃잎새 주워 보니 소매 가득히 향내 서리네.
조물주에 대하여는 아무도 감히 잔말 할 수 없는 것
텅 빈 방에 조용히 앉아 신군을 기다리네.


東風織得百花文하니,
誰識天公用意勤고?
不耐芳菲易衰歇이니,
故將詩句詠慇懃이라.


爲憐落藥辭枝下하여,
俯拾殘紅滿袖薰이라.
造物無人堪與討니,
靜居虛室待申君이라.


┌──┐
│註解│
└──┘

1) 신호(申濩)—서경덕의 문인인 듯하나 자세한 생평은 알 길이 없다. 신

호가 서경덕에게 지어 보낸 〈낙화시(落花詩)〉의 운을 따라 이에 답하
는 뜻으로 지은 것이 이 시이다.


## 신수재[1]가 상삿날[2] 보내준 시운을 따라 지음〔次申秀才上巳日見贈〕


〔一〕

숲속에 사노라니 얼굴 펴지지 않는 날 없는데
하물며 이 청명[3]한 때 그윽한 즐김을 누릴 적이랴?
문밖 화암[4]은 읊조림 잊은 지 오래이니
오늘 그대와 함께 오르게 됨을 스스로 경하할 일로 아네.
林居無日不開顔이어늘,
況此淸明講雅歡고?
門外花巖忘詠久하니,
自多今日共君攀이라.


〔二〕

얼마나 많은 사람들이 수심 서린 얼굴 하고 있는가?
세상 사람들은 본시 맑은 기꺼움을 알지 못하거니.
평평한 땅에서도 신선 세상과 속된 세상 갈라짐을 비로소 알았으나
성밖 푸른 산엔 오르는 사람 드무네.
多少浮生鎖愁顔고?,
世間元不識淸歡이라.
始知平地仙凡隔이나,
郭外靑山人罕攀이라.

#### 註解

1) 신수재(申秀才) – 앞 시에 나온 신호(申濩). 수재란 옛날 사람들이 미혼 남자들을 높이는 뜻에서 붙인 이름이다.
2) 상삿날(上巳日) – 본시는 음력 3월 상순의 뱀날[巳日]이었는데, 후세에는 3월 3일을 상삿날이라 부르게 되었다. 이 날은 흔히 가까운 벗들이 모여 들에 나가 시와 술을 즐기며 수계(修禊)를 하였다.
3) 청명(淸明) – 청명절(淸明節)은 춘분(春分) 뒤 15일 되는 날인데, 상삿날과 가까워서 '청명한 때' 또는 '청명절계'라 하여 상삿날을 표현한 것이다.
4) 화암(花巖) – 화담(花潭) 곁에 있는 바위 이름.


### 육언시[1]를 지어 신수재에게 부침［寄申秀才六言(時寓極樂寺)］

산봉우리는 다섯 마리 용이 서린 듯하고 구름엔 오기(五氣)[2]가 서렸으니
　땅은 신령함을 길러내고 산은 특이함을 생산하네.
　여러 어진이들 다투어 모여들어 큰 소리로 읊조리니
　장원급제할 재주 머지 않아 펴게 되리.
　峯五龍雲五氣니,
　地毓靈山産異라.
　羣賢聚競雷吟하니,
　屠龍手他日試리라.


#### 註解

1) 육언시(六言詩) – 한 구가 여섯자로 이루어진 시. 한시는 오언(五言)과 칠언(七言)이 정격(正格)이며, 이것은 변화를 시도해 본 것이다. 그리

고 '이때 신수재는 극락사(極樂寺)에 머물고 있었다'고 서경덕 스스로
가 제목 아래 주석을 달고 있다.
2) 오기(五氣)―동서남북과 중앙의 다섯 방향[五方]의 기운.


## 어떤 이가 남화경[1]을 읽기에 시를 지어 보여주다[有人讀南華經以詩示之]


천리가 어긋나는 것도 한 발자국의 차이에서 비롯되니
남화경을 외는 분들을 비웃게 되는 걸세.
육경[2] 속에는 스스로 글이 지니는 가르침 다 있으니
제자백가(諸子百家)[3] 공부까지 할 것 없다네
千里謬從一蹴差니,
笑他諸子誦南華라.
六經自有文章地니,
不用工夫著百家라.


|註解|

1) 남화경(南華經)―춘추전국(春秋戰國)시대 장자(莊子)가 지었다는 책.
   그대로 《장자》라 부르기도 하며, 노자(老子)의 《도덕경(道德經)》과 함
   께 도가(道家) 사상을 대표하는 책이다. 장자가 남쪽 초(楚)나라 사람
   이어서 《남화경》이라고 이 책을 높이어 부르게 된 것이다.
2) 육경(六經)―시(詩)·서(書)·역(易)·예(禮)·악(樂)·춘추(春秋)  등
   여섯 가지 유가(儒家)의 대표적인 경서들.
3) 제자백가(諸子百家)―중국의 춘추전국시대에는 어지러운 세상을 구하
   려고 여러 학자들이 모두 제 나름대로의 경륜을 주장하고 나섰다. 그
   리하여 유가(儒家)를 비롯하여 도가(道家)·묵가(墨家)·법가(法家)·

명가(名家) 등 여러 갈래의 사상가들이 생겨났다. 이러한 여러 학자들을 후세 사람들이 '제자백가'라 불렀다.


## 귀법사 앞 계곡에 노닐다〔遊歸法寺前溪〕


위아래로 산봉우리와 계곡을 다니고 또 다니면서
반나절을 한가히 놀아봐도 못다한 맑음 있네.
뒷날 푸른 산허리에 살게라도 된다면
오직 가야금과 책만으로 일평생을 보내리라.
上下溪巒行復行하며,
倫閒半日有餘淸이라.
他年會住靑山麓이면,
只把琴書送一生하리라.


## 유수 이귀령[1]이 하인들을 떼어 놓고 화담을 찾아 준 것에 감사드림〔謝留守李相國龜齡屛騎從訪花潭〕


산골짜기 좋은 경치 찾아 술 한 병 들고 나서니
하인들의 소리쳐 부르는 소리조차 멀어졌네.
푸른 산과 번화한 거리 따라 어울리게 차리니
세상에 대장부 있음을 새삼 믿게 되네.
探勝溪山酒一壺하니,
兩三僮僕罷傳呼라.
靑山紫陌隨豐約하니,

始信人間有丈夫라.



1) 이귀령—앞의 〈차운답유수이상국(次韻答留守李相國)〉 시에 보인 이귀
   령(李龜齡).


## 심교수[1]가 여러 제자들을 데리고 화담을 찾아와 즉석에서 그의 시운을 따라 지음〔沈敎授携諸生訪花潭卽席次其韻〕

해는 동녘 산마루에 떴어도 졸음 속에 몽롱한데
산까치 창에 대고 짖는 소리에 갑자기 놀라 깨네.
기쁨에 사립문 밀고 나가 좋은 손님 맞이하니
말발굽에 붙는 떨어진 꽃잎새가 아름답기도 하이.
술잔을 들고 보면 저녁 해 걱정할 것 없어지니
맑은 놀이하며 마음껏 맑은 시냇물 즐기네.
하나님이 즐김을 우리들께 내리셨으니
봄 다 가기 전에 다시 만나 놀 것을 기약하네.
日出東岑睡正迷러니,
忽驚山鵲向窓啼라.
喜迎佳客推蓬戶하니,
好看殘花襯馬蹄라.
把酒未須愁夕景이니,
濯纓贏得弄淸溪라.
天敎樂事輪吾輩니,
擬趁餘春約更携라.

註解

1) 심교수―앞의 〈차심교수견증운(次沈敎授見贈韻)〉 시에  보인  심의(沈
   義).


## 개성부 관원 여러분이 화담에 놀러왔다 찾아 준 데 감사함〔謝府官諸公遊花潭見訪〕


만겹 청산에 초가집 한 채,
평생 두고 몇 질의 성현들 책과 벗하네.
가끔 좋은 손들께서 찾아 주시는 것은
이곳의 숲과 못이 그림보다 곱기 때문일세.
萬疊靑山一草廬에,
生涯數帙聖賢書라.
時蒙佳客來相訪은,
爲有林潭畵不如라.


## 임회·박개[1]와 함께 박연폭포[2]에 노닐다〔同林正字薈朴參奉漑遊朴淵〕


품은 생각 있으면 바로 시행해야지,
백년이란 세월은 오랜 것이 아닐세.
읊조리며 지팡이 짚고 신선 세상 들어가니
흰구름이 옷소매에 감기네.
경치 뛰어나면 시로 읊기도 하고

흥이 겨워지면 술잔을 들기도 하네.
가을 깊어 계절 변화 느껴지고
나뭇잎 지자 천지가 여윈 듯하이.
여기에 노는데 어찌 즐겁지 않으리?
함께 온 이들이 모두 뛰어난 인재인데.
有懷宜輒遂니,
百年未爲久라.
吟筇入洞天하니,
白雲粧衣袖라.
景奇或上詩하고,
興來時把酒라.
窮秋感節換하고,
木落天地瘦라.
茲遊曷不樂고?
同來皆俊秀로다.

註解

1)  임회(林薈)·박개(朴漑)—두 사람 모두 생평이 확실치 않다. 임회의
    벼슬인 정자(正字)는 정9품(正九品), 박개의 벼슬인 참봉(參奉)은 종9
    품(從九品)에 해당한다.
2)  박연(朴淵)폭포—개성의 천마산(天磨山)과 성거산(聖居山) 사이에 있
    는 폭포 이름. 옛날 이곳의 용녀(龍女)가 박진사(朴進士)의 피리 소리
    에 반해서 그와 결혼했다는 전설을 지닌 개성 명승지의 하나.

## 심교수가 만월대에 노닐며 지어 준 율시의 운을 뒤에 따라 지음〔沈敎授遊滿月臺示一律追次〕

시름 밖의 푸른 산은 병풍처럼 둘러 있는데
술그릇 대하고 있으니 인생사 묻지 마세.
나랏일 잘되고 못되는 것 하늘 운수에 달려 있고
만물이 철 따라 자라는 것은 대지의 신령한 조화일세.
만월대 경치 바라보니 시짓는 재주 짧음이 부끄럽고
자하동[1]으로 신선 찾아가니 뼈에 배인 비린내 송구하이.
하루 종일 기쁨을 누려도 아무도 책하는 이 없으니
즐길 줄 안다면 무엇 때문에 밤까지 앉아 있으리?

愁外靑山列障屛하니,
對罇休問半千蓂하라.
國隨事廢關天數요,
物逐時興職地靈이라.
攬景月臺詩愧短이오,
尋仙霞洞骨嫌腥이라.
講歡終日人無悄어늘,
能樂何嘗坐豫冥고?

---

註解

1) 자하동(紫霞洞)—송악산(松岳山) 아래 만월대 위쪽으로 있는 개성의
   명승지의 하나.

## 앉은자리에서 지어 줌〔席上贈人〕

꽃그늘 아래 술자리 옮기다 보니 소나무에 걸린 달 높이 떴고
시를 읊조리다 보니 소옹(邵雍)[1]에 비길 수 있을 듯하네.
더욱이 어른들 따라 아이들조차 왔으니
웃음소리 때때로 시끄러워 흥겨움 또한 외롭지 않네.
花下移罇松月高하고,
吟來堪擬邵堯夫라.
況兼童子隨冠者하니,
笑語時喧興不孤라.

註解

1) 소옹(邵雍) — 송(宋)나라 초기의 학자. 이미 앞에서 여러번 보였음.


## 유수 이찬[1]을 술자리에 모시게 되어 시로써 감사드림〔奉留守李相國溁飮以詩謝之〕

술통을 기울이어 옛 친구 위해 술 따라
한 가을 달빛 아래 함께 잔을 기울이네.
시냇가 국화와 바위틈의 단풍 지금 더욱 한창이니
좋은 날 만나게 되면 다시 모시게 되기 기약하네.
側罇聊爲故人開하여,
共酌中秋同下杯라.
溪菊巖楓今更好하니,

約逢佳日得重陪라.

註解

1) 이찬(李澯, 1498~1554)—자는 자정(子淨), 수곡(守谷). 1523년 문과
   에 급제한 뒤 이조참의(吏曹參議)·이조참판(吏曹參判) 등의 벼슬을
   거쳐 동지중추부사(同知中樞府事)로 죽었다. 특히 글씨를 잘 써서 유
   명했다. 이 시는 그가 개성유수로 있을 때 지은 것이다.


## 감사드림〔謝人〕

초라한 문앞에 수레 멈추고
술잔 기울이며 애기하다 밤 깊었네.
천금 값 넘을 소중한 뜻을
글로써 갚으려니 거친 글재주 부끄럽네.
卸駕衡門下하고,
携樽話夜深이라.
千金珍重意를,
投報愧荒吟이라.


## 이균[1]과 황원손 두 사람이 옷을 보내준 데 감사드림〔謝二生(李均黃元孫) 贈衣(庚子臘下弦)〕

구름 낀 숲속에 숨어 사는 선비 있는데
그의 높은 뜻 아무도 몰라주네.
올바른 길 가는 맛을 즐기면서

배 언제나 곯는 것은 걱정도 않네.
수놓은 비단으로 그의 마음 장식했으되
몸에는 온전한 걸친 옷 없네.
헐벗고 굶주림 세상에 짝이 없으련만
오히려 부잣집 자식을 비웃고 있네.
홀로 눈쌓인 집 아래 시를 읊는데
움츠린 몸이 언 거북 같네.
손 아래로 사귄 이군(李君)이 있는데
옷을 벗어 그에게 주려 하네.
두터운 그 뜻을 어이 거절하리?
받아 두는 게 마땅할 걸세.
그의 사람됨은 성질이 자애롭고 착하며
효성되고 조심스러운 데다 말에는 거짓 없다네.
일찍이 그의 어머님 병환 위독하시자
똥을 맛보며 하늘보고 슬퍼했다네.
황군(黃君)도 역시 비범한 사람이니
똑똑한 새질을 나면서 타고났네.
두 사람 모두 내게 잘 대해 주며
자주 와서 어울려 주었네.[2]
두터운 그들의 뜻을 적어
소중히 시로 엮어 보내는 바일세.
雲林有逸士러니,
高義無人知라.
咀嚼道中味하고,
不憂腹長飢라.
錦繡裝其內로되,

身上無完衣라.

飢寒世無比나,

翻笑富貴兒라.

孤吟雪屋下러니,

縮身如凍龜라.

下交有李生이러니,

解衣願與之라.

厚意安能拒오?

留之惟得宜라.

爲人性玆良이오,

孝謹言不欺라.

嘗患母病篤이러니,

嘗糞叩天悲라.

黃生亦殊凡하니,

穎悟得天資라.

兩生最善니,

數數來相隨라.(黃生亦贈衣)

聊叙相厚意하여,

珍重贈以詩라.


|註解|

1) 이균(李均)·황원손(黃元孫)―두 사람 모두 서경덕의 문인이나 자세한
   생평은 알 수 없다. 그리고 이들이 서경덕에게 옷을 보내준 날짜는
   '경자년(庚子年) 12월〔臘月〕 23일'이라 스스로 주를 달고 있다.
2) 본문에는 이곳에 '황생(黃生) 역시 옷을 보내주었음'이라 스스로 주를
   달고 있다.

## 조정으로 가는 사신을 보냄[送朝京使]

크게 봄[大觀][1]은 그대의 뜻이었는데
조정의 임금님 앞에 나아가게 되었네.
요임금[2] 때의 해와 달빛에 가까이 가게 되었고
우임금[3]의 산천을 걷게 되었네.
예의와 음악을 새로 보고 알게 될거고
문장은 옛 솜씨를 더욱 윤택하게 하리라.
맑은 도읍의 여러 가지 일들은
얘기 듣기만 하여도 시원하리라.
大觀惟君志러니,
投朝王帝前이라.
近先堯日月하고,
俯跡禹山川이라.
禮樂徵新見하고,
文章潤舊編하리라.
淸都多少事를,
聽說亦冷然하리라.

---

[註解]

1) 크게 봄[大觀]―서울로 가는 사신이 앞에 보인 심의(沈義)였던 것 같
   다. 그의 호가 대관자(大觀子)였기 때문에 이런 표현을 하고 있을 것
   이다.

2) 요(堯)임금―중국의 태곳적 임금. 그로부터 임금자리를 물려받았던 순
   (舜)임금과 함께 유가(儒家)에선 이상적인 정치를 행한 임금으로 받든

다. 따라서 '요임금의 해와 달'은 정치가 잘된 세상의 임금님의 은덕을
비유한 것이다.
3) 우(禹)임금—중국의 강물을 다스려 산과 냇물을 안정시켰다는 사람.
   그 공로로 그는 순(舜)임금으로부터 임금자리를 물려받아 하(夏)나라
   를 세웠다. '우임금의 산천'이란 훌륭한 임금 아래 잘 다스려진 나라의
   아름다운 산천을 비유한 것이다.


## 유수 심상국[1]이 벼슬을 그만두고 강릉으로 돌아감을 보냄〔送留守沈相國罷歸江陵〕


대장부는 하고픈 대로 행동을 하는 것
어찌 구구히 관청에서 늙으리?
듣건대 강릉(江陵) 땅은 산수가 좋다 하니
고깃배 띄우고 흥겨웁게 지냄도 좋으리.
丈夫行止任逍遙니,
何用區區老市朝리오?
聞道江陵山水勝하니,
不妨漁艇興還饒라.

註解
1) 유수 심상국(留守 沈相國)—앞에 보인 심언경(沈彦慶).

## 박이정[1]과 이별함[別朴瑟僩頤正]

그동안 학문에 많은 정진 있었으니
원대한 재능과 포부로 그대는 성공할 걸세.
반드시 해야만 할 일 하되 그 결과를 바라지 않으며[2]
하늘의 빌미가 움직임을 따라 스스로 행할 수 있어야 하네.
由來學術進由精이니,
遠器知君可玉成이라.
必有事焉而勿正하며,
待天機動自能行이니라.

박이정(朴頤正)―앞에 이미 보인 서경덕의 문인 가운데 한 사람. 슬간
(瑟僩)은 그의 자임.
2) 이 구절은 《맹자(孟子)》 공손추 상(公孫丑上)에서 인용한 것임.

## 김언순[1]을 보냄[送金彦順]

성인이 가르치신 높은 학문은 뜻이 먼저 서야 하니
뜻을 바르게 지녀야만 시야가 트임을 느낄 걸세.
실제적인 공부에 힘을 다해야만 하며
그런 다음엔 만사에 하늘의 뜻 따르면 되네.
聖門高學志居先이니,

正志纏持覺浩然이라.
實底工夫宜喫力이오,
自餘萬事一聽天이라.

[註解]

1) 김언순(金彦順) — 앞에 이미 보였던 서경덕의 문인 가운데 한 사람.


## 경덕궁[1]에서 심교수의 운을 따라 지음[敬德宮次沈敎授韻]


옛날 궁전을 지을 적에 규모가 워낙 커서
낡은 궁궐에도 이제껏 왕기가 남아 떠있네.
멀리 끼치신 발자취 생각하니 공경히 두 발 모아지고
높다란 집을 바라보느라 자주 머리 들리네.
떨어지는 만 조각 배꽃잎은 뜰 가에 휘날리고
늙은 천 가닥 버들가지는 길 둘레를 뒤덮고 있네.
법좌(法座)[2]에 함부로 끼어 글짓고 술마시니
밤이 되면 틀림없이 신주(神州)[3] 꿈에 번거로우리라.

肯構當日出宏謀하여,
故闕猶餘王氣浮라.
遐想遺蹤恭斂足하고,
縱觀隆宇屢擡頭라.
落梨萬片飄庭際요,
老柳千章蔭道周라.
法座濫參文字飮하니,
夜來應惱夢神州리라.

보기解

1) 경덕궁(敬德宮)-개성에 남아 있던 옛 궁전 이름. 심교수는 앞에 보인 심의(沈義).

2) 법좌(法座)-정좌(正座)라고도 하며, 궁전의 나랏일을 처리하던 곳임.

3) 신주(神州)-적현신주(赤縣神州)라고도 하여 본시는 중국의 중원(中原) 땅을 가리키는 말임. 여기서는 고려시대의 안정된 세상을 비유했을 것이다.


## 영통사 현판 위 시운을 따라 지음〔次靈通寺板上韻〕


〔一〕

시냇가 길을 따라 푸른 숲으로 들어가니
숲속의 좌선하는 집 낮에도 침침하네.
돌에 부딪히는 샘물 자락은 굽이치며 흐느끼고
하늘로 빽빽히 솟은 산은 겹겹이 깊어지네.
맑은 기쁨 그대로 아침부터 밤까지 누리려 하니
흥취 누리는 일은 후인들이 우리를 잇기 어려우리라.
몇 판 한가히 바둑 놓으며 얘기하고 웃는 사이에
구름 사이의 해는 어느덧 서편으로 기울었네.

沿溪一路入靑林하니,
林下禪居晝亦陰이라.
觸石泉絃千曲咽이오,
依天山簇萬重深이라.
淸觀直欲朝連夜하니,
勝會應難後繼今이라.
數局閒碁談笑裏에,

不知雲日已西沉이라.


〔二〕

바람을 몰고 서서히 숲 헤치고 내려가니
탑 그림자 마당에 비꼈는데 저녁 어둠 서리었네.
절은 낡고 낡은 나머지 건물은 촉촉히 젖어 있고
산은 예부터 갈리어 시냇물을 깊게만 하네.
몇 천년도 못되어 옛 모습 더듬기 어려우니
수십억년 뒤라면 뉘라서 지금을 알아보리?
어떤 손이 왔다갔다 만물 밖에 노니는데
하늘과 땅에 모든 것 맡기고 스스로 부침(浮沈)하네.
御風弭節下叢林하니,
塔影橫庭鎖夕陰이라.
寺廢到頭餘燼濕이오,
山磨終古補溪深이라.
一元纔半難探昔이니,
億會歸來孰記今고?
有客逍遙遊象外니,
任他天地自浮沈이라.


## 홍개의 의인당에 제함〔題洪君漑醫人堂〕


우연히 하늘도 아끼는 반묘 넓이의 언덕 구하여
손수 꽃나무 심으니 그윽한 집 이룩되었네.
먼지 속에 일하느라 사람들 모두 취했는데

만물 밖에 신선처럼 노는 그대 홀로 안 취했구려.
때때로 술잔 들면 산에 걸린 달이 찾아 주고
거문고 들고 한가히 바라보면 들판 위에 구름 떠있네.
자유로운 놀음의 즐거움을 스스로 알고 있으니
흥하고 망하는 속의 여러 가지 시름 알 바도 아닐세.
偶得天慳半畝丘하여,
手栽花木屋成幽라.
塵中形役人皆醉로되,
象外神遊子獨休라.
把酒時邀山月至하고,
援琴閒看野雲浮라.
自知疎散還堪樂이니,
不問升沈多少愁라.


## 허백당[1]에 제함〔題虛白堂(在海州)〕

허백당 안 안석에 기댄 사람은
평생 동안 마음 쓰임에 티끌없이 맑았네.
태평가의 가락이 귓전에 들려오니
바로 복희(伏羲)황제 시대[2]보다 더 안락한 몸이 되네.
虛白堂中憑几人은,
一生心事澹無塵이라.
太平歌管來飄耳하니,
使作羲皇以上身이라.

~~註解~~

1) 허백당(虛白堂)—해주(海州)에 있는 당 이름.
2) 복희(伏羲)황제 시대—복희씨는 중국의 태곳적 전설적인 황제. 옛날에
   는 태평성대를 누리었다고 중국 사람들은 생각하였으므로, 여기서도
   이상적인 평화시대를 비유하는 말로 쓴 것이다.


## 옹진 향교에 들러 광문[1]에게 지어줌 [過瓮津校贈廣文]


절름거리는 나귀 타고 와 향교 문 두드리니,
번거롭게도 주인 나와 마중하네.
자리를 권하자 서로 바싹 다가앉으며
회포를 얘기함으로써 여정을 위로하네.
술통 여니 약주 막걸리 나오고
접시에는 안주로 고기와 생선 오르네.
서울이나 타향에서 뒷날 만나게 되면
더욱 반가운 눈빛 지을 것 틀림없는 일일세.
蹇驢叩泮局하니,
煩動主人迎이라.
引坐鋪重越하고,
陳懷慰旅情이라.
罇開賢聖酒요,
豆薦互貍腥이라.
京洛他年面이면,
應知眼更靑하리라.

註解

1) 광문(廣文)—어떤 사람인지 알 수 없다. 혹 '글을 넓히려 한다'는 뜻인
   지도 모르겠다.


## 강령촌에 머물렀는데, 집 주인이 글을 좀 아는 이였음〔宿康翎村舍主人粗識字〕


그대의 훌륭한 집 부러워하노니
정말 신선집 같네.
창은 넓다라서 바람 맞아들이기에 족하고
마당은 휑하니 달빛 많이 비치네.
배를 띄워 넓은 물 가로지르고
고삐를 나란히 하고 좋은 경치 찾아가기도 하네.
오늘날의 서로 단란한 뜻
여러 해 뒤에도 기억하게 될 건가?
羨君亭舍好니,
眞箇類仙家라.
窓豁迎風足이오,
庭空得月多라.
移舟橫漭沆하고,
並轡訪烟霞라.
此日團圝意를,
他年記得麽아?

## 여행 도중에〔途中〕(以下六詩見遊山錄, 時嘉#靖壬午四月始行九月乃還)[1]

〔一〕

초연히 흥취를 찾는 손
행동은 감정에 매이지 않네.
경치 좋으면 읊조리며 그대로 주저앉고
날 맑으면 즐거이 곧 떠나네.
강산은 여러 가지로 좋고
바람과 달은 똑같이 맑기만 하네.
만물 밖의 한가한 삶을
아무도 잘 아는 이 없네.
超然探興客은,
動止不羈情이라.
境勝吟仍坐요,
天晴樂便行이라.
江山千樣好하고,
風月一般淸이라.
物外閒消息을,
無人識得精이라.

〔二〕

해동 땅의 경치 뛰어난 곳
풍경은 찾아다니고도 남을 만하네.

강산을 즐기는 눈은 넓게 트이고
바람과 달 즐기는 마음은 맑고 시원하네.
일찍이 의로움과 천명에 편히 살 줄 알았다면
어찌 또 겉몸 꾸미기에 힘썼으리?
이번 가서 머물 곳 옮기면은
숲과 샘물이 조그만 거실 되리라.
海東形勝地는,
風景剩探佳라.
浩曠江山眼하고,
淸凉風月懷라.
早知安義命이면,
那復飭形骸리오?
此去移居住면,
林泉起小齋리라.

---

註解

1) 이 제목 아래에 다음과 같은 본주(本註)가 달려 있다.
    '이하 여섯 시는 유산록(遊山錄)에 보이는데, 가정(嘉靖) 임오(壬午)
  년(1522) 4월에 출발하여 9월에야 돌아왔다.' 이에 의하면 이하 여섯
  시는 서경덕이 명산을 찾아다니며 지은 시임을 알 것이다.


### 속리산 아래 쉼 〔憩俗離山下〕

지팡이 짚고 시 읊느라 다리는 절름거리나
행장은 간단하여 번거롭지 않네.
티끌 속의 영욕을 사절하고는

만물 밖의 변화를 차지했네.
산빛은 사람의 기쁨을 열어주고
시냇물 소리는 세상의 원통함을 호소하네.
유유한 아득한 예부터의 일을
홀로 서서 누구와 애기한단 말인가?
吟杖足騰騫이나,
行藏淡不煩이라.
塵中謝榮辱하고,
物外占凉溫이라.
山色開人悅이오,
溪聲訴世冤이라.
悠悠千古事를,
獨立向誰論고?


## 변산(邊山)


멋대로 시 읊으며 지팡이 날려 겹겹 산봉우리 올라가니
사방을 둘러봄에 망망하고 생각도 아득해지네.
끝없이 넓은 푸른 들은 평평히 깎아놓은 땅 같고
넓고 푸른 바다는 아득히 하늘과 맞닿았네.
안개낀 시냇물과 구름 둘린 봉우리는 맑게 빼어나 있고
달빛어린 정자와 바람부는 바위는 더욱 산뜻하네.
담박한 이 유람에 마음 편히 두고 있으니
봉래산[1] 같은 이 경치에 어찌 꼭 신선을 찾아야만 하리?
浪吟飛杖陟層巓하니,

四顧茫茫思渺緜이라.
萬頃靑郊平削地하고,
大洋滄海杳連天이라.
烟溪雲巘猶淸越이오,
月榭風巖更洒然이라.
淡泊玆遊心宇泰니,
蓬萊何必訪神仙고?

註解

1) 봉래산(蓬萊山)－동해 가운데 있다는 삼신산(三神山)의 하나, 신선들
   이 산다는 곳.


## 지리산 반야봉에 묵다〔宿智異山般若峰〕


  반야봉은 지리산의 최고봉이다. 이날은 청명하여 엷은 구름까지
도 모두 씻은 듯하여 만리가 탁 틔었는데, 해는 저물고 길은 멀어
서 마침내 봉우리 위에 묵게 되었다. 밤에는 별과 은하수가 깨끗하
고 맑았으며, 조각달이 밝아 나무 우거진 골짜기를 맑게 비치어, 맑
은 기운이 자욱히 솟아나는 듯하였다. 동편에 아침해가 뜰 무렵이
되자 희미하던 여러 산봉우리들이 점점 모두 드러나서, 태초에 자
욱하던 기운에서 천지만물이 생겨나던 때도 반드시 이와 같았을 것
이라 생각되어 이에 시 한 수를 지었다.

  峯乃最高頂也라.  是日淸明하여,  纖雲洗盡하고,  萬里廓然이러니,
因日暮路遙하여, 遂宿峯上이라. 夜則星河皎潔하고, 弦月明朗하여, 林
壑淸瑩하니, 淑氣藹然生也라. 比曉에 日出暘谷하니, 微茫衆峀이, 漸

皆呈露하여, 太初鴻濛之判이, 想必如此라하여, 乃作一詩하니라.

지리산은 우뚝이 동녘 땅을 다스리고 있어
올라가 보니 마음 눈이 끝없이 넓어지네.
험한 바위는 장난한 듯 솟아 봉우리들 빼어났으니
아득히 넓은 조물주의 공을 그 누가 알리?
땅에 담긴 현묘한 정기는 비와 이슬 일으키고
하늘에 머금은 순수한 기운은 영웅을 낳게 하네.
산은 다만 나를 위하여 구름과 안개 맑게 하였으니
천리 길을 찾아온 정성이 통한 것일세.
智異巍巍鎭海東하여,
登臨心眼浩無窮이라.
巉巖只玩峰巒秀하니,
磅礴誰知造化功고?
蓄地玄精興雨露하고,
含天粹氣産英雄이라.
嶽祇爲我淸烟霧하니,
千里來尋誠所通이라.


## 금강산 (金剛山)

금강산 경치 좋단 말 듣고
공연히 그려오기 20년.
이제야 맑은 경치 찾아왔네만
때는 마침 좋은 가을날이라.

시냇가 국화는 향기 피기 시작하고
바위틈 단풍은 불붙는 듯 붉네.
숲 우거진 골짜기 아래 거닐며 시 읊으니
마음과 생각 모두 산뜻해짐 느끼네.
聞說金剛勝하고,
空懷二十年이라.
旣來淸景地하니,
況値好秋天이라.
溪菊香初動이오,
巖楓紅欲燃이라.
行吟林壑底하니,
心慮覺蕭然이라.


## 연구(聯句)[1] (用沈敎授示諸生律中二聯韻)

나라를 일으키는 일은 반드시 하늘을 떠받들 능력있는 사람 손을
빌어야 하고
학문을 창조하는 일은 또 세상에 뛰어난 인물에 의하여 되네.
옛날에는 주공(周公)[2]이 있어 시국이 스스로 다스려졌지만
지금은 안회(顔回)[3]가 없으니 거리가 따라서 빈 듯하네.
興邦必仗擎天手요,
倡學還憑命世雄이라.(潭)
昔有周公時自理러니,
今無顔子巷隨空이라.(偭)

[註解]

1) 연구(聯句)―두 사람 이상의 사람들이 한두 구절씩 읊은 구절을 모아 한편의 시를 이루는 것. 한(漢)나라 때부터 중국에서는 여러 사람들이 모여 잔치할 때 가끔 이런 시를 지었다. 이 시는 앞 두 구는 서경덕이, 뒤 두 구는 그의 문인 박이정(朴頤正)이 지은 것이다. 이 시에는 본시 '심의(沈義) 교수가 여러 제자들에게 지어 보인 율시 가운데의 두 연운(聯韻)을 따라 지었다'고 주석이 붙어있다.

2) 주공(周公)―주(周)나라 무왕(武王)의 아우로서 무왕의 뒤를 이어 왕위에 오른 어린 성왕(成王)을 보좌하여 주나라를 강성케 잘 다스리고 여러 가지 제도를 마련했던 사람.

3) 안회(顏回)―공자의 제자로서 자는 자연(子淵), 안연(顏淵)이라고도 불렀다. 학문과 덕행에 뛰어나 공자의 두터운 신임을 받았으며, 가난한 살림에 더러운 거리에서 살았지만 학문하는 즐거움을 버리지 않았다 한다. 불행히도 젊은 나이에 일찍 죽어 공자를 비통하게 하였다.


## 사람의 죽음을 슬퍼함〔挽人〕


〔一〕

만물은 어디로부터 왔다가 또 어디로 가는가?

음과 양이 모였다 흩어졌다 하는 이치와 빌미는 오묘하다.

구름이 생겼다 없어졌다 함을 깨우쳤는가 못 깨우쳤는가?

만물의 이치를 보면 달이 차고 기움과 같다.

시작에서 끝남으로 돌아가는 것이니 항아리 치며 노래[1]한 뜻 알겠고,

몸이 풀리어 혼백이 떠남은 본시 목표로 돌아감[2]과 같다.

아아, 인생이 약상(弱喪)[3] 같다는 이 그 얼마나 되는가?

제 집으로 돌아가는 걸로 생각함이 정해진 하늘의 뜻 깨친 걸세.
物自何來亦何去오?
陰陽合散理機玄이라.
有無悟了雲生滅고?
消息看來月望弦이라.
原始反終知鼓缶요,
釋形離魄等忘筌이라.
堪嗟弱喪人多少오?
爲指還家是先天이라.


〔二〕
만물은 모두 잠시 머물고 있는 것과 같아서
한 기운[4] 가운데서 떴다 가라앉았다 한다.
구름이 생기는 것을 보면 흔적이나 있는가?
얼음이 녹은 뒤 찾아봐도 자취도 없다.
밤낮으로 밝았다 어두웠다 하며
으뜸과 곧음[5]이 시작되었다 그쳤다 한다.
진실로 이러한 이치를 밝게 안다면
항아리 두드리며[6] 우리 선생을 보내리라.
萬物皆如寄니,
浮沉一氣中이라.
雲生看有跡가?
氷解覓無蹤이라.
晝夜明還暗하고,
元貞始復終이라.
苟明於此理면,

鼓缶送吾公하리라.

註解

1) 항아리 치며 노래—《장자(莊子)》 지락(至樂)편에 '장자의 처가 죽어 혜자(惠子)가 조상을 가니, 장자는 다리를 뻗고 앉아 항아리를 두드리면서 노래부르고 있었다'는 기록이 있다. 장자는 사람의 삶과 죽음 및 슬픔과 기쁨은 모두 같은 것이라 생각하고 있었기 때문에 자기 처가 죽어도 항아리를 치며 노래할 수 있었던 것이다.

2) 본시 목표로 돌아감—본문은 '망전(忘筌)'이라 되어있는데 역시 《장자》에 보이는 말. 《장자》 외물(外物)편에 '통발이란 고기를 잡는 것인데, 고기를 잡고 나면 통발의 존재를 잊는다' 하였다. 통발이 고기를 잡는 수단으로 쓰인 것처럼, 삶은 죽음에 이르는 수단이라 보고, 죽음이란 고기를 잡고 나서 그 수단인 통발[삶]의 존재를 잊는 것과 같다고 본 것이다. 그래서 죽음이란 '본시 목표로 돌아감'이라 노래한 것이다.

3) 인생이 약상(弱喪) 같다—《장자》 제물론(齊物論)편에 '삶을 좋아하는 것이 미혹되지 않는 것임을 내 어찌 알겠는가? 죽음을 싫어하는 것이 약상(弱喪)하여 돌아갈 줄 모르는 자가 아님을 내 어찌 알겠는가?' 하였다. 성현영(成玄英)의 주에 의하면 '약상'이란 '나이 어려 난리로 말미암아 고향을 버리고 떠나가 살면서 돌아갈 줄 모르는 것'이라 하였다.

4) 한 기운[一氣]—우주를 생성케 한 근본이 되는 기운[氣]. 그 기운에서 음과 양이 생기고, 다시 음과 양의 변화로 말미암아 만물이 생겼다 한다.

5) 으뜸과 곧음[元貞]—《역경(易經)》 건(乾)괘 괘사(卦辭)에 '원형리정(元亨利貞)'이란 말이 보인다. '으뜸과 곧음'은 양(陽)인 건괘의 덕을 말한다. 따라서 '으뜸과 곧음이 시작되었다 그쳤다 한다'는 것은 바로 음과 양의 변화로 말미암아 이 세상 만물이 변화하고 있음을 말한 것이다.

6) 항아리 두드리며—앞 주해 1) 참조. 이 대목은 삶과 죽음을 초월한 담담한 마음으로 죽은 이를 보내겠다는 뜻이다.

## 심교수[1]를 보냄 [送沈敎授] (此三詩, 舊本在序文之下, 今移于此)

〔一〕

고향땅에서 3년 교육하자
제자들은 기쁘게도 옥이 되었네.
떠나 보내는 마음 참을 길 없으려니와
양성(陽城)[2] 같은 이 청할 길도 없게 되었구나.
故國三年教하니,
諸生喜玉成이라.
離懷應不耐니,
無路請陽城이라.

〔二〕

화담에서 함께 발 씻고
하동에서 함께 잔 기울였지.
만물 밖에 노닐던 땅으로
뒷날 꿈에라도 한번 돌아오게나.
花溪同濯足하고,
霞洞共傾杯라.
象外逍遙地에,
他年夢一回하라.

〔三〕

푸른 산의 몇 칸 집에

누런 책 상 위에 가득하다.
꼴 베고 나무하는 늙은이 안부 묻거들랑
근년엔 더욱 게으르고 멋대로 산다 하구려.
青山數間屋에,
黃卷一床書라.
有問蒭蕘老커든,
年來太懶踈라하라.


|註解|

1) 심교수—심의(沈義). 이 시는 본시 제주(題注)에 의하면 서문 바로 아
래 있었다 한다.

2) 양성(陽城)—당(唐)나라 덕종(德宗) 때 사람. 과거에 급제하여 간의대
부(諫議大夫)가 된 뒤에도 매일 일은 아랑곳없이 술만 실컷 마시고
있었다. 그러다가 권신인 배연령(裵延齡)이 충신들을 모함하여 쫓아내
자 양성은 곧장 임금님께 상소하여 연령을 제재하였다. 그 뒤로 명성
을 떨쳐 도주자사(道州刺史)가 되었는데, 백성들을 집안 사람 다스리
듯 하였다 한다. 여기서는 심교수를 양성에 비유한 듯하다.

# 산문(散文) · 논설문(論說文)

# 임금에게 올리는 글〔疏〕


## 중종대왕(中宗大王)[1]에게 올리려던 사직(辭職)을 바라는 글〔擬上中宗大王辭職疏〕


초야(草野)에 묻혀 사는 생원(生員)[2]인 신 서경덕(徐敬德)이 삼가 죽음을 무릅쓰고 두 번 절하며 임금님 전하(殿下)께 말씀을 올리는 바입니다.

신(臣)은 어제 성은(聖恩)을 입어 후릉참봉(厚陵參奉)[3]의 벼슬을 받았사온대, 명령을 듣고 나니 송구스럽기만 합니다. 생각컨대 전하께옵서는 근년 이래로 나라 다스리는 데 마음을 두시어 어진이를 안절부절 목마른 듯이 구하셨습니다. 경자(庚子, 中宗 35년, 1540)년에는 뜻하신 바를 발표하시고, 신하들로 하여금 각기 벼슬자리에 있지 않은 재주있는 사람들을 천거하도록 영을 내리셨습니다.

그러므로 대제학(大提學)[4] 김안국(金安國)은 신의 사람됨을 소문으로 듣고서 신의 이름도 한몫 끼워 추천하였습니다. 이런 일이 있은 뒤로 외람되게도 참봉(參奉)의 물망에 오르기를 여러번 하였습니다. 지금 관리들은 임금님의 밝으신 뜻을 이해하고 어진이를 얻기에 급급한 나머지 태학(太學)[5]의 여러 학생들로 하여금 재능과 학문이 있는 사람을 여럿이서 함께 천거해 올리도록 하였습니다. 신은 여기서도 다시 과람하게 추천하는 속에 끼게 되어, 외람되이 은혜로운 명령이 미천한 신에게까지도 미치게 하였던 것입니다.

신은 흥이 나 들뜨면서 생각하기를 조정에서는 공정(公正)한 도리
(道理)를 펴 밝히어 어진이를 찾아 거둬들이는 일을 널리 하려 하는
것이니, 숲속 골짜기의 이곳에까지 은혜가 미치게 된 것인데, 이것은
옛날에도 없었던 대단한 일이라고 판단했습니다. 견식(見識)있는 선
비라면 그 누가 의관(衣冠)의 먼지를 털고[6] 경하하며 대궐로 들어가
기를 바라지 않겠습니까? 신은 진실로 재주는 없사오나 의리로 말하
면 마땅히 달려가 명령에 응하여 은혜를 받들어 힘써 스스로를 채찍
질하며 맡겨진 일에 종사하여야만 할 것입니다.

그러나 엎드려 생각해보건대 신은 본시가 사리에 어두운 선비인 데
다가 산과 들판에서 자라나 곡식과 과일을 가꾸며 조용히 살아왔습니
다. 거기에 가난이 겹쳐 거친 음식이나 나물국까지도 끼니에 대지 못
할 때가 있었습니다. 이제는 몸이 일찍이 쇠약해진 데다가 병까지 걸
렸으니, 신의 나이 쉰여섯이라 하지마는 칠십먹은 노인이나 다름이
없습니다. 스스로 쓰임에 적합하지 못함을 알고 있으니, 타고난 대로
숲과 샘물 사이에서 정양(靜養)하면서 남은 삶을 보전함이 좋을 것이
며, 그것이 분수에 알맞는 길일 것입니다.

신은 감히 어리석음을 무릅쓰고 은혜로운 명령을 되돌려 올리려 하
오니, 일찍이 허락을 내리시어 내리신 벼슬을 거둬주시기 엎드려 빕
니다. 신은 떨리고 두려움의 지극함을 이기지 못할 지경입니다.

 擬上中宗大王辭職疏

草茅生員臣徐敬德이, 謹昧死再拜上言于主上殿下하나이다.

臣昨者伏蒙聖恩하여, 授厚陵參奉하니, 聞命惶懼하니이다. 竊以殿
下께옵서는, 近年以來로, 留神至治하사, 側席渴賢하시니이다. 歲庚
子엔, 明揚有旨하사, 令左右各擧遺逸하니이다. 故로 大提學臣金安
國이, 過聽臣之爲人하고, 備數充薦하니이다. 自是之後로, 獲忝備望

參奉이, 至於數再니이다. 今吏曹上體睿旨하고, 急於得人하여, 令大
學諸生으로, 衆推有才學者以報하니이다. 臣又獲忝備報中하여, 猥使
恩命及於臣之微賤하니이다.

　臣鼓舞踴躍하고, 以爲朝廷布昭公道하여, 欲廣搜訪甄收니, 亦及
於林壑이라하니, 此曠古非常之擧也니이다. 有識之士이, 孰不彈冠相
慶하며, 願進於闕下乎리이까? 臣誠不材로되, 義當奔赴하여, 應命拜
恩하여, 勉自驅策以供所職이니이다.

　竊伏惟念컨대, 臣本迂儒로, 生長山野하여, 分甘窮寂하고, 加以貧
婁하여, 疏食菜羹도, 亦或不給이니이다. 玆以筋骸早衰하고, 病亦侵
尋하니, 臣年五十有六이오나, 有同七旬之老하니이다. 自知無及於用
이니, 莫若養素林泉以保餘年하여, 固其分也니이다.

　臣敢冒昧上還恩命하나니, 伏乞早賜兪允하사, 收復差除하시이다.
臣無任戰懼之至니이다.


註解

1) 중종대왕(中宗大王)─이씨왕조(李氏王朝)의 열한번째 임금, 1507년부
　터 1544년 사이 임금노릇을 하였다.
2) 생원(生員)─옛날 과거제도(科擧制度)에 있어 소과(小科)의 종장(終
　場)에 합격한 사람을 이르는 말. 서경덕은 중종(中宗) 26년(1531) 서
　울에 가서 사마시(司馬試)에 합격하였으나 끝내 대과(大科)는 보지
　않았다.
3) 후릉참봉(厚陵參奉)─'참봉'은　임금의　능(陵)·원(園)·종친부(宗親
　府)·예빈시(禮賓寺)·전옥서(典獄署) 따위의 일을 맡아보는 종구품
　(從九品)의 벼슬 이름. '후릉참봉'은 '후릉'을 관리하는 '참봉'으로 별로
　일없는 벼슬이다. '후릉'은 조선 둘째 임금 정종(定宗, 1399~1400 在
　位)의 능이다. 서경덕은 이를 사양하고 받지 아니하였다.
4) 대제학(大提學)─홍문관(弘文館)·예문관(藝文館)의 으뜸가는 벼슬 이

름. 또 옛날의 대학인 성균관(成均館)에 있어서는 정이품(正二品)에 해당하는 벼슬이었다.

김안국(金安國, 1478~1543)은 자는 국경(國卿), 호는 모재(慕齋). 조선 중종(中宗) 때의 문신. 대사간·공조판서 등의 요직을 거침. 기묘사화(己卯士禍) 때 조광조(趙光祖) 등과 함께 파직되었다가 다시 기용되어 세자이사(世子貳師) 등을 역임했다.

5) 태학(大學)—옛날의 대학으로 '성균관(成均館)'을 가리킨다.

6) 의관의 먼지를 턴다—'탄관(彈冠)'을 옮긴 말로서, 의관의 먼지를 털고 벼슬하러 나서는 태도를 형용한 말이다. 반고(班固)의 《한서(漢書)》 왕길전(王吉傳)에서 유래된 말이다.


## 우리나라의 대상(大喪) 치르는 제도가 옛날 법도에 어긋남을 논하여 인종대왕(仁宗大王)에게 올리는 글 〔擬上仁宗大王論國朝大喪喪制不古之失疏〕

초야(草野)에 묻혀 사는 낮고 천한 생원(生員)인 신 서경덕(徐敬德)이 삼가 재계(齋戒) 목욕하고 상(喪)중에 계신 임금님 전하께 절하며 글을 올리어 뜻을 아뢰는 바입니다.

신이 듣건대 전하께옵서는 동궁(東宮)[1]에 태자로 계셨을 때, 학문이 날로 발전하여 높고 밝으셨으며 이미 도리에 맞게 처신하셨으므로, 언제나 예법을 지키시어 성실하고 무게있고 단정하고 위엄있으시어, 옛 성인의 법도를 지니셨다 하였습니다. 효도와 인자함과 공경함과 의로움이, 안으로는 믿고 따르게 하셨고 밖으로는 멀리 명성이 나게 하셨습니다. 낮은 자리에 있는 선비라 하더라도 진실로 지식과 견문이 있다면, 그 누가 충성을 다하여 임금님을 섬기려 하지 않겠습니까? 신이 시골 밭이랑 가운데 있으면서 나랏일을 말씀드린다는 것은 정말로 분수에 지나치는 일이겠습니다.

신이 듣건대, 신 같은 무리들도 흰 옷을 3년 입어야 하는 사람들 속에 든다 하니 말씀드리지 않을 수가 없으며, 이번 기회에 오늘날 상옷을 입는 제도[喪制]가 옛날 법도에 어긋남을 논하려 합니다. 한 마디라도 쓸만한 게 있어서 이를 시행하는 은혜를 입게 된다면, 곧 어리석은 신하의 행복이 될 뿐 아니라 바로 우리나라 선비들 모두의 행복이 될 것입니다.

신의 생각으로는 임금과 아버지의 상(喪)은 하늘의 법도요 땅의 의리이며 영원토록 변하지 않는 것입니다. 신이 삼가 살펴보건대, '참최(斬衰)'에 관한 글[2]에 말하기를, '상(喪)을 3년동안 치른다' 하였는데, 아들이 아버지를 위하여 입는 상복을 말한 것입니다. 또 말하기를 '똑같이 3년의 상을 치른다' 하였는데, 신하가 임금을 위하여 입는 상복을 말한 것입니다.

성인(聖人)께서 옛날에 하늘의 형상을 본받고 땅의 법도를 관찰하여 위아래 옷의 정도를 제정하였으므로, 상옷은 그의 등 뒤에 늘어뜨리는 베조각 수[3]가 알맞도록 말라졌으며, 상옷을 통하여 슬픔을 지닌 모습을 표현케 하였으니 모두 깊은 뜻이 있는 것입니다. 감정에 근거하여 겉모양을 꾸미게 하고 겉모양을 근거로 하여 감정을 다스리도록 하였습니다. 그리하여 현명한 사람은 지나치지 않게 하고, 못난 사람이라도 발돋움만 하면 따라갈 수 있게 하셨으니, 성현(聖賢)들께서 예(禮)를 적용하심에 애쓰신 까닭이 여기에 있습니다.

지금은 이것을 모두 쓸어버리고 다만 장의(長衣)[4]만을 쓰고 있으니, 상옷이 뒤에 늘어뜨리는 베조각이나 옷깃이 어울리었던 제도는 간 곳 없고, 서인(庶人)들의 상복의 법도와 비슷합니다. 같지 않은 것이 있다면 그 깃이 둥글고 모자를 천으로 쌌을 따름입니다.

천으로 싼 모자 안에 전에 쓰던 '검은 건[烏巾]'[5]을 쓰고 있으니,

어찌 임금의 상옷을 입으면서 '검은 건'을 벗지 않을 수 있단 말입니까? 퇴근하여 사사로운 자리에 있게 되면 '장의'를 벗고 '흰 옷'을 걸치는데 '검은 건'이 그대로 있으니 곧 전날 보통 때의 모습으로 되돌아가게 되는 것이요, 상인(喪人)이 아닌 것입니다. '백립(白笠)'[6]을 쓰고서야 겨우 자신의 상을 당한 모습을 형용하게 된다면, 어찌 봉분이 다 마르기도 전에 바로 외모에 슬퍼하는 모습이 없을 수가 있단 말씀입니까?

옛날의 제도는 상옷에는 삼실의 거칠고 고운 차이가 있었으며, 베에는 생것과 마전한 것의 구별이 있었습니다. 옷에도 등급이 있었거니와 관(冠)에도 역시 차별이 있었습니다. '삼우제(三虞祭)'[7]가 끝나고 '졸곡(卒哭)'[8]을 마치면, 여섯새[六升][9]의 베옷과 일곱새[七升]의 관(冠)을 사용하게 되는데, 전날의 석새[三升]의 최복(衰服)과 여섯새[六升]의 관이 이에서 변한 것입니다.

상옷에 칡베 띠를 두르는 데 칡베 띠 역시 변합니다. 한 돌이 되면 마전한 베로 만든 관과 엷은 붉은 빛 천으로 가를 댄 베옷을 입고 칡베 띠는 떼어버립니다. 또 한 돌만에 대상(大祥)이 되고, 대상을 치른 뒤 담제(禫祭)[10]를 지내는데 담제를 지내면 검은 날에 흰 씨로 엇섞어 짠[織] 천의 옷을 입습니다.[11]

상복 무늬는 무겁고 가벼움이 어울리도록 되어있는데, 또 죽음 때문에 산 사람이 상하게 될까 걱정도 하였습니다. 곧 쉰살이 된 사람은 상을 철저히 치르지 않고, 예순이 된 사람은 몸이 상하지 않도록 하며,[12] 일흔살 된 사람은 오직 상옷만을 몸에 걸치며, 병이 있는 사람은 술을 마시고 고기를 먹고 할 수 있다는 글[13]이 있습니다. 모두 그 실정을 감안한다면 없을 수가 없는 것이니, 예의의 변화있는 제정은 모두 우리를 다스리고 있는 하늘의 질서에 근거를 두고 있는 것입니다. 성인께서 상제(喪制)를 제정하신 뜻은 후세 사람들에게 본보기를 보이려는 데 있습니다.

신이 듣건대 '졸곡(卒哭)'을 마친 뒤에는 전하께옵서는 검은 면류관에 검은 띠를 띠시고, 여러 신하들은 검은 모자에 검은 띠를 두르고, 이렇게 하고서 3년 동안 지나게 된다 합니다. 신은 검은 면류관의 제도가 무엇에 근거를 둔 것인지 알지 못하겠습니다.

검은 면류관[14]은 곧 제후(諸侯)들이 제사지낼 때 쓰는 관입니다. '졸곡'이 지나자마자 여러 신하들이 모두 검은 관을 쓰고 일을 본다는 것은 상례(喪禮)로서 처신하는 것이 아닙니다. 《예(禮)》[15]에 이르기를 '그 해의 농사가 순조롭게 이루어지지 않으면 곧 천자는 흰 옷을 입고 흰 수레를 타며 음식을 들면서 풍악을 울리지 않는다' 하였는데, 이것은 백성들의 걱정을 걱정하여 상례(喪禮)로서 자처함으로써 스스로를 책함을 보이는 것입니다. 지금 검은 면류관과 검은 띠로 임금의 아버지 상을 치른다면, 도리어 백성들을 걱정하는 것보다도 격이 낮아진다는 말씀이 됩니다.

신은 검은 면류관의 제도에 전하께서 마음편하실 수 있을는지 알지 못하겠습니다. 하늘의 이치가 있는 것이니 인심은 속일 수가 없는 것입니다. 어찌 마음을 거스르고 하늘에 어긋나면서까지 예에 맞지 않는 관을 써야 하겠습니까? 신은 그러한 예의를 해설한 책은 알지도 못하면서 쓴 것이 아닌가 여기고 있습니다. 스스로 성현(聖賢)이 아니면서도 지혜를 다하여 예의 절차를 만들고 뜯어고치고 하는 것은 후세에 비웃음을 사지 않을 리가 없습니다. 대체 무슨 생각 무슨 마음으로 그렇게 하는 것일까요? 성인의 가르침을 따르고 성왕(聖王)의 법도를 좇기만 한다면 그뿐인 것입니다.

초상을 당하면 흰 갓에 베 띠를 두르며, 상옷이 만들어진 뒤에는 석새[三升]의 최복(衰服)과 여섯새[六升]의 관을 쓰며, 졸곡(卒哭)을 치른 뒤에는 여섯새[六升]의 천으로 만든 상옷과 일곱새[七升]의 관을 쓰며 칡베 띠를 두르고 일을 본다 했습니다. 그러니 임금과 신하가 흰 갓에 베 띠[16]를 이와 같이 두르는 것이 어찌 순조로운 일이 아니겠습니까? 어찌 흰 갓을 검은 면류관으로 제도를 변경시킬 필요가 있겠습니까?

조정에서 교외로 중요한 손님을 마중나갈 때, 사신이 검은 모자를 쓰고 검은 띠를 두르고서 나가게 될 것 같은데, 그렇게 하는지는 알지 못하겠습니다. 예를 따르면 천자는 대부사(大夫士)를 위하여는 의최(疑衰)[17]를 입으며, 장사지낸 뒤에는 벗어버리는 것입니다. 우리나라는 비록 중국의 해외(海外)에 있다고는 하지만 대부(大夫)의 반열(班列)에 끼고 있으므로, 곧 중국 황제께서 친히 오신다면 반드시 '의최'를 입으시거나 그렇지 않으면 흰 갓을 쓰고서 조상하실 것입니다. 《예(禮)》[18]에 이르기를 '무릇 조상하는 일에는 흰 갓과 베 띠를 쓴다' 하였으니, 사신도 흰 갓을 쓰고 입국하지 않으리라고 어찌 알겠습니까? 그편에선 흰 갓을 썼는데 우리는 검은 모자를 썼다면 예모에 있어 어긋나는 일이 되지 않겠습니까?

사신이 상사(喪事)를 돕는 부의(賻儀)를 가져오면 마땅히 이를 맡은 관리에게로 돌리어 '외탕(外帑)'[19]에 넣어두었다가 상사(喪事)에 필요할 때 쓰도록 대비하여야 합니다.

《예(禮)》[20]에 이르기를, '군자(君子)는 상(喪)을 치름으로써 살림을 불리지 아니한다', '맹헌자(孟獻子)[21]의 상(喪)에는 사도(司徒)[22]가 하사(下士)[23]들로 하여금 사방에서 들어온 부의(賻儀)를 되돌려주게 하였다' 하였습니다. 공자(孔子)는 이 말을 듣고 현명한 사람이라 하셨습니다. 하물며 저의 전하께서야 대부(大夫)의 집안만도 못한 수가 있겠습니까?

본시부터 '내탕(內帑)'으로 그런 것을 돌려서 안에서 쓰는 데 대비하여서는 안될 것이며, '내탕'도 역시 사사로운 곳간이 되어서는 안됨니다. 《주례(周禮)》[24]의 '천관(天官)' 총재(冢宰)는 '천부(泉府)'[25]의 수입과 지출을 아울러 관장하였는데, '궁백(宮伯)'[26]이란 관리로 하여금 언제나 함께 그곳을 출입하였으며, 비록 임금이라 하더라도 그것들을 사사로이 처분할 수가 없었습니다. 전하께옵서는 새로이 다스림을 펴시는 시작이시니 절대로 사람들에게 사사로운 행동을 보여서는 안됩니다. 재물의 사용을 절약하고 염치(廉恥)를 엄히 하는 것은 이 한 가지 일에 달려있는 것입니다.

신이 듣건대 최복(衰服)을 지으시던 날 바로 곤룡포(袞龍袍)를 입으시고 면류관(冕旒冠)을 쓰셨다 합니다. 이것은 길(吉)한 일과 흉(凶)한 일로 크게 구별되는 옷인데, 같은 날에 이것들을 입으셔도 괜찮겠습니까? 세대(世代)의 바뀜은 큰 일이요, 임금의 자리는 큰 보배입니다. 지금 큰 보배를 받고 큰 일을 처리함에 있어서 이처럼 함부로 서둘러 해도 괜찮겠습니까? 전하께서 본시 거절하고 받지 않으셨던 것은 효도와 어짊과 공경함과 의로움에 근거한 것이었으며, 본시부터 지니고 있던 성품에서 우러나온 것이어서 가리어질 수가 없는 무엇이 있던 것입니다.

조정의 신하들이 굳이 꼭 그래야만 한다고 버티니, 전하께옵서는 또한 여러 사람들의 감정이 크게 울적하대서 하는 수 없이 그들을 따르셨습니다. 이것은 임금과 신하의 체통 및 높고 낮은 사이의 예의를 크게 벗어난 것이니 후세에 웃음거리로 남게 될 것입니다. 오늘날 《춘추(春秋)》[27]의 뜻을 아는 사람이 있다고 하겠습니까? 오늘 요청했다가 안되면 또 내일 요청하는데, 전하께옵서 진심으로 결단을 내리시어 명을 내리신 다음에 하신다면, 훌륭한 길을 따르게 되는 것일 뿐만 아니라 또한 효성스런 마음도 위안받게 될 것이며 또 늦지도 않을 것입니다.

만사의 법통(法統)은 기강(紀綱)의 근거가 되며, 또한 전하께서 나아가고 물러가시는 행동의 바탕이 됩니다. 이때는 균형을 유지하며 쇠뇌[弩]²⁸⁾를 신중히 쏘아야 하는 것과 같은 때이지, 간(諫)하는 말을 받아들여 우물쭈물하실 때가 아닙니다. 여러 사람들의 감정에 눌리어 따르신다면 임금님의 권위가 없어지게 될 것입니다. 혹 주(周)나라 강왕(康王)때의 일²⁹⁾로 핑계를 삼는 사람도 있지마는, 이에 대하여는 송(宋)나라의 학자 주희(朱熹)³⁰⁾가 일찍이 논한 바가 있었습니다. 강왕의 시대엔 형세가 그렇게 하지 않을 수가 없었으니, 주(周)나라가 은(殷)나라에 대신하여 천하를 다스린 지 오래되지 않았기 때문입니다. 큰 나라와 강한 속국(屬國)들이 다 함께 조상(弔喪)하러 왔었으니, 하는 수 없이 성대한 예로써 그들을 대하였던 것입니다.

지금 우리나라는 멀리 바다 밖에 있으며 이웃에 밖으로 접하고 있는 큰 나라도 없거니와, 온 나라 안이 한 집안입니다. 신하와 백성들이 바라는 바와 온 세상의 신임이 모두 태자(太子)로 계시던 때에 정해졌던 것이며, 안팎이 화평스러우니 강왕의 시대를 본따서는 절대로 안됩니다. 그러니 '졸곡(卒哭)'을 치른 다음에 흰 관[素弁]을 쓰시고 정사를 보시면 되는 것입니다. 만약 부득이 강왕 때의 일을 따르겠다고 한다면 전하께옵서 어찌하여

"길복(吉服)과 흉복(凶服)은 같은 날 입어서는 안되는 것이오. 경(卿)들은 물러가오, 내일은 당연히 정사를 처리할 거요."

하고 한마디로 물리치지 아니하십니까? 그러시면 얼마나 깨끗이 여러 사람들의 마음을 경계시키고 감동시키는 일이 되겠습니까?

신은 속으로 전하께옵서 태자로 계시던 때에 성현(聖賢)으로서의 사업과 제왕(帝王)으로서의 학문³¹⁾에 대하여 일찍이 뜻을 두셨던 일이 없었던 게 아닌가 생각하고 있습니다. 학문에 있어서 귀한 것은 자신이 이치를 밝게 보고 분명히 일을 처리하는 데 있으니, 그렇게 되면 일을 함에 있어서 어쩔 줄 모르는 일이 없게 될 것입니다. 전하

께옵서는 나이가 한창 때인 데다가 타고나신 자질(資質)이 높고 밝으시니, 마땅히 성현으로서의 사업과 제왕으로서의 학문에 뜻을 두셔야만 할 것입니다. 그러면 위대한 업적을 일으킬 수 있을 것이며, 지극한 다스림을 이룩할 수 있을 것입니다.

신은 '백립(白笠)'[32]을 쓰는 일에 대하여 말씀드리겠습니다. 생원(生員)이나 진사(進士)와 선비들이 3년 동안 '백립'을 쓰는 제도는 가볍고 무거운 예의 윤리를 벗어나는 것이며 성인의 제도가 아닌 것입니다. 성인께서는 '다섯 가지 상복(喪服)'[33]을 제정하셨으니, 사(士)[34]로부터 여러 신하들에게 이르기까지는 마땅히 '참최'를 3년 입어야만 할 것이며, 그 아래 서인(庶人)이나 관청에서 일하는 서인들은 응당 '자최(齊衰)'를 석달 입은 다음에 벗어야 할 것입니다. 서인들의 상달은 상복의 등급에 따르게 마련인데, 상복만 '자최'란 무거운 것을 따르는 이유는 은혜로 말하면 두텁고 엷음이 있으나 의리(義理)로 말하면 감히 그 등급을 내릴 수가 없기 때문입니다.

은혜에 두텁고 엷음이 있는데 정(情)이라고 가볍고 무거운 등급이 없을 수 있겠습니까? 지금 '석달의 상[三月之喪]'을 옮겨다가 '졸곡(卒哭) 다섯달의 수'[35]로 끌어붙여 놓은 것은 그 법도에 어긋남은 말할 것도 없거니와, 또 그것을 '삼년상(三年喪)'에까지 끌어다가놓고, 같은 식으로 상을 치르게 한다는 것은 더욱 뜻없는 일입니다. '자최(齊衰)'의 무거운 상복을 내리어 흰 옷으로 조복(弔服)을 입게 하고 대신 석달 지키면 될 가벼운 상기(喪期)를 끌어다가 3년이란 오랜 기간으로 대치한 것이라 하는데 모두 '정(情)'과 '겉차림[文]'의 가볍고 무거운 예의 윤리를 헤아리지 않은 것입니다. 함부로 더하고 덜하고들 하는데, 자기들이 성인보다도 훌륭하다고 생각하는 것입니까? '겉차림'은 지나쳐서는 안되고, '정'은 끌어다 붙여서는 안되는 것입니다.

서인들의 행동에 있어서도 석달 넘으면 술마시고 고기를 먹는데,

그것이 '정'을 따르는 것이요 '예'를 따르는 것입니다. 지금 그것을 3년으로 끌어 늘였으나, 어진 사람이나 군자(君子)라 하더라도 술마시고 고기 먹는 것을 역시 스스로 금할 수 없다는 것이 '예'이며 '정'입니다. 그처럼 장사지낸 뒤[36]로 끌어 늘이어 고기를 먹게 하는 것은, 권리요 후생(厚生)인 것입니다. 더욱이 서울에 살고 있는 선비는 얼마 되지 않고, 먼 고장에 있는 이들은 이루 헤아릴 수 없이 많습니다. 그들의 발길은 또한 궁궐로부터 멀어서, 임금님의 얼굴은 알지도 못하고 삽니다. 그러한 데도 복을 입는 것은 다만 의리(義理)의 존재가 있기 때문인 것입니다.

그것을 3년이란 오랜 기간으로 늘인다면 곧 강가나 호수 가에 사는 사람들 중에는 손에 낚싯대를 들고 등에 통발을 메고 고기잡이하는 사람들이 없을 수 없을 것이며, 산이나 늪에 사는 사람은 활이나 그물을 가지고 새·짐승을 사냥하는 사람들이 없을 수 없을 것인데, 그들은 고기잡이와 사냥을 하지 않게 될 테니, 곧 먹고 살 방도가 없게 됩니다. 흰 옷을 걸치고 흰 갓을 쓰고서 이러한 일을 한다면은 하는 일과 옷입은 뜻이 어긋날 것이며, '정'과 '겉차림'이 다르게 될 것이니 이치로 보아 마땅히 이러한 일이 있어서는 안될 것입니다. '생원'과 '진사'와 '유생'들을 '사(士)'의 반열(班列)에 끼워놓고 서인(庶人)의 행동을 따로 두지 아니한 것은, '예'의 형식을 생각하지 않았다는 말이 됩니다.

《예》[37]에 이르기를 '남의 나라에 와 살고 있는 제후(諸侯)는 그 나라 임금을 위하여 자최(齊衰)를 석달 입는데 백성들과 같기 때문이다' 하였습니다. 또 '옛임금을 위하여는 자최(齊衰)를 석달 입는데, 벼슬하다 물러난 사람들의 경우이다'고 하였습니다. 이것은 서인들의 행동에 해당하지 않음이 분명합니다. 옛임금을 위하여도 다만 석달의 상을 입는데 유생들에게 3년의 상을 입게 하는 것이 어찌 '정(情)'에 맞겠습니까? '정'에 충실하지 않다는 것은 악한 것이며, '겉차림'이 알맞지 않다는 것은 허물인 것입니다. 이것을 '그릇된 예[愆禮]'라 하는데, '그릇된 예'와 '좋지 않은 음악[慝樂]'은 군자라면 따르지 않는 것입니다. 어찌하여 '정'에 어긋나는 옷을 만들고 '예'에 벗어나는 상을 제정하여, 옛것을 배우고 예와 의로움을 논하는 선비들로 하여금 이것을 따르게 하십니까?

신하들의 뜻은 반드시 '40년 동안 다스려 주신 선왕(先王)의 은혜는 두터이 갚지 않으면 안된다'는 것일 겁니다. 신의 생각으론 옳지 않습니다. 신하나 자식이 임금이나 아버지를 대함에 있어서 은혜의 가볍고 무거움으로써, 그 상입는 기간을 늘이고 줄이고 할 수는 없는 것입니다.

증자(曾子)[38]께서 말씀하시기를 '살아계셔서는 예로써 섬기고, 돌아가시면 예로써 장사지내드리고, 예로써 제사지내드린다면 가히 효도를 한다고 말할 수 있을 것이다'고 하셨습니다. 전하께서 방금 효도로써 나라를 다스리려 하고 계시다면, 예에 어긋나는 상례(喪禮)를 제정하여 선비들로 하여금 그것을 입게 하실 수가 있겠습니까?

이것은 전하께옵서 스스로 결단을 내리시고 일찍이 책임을 물으시어, 생원과 진사·유생들 및 모든 관청에서 일하는 서인들이 '백립'을 3년 쓰는 제도를 모두 없애버리는 것이 예에도 합당한 일일 것입니다. 전하께옵서 신하들에게 물으시면, 신하들은 다만 옛임금에게 보답하고 조상들을 추모하는 일을 두터이 해야 한다는 것만 알고 있으니, 뜻을 따르기 어려울 것입니다. 그렇지만 이러한 것이 진실일진대 어찌 감히 예에 어긋나는 방식으로 우리 선왕을 섬길 수 있겠습니까?

또 산능(山陵)에 관한 일을 말씀드리겠습니다. 옛날에는 무덤은 있었지만 봉분(封墳)은 만들지 않았었는데, 주(周)나라에 이르러 무덤의 봉분을 만들고 조역(兆域)[39]을 설치하는 제도를 세웠던 것입니다.

'총인(冢人)'[40]이란 벼슬을 두어 임금의 무덤이 있는 땅을 관리하고, 조역(兆域)을 정하여 그 지도(地圖)를 작성케 하였는데, 선왕(先王)의 무덤이 가운데 있었고 소목(昭穆)[41]이 좌우에 묻히었습니다. 그리고 같은 성(姓)의 제후나 대부·사들로 하여금 앞뒤에 묻히게 하였는데 공(功)이 있는 사람들이 앞자리를 차지합니다. 다만 전쟁에서 죽은 사람만은 '조역' 안으로 들어오지 못하도록 되어 있습니다. 이처럼 '총인(冢人)'이 미리 임금 집안의 무덤이 될만한 땅을 한 곳 가리어 놓고, 그 조역(兆域)의 지도를 만들고 장사지냄으로써 후일의 장사에 대비하였던 것입니다. 선왕(先王)으로부터 그 아래로 모두가 이곳에 묻히었습니다.

지금은 '총인'의 벼슬을 두지 아니하고, 언제나 풍수설(風水說)을 따라 세대(世代)마다 각기 땅을 차지하여 모두 다른 한 곳에 산능(山陵)을 이룩하고 있습니다. 또한 그때그때 땅을 선택하므로, 비록 성이 같은 종실(宗室)의 무덤이라 하더라도 모두 그곳에 도랑을 둘러치게 하고는 산기슭의 백성들을 쫓아내어 밭도 모두 황폐하여지고 있습니다. 한 능이 들어가 차지하는 땅 또한 넓어서 백성들은 꼴베고 짐승 기를 곳이 없게 됩니다. 나라의 융성함이 천년까지 멀리 뻗는다면 곧 능들이 경기(京畿) 교외 땅에 연이어 보이게 되고, 밭과 들은 모두 황폐하여 남는 땅이 없게 될 것이니 백성들은 살 수가 없게 될 것입니다. 백리 넓이의 땅안에 사람들의 발길이 끊어지게 될 것이니, 폐해가 이렇게 된다면 신으로서는 어떻게 하여야 좋을지 알지 못하겠습니다.

돌을 캐오는 일도 경기 땅의 백성들에게는 해독을 끼치고 있습니다. 한 개의 돌의 무게는 천명의 사람으로서도 옮길 수가 없는 것인데, 돌 한 조각의 길이는 모두 관의 길이에 맞추어 캐어지고 있습니다. 그래도 네 조각으로 봉함은 면할 수 없는 일이거늘 하필 긴 것으로만 해야 될 이유가 무엇인지요? 옛날에는 조역(兆域)의 표식을 세우는 제도는 있었으나, 돌로 만든 말이나 양 같은 물건에 대하여는 들어본 일이 없습니다. '석인(石人)'[42]은 사람과 비슷한 형상을 취하여 쓰는 것이니 사람과 근사한 게 소중할 것인데도, 공연히 지나치게 크게 만드는 것을 일삼아 높이는 거의 여러 길이나 되어 덩그렇게 큰 것이 귀신 같습니다. 지금 사대부들의 집안에서도 다투어 그것을 본 뜨고 있습니다. 천백년이 못가서 돌은 다 캐내어질 것이고, 산은 이에 따라 무너지고 말 것입니다.

돌을 캐는 일은 기한과 독촉이 엄격해서 백성들은 채찍 끝에 뭉크러지고 있습니다. 베적삼에 눈을 부릅 뜨고 일하느라고 거의 모두가 얼어 터지고 지쳤는데 밤이 되어도 돌려보내지 않으니 들판에서 얼어죽은 사람이 얼마나 되는지 알 수 없습니다. 서두르지 말라는 명령을 비록 내리신다 하여도, 관원들은 일을 이루기에 급하여 불쌍함을 거들떠볼 겨를이 없으니, 관원들만의 책임이 아니라 형세가 그렇게 만드는 것입니다.

세상에 행하여지고 있는 폐단은, 임금과 아버지에게 정성과 존경은 부족하면서도 쓸 데 없이 헛된 겉치레의 소용없는 일에만 힘써, 옛날 예법 위로 올라서려는 데 있으니 현명한 일이라고만 할 수 있겠습니까? 일시적인 말만도 못한 것입니다. 비록 일시적인 것이라 하나 성인(聖人)께서 또한 어찌 일시적인 것을 위하여 쓸데 없는 교훈을 세우려 하셨겠습니까? 일시적인 말만도 못하다는 말은 진실로 근거가 있는 것입니다.

신의 생각으로는 '총인' 같은 벼슬은 마땅히 옛 제도를 따라 세워서 법도로 삼아야 할 것입니다. 멀리는 돌을 캐는 제도까지도 규칙을 정하고 또 적당히 이를 줄이면 틀림없이 백성들에게 해를 끼치는 일이 없게 되리라 믿습니다.

신은 초야에 묻혀 사는 사람으로 개미같은 조그만 정성을 스스로 전해올릴 길이 없었습니다. 머리 흰 늙은이가 다시 무얼 바라겠습니까? 한마디 말로써 충성을 전하께 바치려 할 따름입니다. 신이 지니고 있는 생각이 또 어찌 이에 끝나겠습니까? 전하께옵서 상중에 계신 때라 다 말씀드릴 틈이 없습니다.

신이 요새 보건대 벼슬을 안하는 재야(在野)의 선비들이 항의(抗議)하는 글을 올리는 이가 있어도, 가난하고 천한 백성들의 말과 같은 종류의 것이어서 쓸만한 것이 없다고 생각되어 버려지고 있습니다. 신이 알기로는 꼴베고 나무하는 사람들의 말도 성인들은 가리어 들었습니다. 엎드려 바라옵건대 전하께옵서는 가난하고 천한 자의 것이라 하여 버리지 마십시오. 그것은 어리석은 신하의 행복이 될 뿐만 아니라 온 선비들의 행복이 됩니다. 신은 초야에 병들어 묻혀있어 친히 궁궐 아래서 뵙지를 못하였으니, 진실된 정성으로 떨리고 두려움이 지극함을 이기지 못하겠습니다. 삼가 절하며 글을 적어 올리는 바입니다.

原文  擬上仁宗大王論國朝大喪喪制不古之失疏

草茅下賤生員臣徐敬德이, 謹齋沐拜疏上聞于主上殿下의, 倚廬之次하나이다.

臣聞殿下께옵서, 儲貳東殿에, 學問日進於高明하사, 處己以道하고, 動遵禮法하여, 簡重端莊하사, 有上聖之度하나이다. 孝仁敬義이, 有孚于中하사, 而聞達於外하나이다. 一命之士라도, 苟有知見이면, 孰不欲披忠瀝誠하여, 以達天聽哉리이까? 臣在畎畝之中하여, 疏陳國家之事하니, 誠爲越分이니이다.

臣聞컨대, 臣等亦在白衣三年之列이라하니, 不得不言이며, 因論今日喪制不古之失이니이다. 有一言可採하여, 獲蒙施行이면, 則不惟愚臣之幸이오, 乃大東士林之幸也리이다.

臣謂君父之喪은, 天之經이오, 地之義며, 亘萬古而不易者也니이다. 臣謹按컨대, 斬衰一章에, 有曰; '致喪三年'이라함은, 謂子爲父服也니이다. 有曰; '方喪三年'이라함은, 謂臣爲君服也니이다. 聖人旣取象於天하고, 觀法於地하여, 制上下衣裳之度하시니, 裁衰適負版之數하고, 寓哀摧斬絶之容하니, 皆有深意니이다. 因情以飾其文하고, 因文以檢其情하여, 使賢者不過요, 不肖者跂而及之하니, 乃聖賢用禮之勤也니이다.

今皆掃之하고, 只用長布之衣하여, 漫無衰適負袡之制하니, 有同庶人喪服之規하니이다. 其不同者는, 團圓其領과, 布裹其帽而已니이다. 布帽之內에, 著前日烏巾하니, 安有服君之衰하여, 而不去烏巾者乎니이까? 及退燕私하여는, 免長布하고, 披白衣하니, 烏巾猶在면, 乃復平昔之容이오, 非喪人也니이다. 及戴尺布之笠하고, 然後僅表一身喪容之形이면, 安有攢塗未乾에, 遽形無哀戚之容也리이까?

古之制엔, 衰有麻縷多寡之差하고, 有麻材生錫之別하니이다. 服旣有等하고, 冠亦有差하니이다. 旣虞卒哭하고, 受以成布六升冠七升이니, 則前日之衰三升冠六升이, 於此變矣니이다. 服葛絰하니, 則絰亦變矣니이다. 期而練冠縓緣하고, 去其絰이니이다. 又期而大祥이오, 祥而禫하며, 禫而纖이니이다.

文旣有隆殺之宜니, 又慮其有以死傷生者니이다. 則有五十不成喪하고, 六十不毁하며, 七十唯衰麻在身하고, 有疾者飮酒食肉之文이니이다. 皆因其情之不可無者하여, 而制禮之變이니, 皆自吾秉彛之天有叙也니이다. 聖人制喪之意이, 有以垂後世也니이다.

臣聞旣卒哭하여는, 殿下玄冕烏帶하시고, 羣臣烏帽烏帶하여, 以此行之於三年之內라하니이다. 臣未知玄冕之制何所據也니이다. 玄冕乃緖侯祭祀之冠也니이다. 卒哭纔過엔, 君臣皆玄冠視事하니, 是不以喪禮自處也니이다. 禮에 年不順成이면, 則天子素服하고, 乘素車하며,

食無樂이라하니, 是憂民之憂하여, 而以喪禮自處하여, 示自貶也니이다. 今者玄冕烏帶로, 是憂君父니, 反出於憂民之下者耶니이다!

臣未知玄冕之制이, 其於殿下爲安之乎니잇까? 天理所在니, 人心不可誣也니이다. 奈何逆於心하고, 反於天하여, 服非禮之冠乎니잇까? 臣恐儀註之書는, 是不知而作者也니이다. 自非聖賢이나, 而用智穿鑿損益於禮文이면, 鮮不爲後世之嗤笑矣리이다. 夫何思何慮니잇까? 從聖人之訓하고, 遵聖王之法하여, 如斯而已矣니이다.

遇初終素弁経하고, 旣制服斬衰三升冠六升하며, 旣卒哭成布六升冠七升하고, 服葛経視事니이다. 則君臣素弁環経如此이, 豈非順乎잇가! 何必變素弁爲玄冕之制乎리잇가?

未知朝廷郊迎에, 使命用烏帽烏帶乎잇가? 禮에 天子爲大夫士疑衰하며, 旣葬除之니이다. 我國雖在海外나, 其在大夫之班이니, 則皇帝親臨이면, 必以疑衰니, 不爾則素弁而吊니이다. 禮曰 ; '凡吊事素弁経'이라하니, 安知使不以素弁入國乎잇가? 彼素弁하고, 我烏帽면, 其於禮貌이, 不亦謬乎잇가?

凡使致贈賻之物이면, 宜付之有司하여, 藏之外帑하여, 以備喪用之需하시이다. 禮曰 ; 君子不家於喪이라하고, 獻子之喪엔, 旅歸四布라하니이다. 孔子聞而賢之하니이다. 況我殿下不比大夫之家者乎잇가? 固不宜付之內帑하여, 以備內用이니, 內帑亦非爲私儲니이다. 周禮天官冢宰엔, 兼典泉府之用이니, 使宮伯之官으로, 相叅出入하여, 雖王者不得以私之니이다. 殿下新政之始에, 固不宜示人以私니이다. 節財用하고, 厲廉恥는, 其在此一事也니이다.

臣聞制衰之日에, 旋被袞戴冕이라하니이다. 是吉凶相遠之大者이어늘, 而同日服之可乎잇가? 易世大事也요, 君位大寶也니이다. 今受大寶하시고, 處大事하사, 如是其卒迫可乎잇가? 殿下之固拒不受는, 其孝仁敬義이, 有出於所性之固有하여, 而不得以揜者存也니이

다. 在廷之臣이, 猶持固必하니, 殿下亦以輿情大欝하사, 有不得已而從之니이다. 是大失君臣之體와, 尊卑之禮니, 貽笑於後世리이다. 謂今日有知春秋之義者乎잇가? 今日請之不得이면, 則又明日請之하여, 待殿下斷自聖衷하사, 降旨然後爲之시면, 則旣有以將順其美하고, 又有以慰安孝思하여, 亦未晚也리이다.

萬事之統은, 綱紀之寄이며, 亦有殿下之所進退니이다. 此持勻弩審發之日이오, 非納諫轉圜之時니, 有迫於輿情而從之시면, 其於首出之義未有也니이다. 或以周康王之事諉之者이나, 是則宋臣朱熹固嘗有論이니이다. 康王之朝엔, 勢不得不爾니, 以周代殷未久也니이다. 大國强藩旣會同來吊니, 不得不盛禮以見之니이다.

今我國邈在海外하여, 無大國鄰接於外하고, 四境之內이, 卷爲一家이니이다. 臣民之所屬望과, 四方之所歸鄕이, 擧在儲貳東殿之日이오, 內外顯然하니, 固不可以康王之朝班之니이다. 則旣卒哭에, 素弁視朝其可也니이다. 如不得已而爲康王之事시면, 殿下胡不以一言麾之曰；吉凶不可同日服이니, 卿等且退하라, 明當視朝라하니잇가? 則豈不截然有以警動羣聽哉잇가?

臣竊恐殿下在東殿之日에, 其於聖賢之業과, 帝工之學에, 未嘗留意也니이다. 凡貴於學問者는, 在我見理明이오, 處事精이니, 則及臨事不眩也리이다. 殿下春秋鼎盛하시고, 聖資高明하시니, 當志於聖賢之業과, 帝王之學이라야, 然後大業可興이오, 至治可期也니이다.

臣以白笠一事言之하리이다. 生員進士儒生의, 白笠三年之制는, 失輕重之倫이니, 非聖人之制也니이다. 聖人制五服하시니, 自士以上羣臣으로, 應服斬衰三年하며, 以下庶人及庶人在官者는, 應服齊衰三月而除니이다. 庶人之喪月은, 則從緦衰之數이나, 而服則從齊衰之重者는, 以恩則有厚薄이오, 以義則不敢降其尊也니이다.

恩旣有厚薄이면, 情豈無輕重之等也리잇가? 今移三月之喪하여,

引之於卒哭五月之數면, 旣失其經也요, 又引之於三年之喪而同之는, 殊無意이니이다. 謂降齊衰之重爲吊服白衣하고, 引三月之輕하여, 置之三年之久면, 皆不揣情文輕重之倫이니이다. 妄有所進退어늘, 自以爲有加於聖人耶니잇가? 文不可過也요, 情不可引也니이다.

在庶人之行者는, 三月之外飮酒食肉이, 其情也요, 其禮也니이다. 今引之於三年이나, 自仁人君子로, 其飮酒食肉은, 亦不得自禁也이, 禮也요, 情也니이다. 其有引之於旣葬之後而食肉者는, 其權也요, 厚也니이다. 況儒士之生於京師者無幾나, 而其在遐遠之鄕은, 無慮千百으로, 足亦邈夐天門이오, 生不識天顔이니, 如此而服之者는, 徒有義存也니이다. 引之於三年之久면, 則居江湖者이, 手竿背笱之不能無也라니, 處山藪者이, 臂弓持罝之不能無也러니, 彼不自漁獵이면, 則無得而食也리이다. 披素戴白而爲是事면, 事與義睽하고, 情與文違러니, 理不當有如是耶리이다. 其有以生員進士儒生班之士하며, 而不置庶人之行者면, 是不考禮文之言也니이다.

禮曰 ; ‘寓公爲國君齊衰三月니, 與民同也라 하니이다.’ 有曰 ; ‘爲舊君齊衰三月이니, 仕而已者也라하니이다.’ 此不在庶人之行明矣니이다. 爲舊君에, 猶止服三月之喪이어늘, 其在儒生服三年之喪이, 豈其情乎잇가? 情不忠은, 惡也요, 文不中은, 愆也니이다. 是謂愆禮니, 愆禮慝樂은, 君子不由也니이다. 奈之何制不情之服하여, 爲非禮之喪하고, 使學古談禮義之士由之也리잇가?

左右之意必曰 ; 以先王四十年休養之恩으로, 不可不厚報也라하리이다. 臣謂不可也니이다. 臣子之於君父엔, 不得以恩之輕重而進退其喪期也니이다. 曾子曰 ; ‘生, 事之以禮하고, 死, 葬之以禮하며, 祭之以禮면, 可謂孝矣라 하니이다.’ 殿下方欲以孝爲治어늘, 其可以制非禮之喪하여, 使儒士服之乎잇가?

此在殿下裁自聖斷하사, 早賜降責하시고, 生員進士儒生과, 凡庶

人在官者의, 白笠三年之制를, 一皆從罷면, 於禮爲便이리이다. 殿下問諸左右면, 左右唯知篤於報先追遠하여, 而難於應旨리이다. 然是爲苟也어늘, 豈可以非禮事我先王乎잇가?

又以山陵一事言之하리이다. 古者墓而不墳이어늘, 至於成周하여, 立丘封兆樹之制하니이다. 設冢人之官하여, 掌公墓之地하되, 辨其兆域而爲之圖하여, 先王之葬居中하고, 昭穆爲左右하며, 又令同姓諸侯大夫士이, 葬於前後하고, 凡有功者居前하니이다. 唯死於兵者는, 不令入兆域之內하니이다. 是則冢人預擇公墓之地於一處하여, 旣辨其兆爲之圖而葬之하고, 以備他日之葬하니이다. 自先王以下로, 皆於是而占之하니이다.

今不立冢人之官하고, 一從風水之說하여, 世各占地하여, 山陵每開一所하니이다. 且臨時擇地하니, 雖同姓宗室之墓라도, 皆令溝之而去山庭之外民하고, 田亦皆荒之하니이다. 一陵之入地亦廣占하니, 民無蒭牧之所하여, 隆運至於千年之遠이면, 則園陵相望於畿郊之外하여, 田野盡荒하고, 不容餘地하여, 民不得居焉이리이다. 百里之內에, 夐絶人跡하여, 弊至於此면, 臣不知何以處之니이다.

伐石之役이, 流毒畿內之民이니이다. 一石之重은, 千人不能移요, 一片之長은, 并與梓棺之長而伐之하고, 猶未免四片之封이어늘, 則何必以長爲哉잇가? 古者立樹兆之制엔, 未聞石馬石羊等之物이니이다. 石俑取其象人而用之니, 則貴於近似어늘, 徒以夸大爲事하여, 高幾數丈하고, 頑焉巽屭하여, 有同鬼神이니이다. 今士大夫之家이, 爭慕效之이니이다. 不出千百年之外에, 石槨盡拔하여, 而山從而頹矣리이다.

伐石之役은, 程督嚴峻하니, 民糜鞭末하고, 短褐衝雪하여, 擧皆皸疲하며, 竟夕未退하니, 抱凍原野而死者이, 不知幾人이니이다. 勿亟之旨雖下라도, 有司急於集事하여, 未暇恤顧리니, 非獨有司之責이

오, 勢使之然也니이다.

　流俗之弊는, 其於君父誠敬有未足이나, 而徒事浮文之末하여, 欲出古法之上하니, 其獨賢乎哉잇가? 不如速朽之言이니이다. 雖出於一時나, 聖人亦豈肯爲一時立無用之訓哉잇가? 不如之言은, 誠有以也니이다.

　臣謂家人之官은, 當依古制立爲經하여, 遠之規伐石之制하고, 亦宜加裁減이면, 庶幾無流害於民也리이다.

　臣은 山野之人으로, 螻蟻微誠을, 無路自達이니이다. 白首頹齡으로, 更何望哉리잇가? 欲一言致忠於殿下니이다. 臣之所抱이, 又豈止此리잇가? 値殿下諒闇之日하여, 未暇及之니이다.

　臣近見韋布之士에, 抗章者有之라도, 類以寒賤之言이라하여, 無適用者而棄之니이다. 臣謂芻蕘之言도, 聖人擇之니이다. 伏願殿下께옵선, 勿以寒賤而棄之시면, 非獨愚臣之幸이오, 士林之幸也리이다. 臣病伏山野하여, 未獲親拜闕下하니, 無任悃愊하고, 戰懼之至이니이다. 謹拜疏以聞하니이다.


註解

1) 동궁(東宮)－태자(太子)가 살고 있는 궁전, 동전(東殿). 뒤에는 '태자'를 가리키는 말로 쓰이게 되었다.

2) '참최(斬衰)'에 관한 글－'참최'는 옛날의 상제(喪制)에 있어서 '다섯 가지 상복[五服]' 가운데에서도 가장 거친 것. 거친 생베 천으로 가도 시치지 않고 만들며, 아버지와 임금의 상(喪) 같은 가장 중대한 상에 입는다. 이곳에서 말하는 '참최에 관한 글'은 《예기(禮記)》 단궁(壇弓) 상(上)편에 기록되어 있는 글이다.

3) 등 뒤에 늘어뜨리는 베조각 수－'부판지수(負版之數)'를 번역한 말임. '부판(負版)'은 '부판(附版)'으로 씀이 옳으며 상옷 뒤에 늘어뜨리는 베조각을 가리킨다. 그 '베조각의 수'는 곧 돌아가신 분과 상옷을 입은

사람과의 관계를 대표했던 것이다.

4) 장의(長衣)—본문의 '장포지의(長布之衣)'는 이 '장의'를 가리키는 듯
하다. '장의'는 옛날에는 상복의 '중의(中衣)'라 불렀는데, 상중에 중요
한 일이 생기면 정식 상옷인 '최복(衰服)'을 벗고 이 '장의'만을 입고
일을 보았다. 서경덕은 여기서 이 시대 사람들의 상옷입는 제도가 잘
못되었음을 지적하고 있는 것이다.

5) 검은 건(烏巾)—옛날 선비들이 평소에 흔히 쓰던 '망건(網巾)'이나 '폭
건(幅巾)'을 가리키는 듯하다.

6) 백립(白笠)—옛날에는 갓의 '양태'를 흰 천으로 싸서 상복에 썼는데,
이것을 '백립'이라 부른다. 나라의 임금 상을 당하면 국민들이 상당한
기간 '백립'을 써 복상(服喪)을 표시하였다. 그리고 사서인(士庶人)들
도 삼년상(三年喪)을 치르고 난 뒤 대상(大祥)을 지낸 그 다음다음
달에 지내는 '담제(禫祭)'까지는 흔히 '백립' 또는 '패랭이'를 썼다.

7) 삼우제(三虞祭)—'우제(虞祭)'는 부모를 장사지낸 뒤에 지내는 제
사. 《예기(禮記)》에 의하면 '제후(諸侯)는 일곱번, 대부(大夫)는 다섯
번, 사(士)는 세 번 우제를 지냈다'〔雜記〕했으나, 보통 사람들은 세번
지내므로 '삼우제'라고 부른다.

8) 졸곡(卒哭)—《예기》에 의하면 '사(士)는 석달, 대부(大夫)는 다섯달,
제후는 일곱달 만에 졸곡을 한다' 하였으나, 일반적으로는 죽은 지 백
일만에 '졸곡'을 지낸다. 사람이 죽은 지 석달 되는 첫 정일(丁日)이나
해일(亥日)에 지내기도 한다.

9) 여섯 새〔六升〕—'새〔升〕'는 천의 한 폭 실오라기 수를 나타내는 단
위. 80루(縷) 곧 '여든올'을 '한 새〔一升〕'라 한다. 따라서 '석새'의
베라면 한 폭 '240올'로 된 거친 베이며, '일곱새'는 '560올'로 좀 덜
거친 베이다. 《예기》에 의하면 '조복(朝服)은 열다섯새〔十五升〕의
천으로 만든다'〔雜記〕하였다.

10) 담제(禫祭)—'대상(大祥)'을 치른 다음 달에 지내는 제사.

11) 이 대목의 상제(喪制)는 대체로 《예기》 권57 간전(間傳)편의 기록에
근거를 두고 있는 것이다.

12) 몸이 상하지 않도록 한다―'불훼(不毁)'를 옮긴 말. 《예기》권3 곡례(曲禮)편에는 '오십불치훼(五十不致毁), 육십불훼(六十不毁)'라 하였는데, 목욕도 않고 음식도 삼가면서 슬픔 속에 상을 치르다 보면 몸이 여위게 마련인데, 오십 육십된 분들은 이미 몸이 늙어 건강을 크게 해치게 되므로 '오십이 된 사람은 몸이 상하지 않을 정도로 상을 치르고, 육십이 된 사람은 몸이 상하게 될만한 일은 하지 않는다'는 것이다.

13) 이는 《예기》의 곡례(曲禮), 상대기(喪大記)편 따위의 기록에 근거를 둔 것이다.

14) 검은 면류관―'현면(玄冕)'이 제후들의 제사지낼 때 쓰는 관임은 《예기》권26 교특생(郊特牲)편에 기재되어 있다.

15) 《예기》권29 옥조(玉藻)편에 있는 말임.

16) 베띠―'환경(環経)'을 옮긴 말. '환경'은 《예기》의 잡기(雜記)편에 보이는데, 한 가닥의 삼줄을 바탕으로 하고 다시 그것을 다른 삼줄로 감아 상복의 허리나 머리에 두르는 띠로 쓰는 것이다. 서경덕의 이러한 주장은 《예기》잡기편에 주로 근거를 둔 것이다.

17) 의최(疑衰)―천자가 대부사(大夫士), 곧 대신급 신하들의 상을 위하여 입는 상옷. 《주례(周禮)》춘관(春官) 사복(司服)조에 '임금은 제후들의 상을 위하여는 시최(緦衰)를 입고, 대부사(大夫士)들의 상을 위하여는 의최(疑衰)를 입는다' 하였는데, 공영달(孔穎達)의 소(疏)에 '의최'는 십사새〔十四升〕의 천으로 만든다 하였다. 옛날 길복(吉服)이 '열다섯새'의 천이었고 참최(斬衰)가 '석새'였음을 생각할 때 극히 가벼운 상옷임에 틀림없다.

18) 예―《주례(周禮)》춘관(春官) 사복(司服)조에 있는 기록에 근거한 말임.

19) 외탕(外帑)―'탕'은 궁중의 재물을 저장하는 곳간. '내탕(內帑)'과 '외탕(外帑)'이 있는데, '내탕'은 임금이 사사로이 쓰는 재물을, 외탕은 궁중에서 공용으로 쓸 재물을 넣어두는 곳이다. '내탕고(內帑庫)' 또는 '외탕고(外帑庫)'라고도 부른다.

20) 예(禮)―《예기(禮記)》권8 단궁(檀弓) 상편의 기록.

21) 맹헌자(孟獻子)―춘추(春秋)시대 노(魯)나라의 대부 중손멸(仲孫蔑)
    이란 사람의 별호(別號)임.

22) 사도(司徒)―요순(堯舜)시대부터 있던 벼슬 이름으로 육경(六卿) 가운
    데의 하나. 여기서는 대부의 가신(家臣)으로서의 '사도'임. 서경덕의 글
    에는 '사도(司徒)' 두 글자가 빠져있으나 《예기》에 의하여 보충하였다.

23) 하사(下士)―관청의 벼슬아치 가운데서 가장 낮은 계급의 사람들, 여기
    서는 물론 가신(家臣)으로서의 '하사'일 것이니 종이나 다름없는 신분
    이었을 것이다.

24) 주례(周禮)―《예기(禮記)》, 《의례(儀禮)》와 함께 중국 고대의 '예'에
    관한 기록을 한 경서(經書). 《주례》는 본시 '주관(周官)'이라 하였는데
    한(漢)대에 이르러 '주례'로 바뀌었으며, 주(周)나라 시대의 관제(官制)
    를 상세히 기술한 책이다. 옛날부터 주공(周公)이 지었다고 전하여져
    왔으나, 근래 학자들은 훨씬 후대의 사람에 의하여 편찬된 책이라 일반
    적으로 믿고 있다. '천관(天官)' 총재(冢宰)는 《주례》의 첫권에 실려있
    다. 이때 관리는 '천관', '지관(地官)', '춘관(春官)', '하관(夏官)', '추관
    (秋官)' 따위로 구분되고 있으며, '천관'에 속하는 '총재'는 모든 관리의
    우두머리이다.

25) 천부(泉府)―《주례》의 지관(地官)에 속하는 관청 이름으로 세금을 거
    둬들이고, 사회의 경제를 유통(流通)시키는 역할을 맡았었다.

26) 궁백(宮伯)―《주례》의 '천관'에 속하는 관리로서, 본시는 왕궁 안의 여
    러 자제들을 보살피는 관리이다.

27) 춘추(春秋)―공자(孔子)가 노(魯)나라의 역사에 근거하여 지은 이른바
    춘추시대(春秋時代, B.C. 722~B.C. 481)의 역사. 공자는 이 역사의
    저술을 통하여 올바른 정치의 뜻을 밝히려하였다 한다.

28) 쇠뇌[弩]―여러 개의 화살을 한꺼번에 쏠 수 있는 장치가 달린 활의
    일종임. '쇠뇌를 신중히 쏜다'는 것은 사정을 신중히 살피어 결단성있
    는 정치를 함을 뜻한다.

29) 강왕(康王) 때의 일―강왕은 주(周)나라의 세 번째 임금으로 무왕(武
    王)의 손자이며 성왕의 아들. 기원전 1078년부터 기원전 1053년에 이

르는 26년 동안 나라를 다스렸다. 강왕은 아버지 성왕이 갑자기 돌아
가시자 상복(喪服)도 길복(吉服)도 아닌 '삼베 면류관[麻冕]'에 '보무
늬바지[黼裳]'를 입고 임금자리에 오르는 예식을 행한 다음 다시 상
복을 입었다 한다(《書經》周書 顧命 및 康王之誥편 참조). 어떤 사람
들은 이에 근거하여 우리나라 인종(仁宗)께서도 같은 날 길복(吉服)과
상복(喪服)을 입어도 괜찮다고 주장한다는 것이다.

30) 주희(朱熹, 1130~1200)—자(字)를 원회(元晦) 또는 중회(仲晦)라 하
며, 송나라 때 성리학(性理學)을 대성(大成)시킨 대학자. 그를 높이어
흔히 주자(朱子)라 부른다.

31) 성현으로서의 사업과 제왕으로서의 학문—'세상을 올바로 다스리어 평
화롭게 만드는 일'이 성현으로서 하여야 할 사업이며, '세상을 올바로
다스리는 법을 배우는 것'이 제왕으로서의 학문이다.

32) 앞의 주해 6) 참조 바람.

33) 다섯 가지 상복[五服]—옛날의 상복에는 '참최(斬衰)'·'자최(齊衰)'·
'대공(大功)'·'소공(小功)'·'시마(緦麻)'의 다섯 가지가 있어, 죽은 사
람과의 친소(親疎)의 차등에 따라 가리어 입었다. '참최'가 가장 성글
게 만든 무거운 상옷이며, 그 아래로 갈수록 가벼워진다.

34) 사(士)—옛날 벼슬할 수 있는 사람들 가운데서 가장 낮은 계급이었다.

35) 졸곡(卒哭) 다섯 달—《예기(禮記)》잡기(雜記)편에 '사(士)는 석달만
에 장사지내고 그 달에 졸곡(卒哭)하며, 대부(大夫)는 석달만에 장사
지내고 다섯 달만에 졸곡하며, 제후(諸侯)는 다섯 달만에 장사지내고
일곱 달만에 졸곡한다' 하였으니, 이는 대부로서의 상례를 뜻한다.

36) 장사지낸 뒤—곧 사(士)와 대부(大夫)는 석달, 제후(諸侯)는 다섯달
뒤를 뜻한다. [앞의 주해 35) 참조]

37) 예—《의례(儀禮)》권31 상복(喪服)편의 기록에 근거한 말이다.

38) 증자(曾子)—이름이 삼(參)이고, 자(字)는 자여(子輿). 공자의 제자이
며, 특히 뛰어난 효도로서 유명하다. 이곳의 말은 《맹자(孟子)》등문
공(滕文公) 상편에 보이는데, 《논어(論語)》위정(爲政)편에는 공자의
말로서 인용되어 있다.

39) 조역(兆域)―무덤이 차지하는 영역.

40) 총인(冢人)―《주례(周禮)》 춘관(春官)에 속하는 벼슬 이름. 이 대목
은 《주례》의 ‘총인’에 관한 기록을 그대로 인용한 것이다.

41) 소목(昭穆)―옛날 종묘(宗廟)나 무덤 자리의 순서. 종묘나 무덤 모두
시조(始祖)가 가운데 자리를 차지하고 ‘소(昭)’는 그 왼편 ‘목(穆)’은
그 오른편 자리를 차지하였다. 시조 밑으로 첫 대가 ‘소’이고 그 아들
은 ‘목’, 다음은 다시 ‘소’, 그 아들은 ‘목’에 해당한다. 주(周)나라를
보기로 들면, 문왕(文王)이 가운데 있고, 무왕(武王)은 ‘소’로서 왼편,
성왕(成王)은 ‘목’으로서 오른편, 강왕(康王)은 ‘소’로서 다시 그 왼편,
소왕(昭王)은 ‘목’으로서 다시 그 오른편, 이러한 순서로 계속 자리를
차지하게 된다. 이것은 무덤이나 종묘에서 집안의 친소(親疎) 관계를
분명히 하려는 뜻이 있다. 따라서 위의 ‘선왕’은 ‘시조’를 가리킨다.

42) 석인(石人)―무덤 앞에 세우는 돌로 조각한 사람.

# 편지〔書〕

## 박군실[1]에게 답하는 글〔答朴君實書〕

제가 못난데도 불구하고 자주 소식을 물어주시니, 기쁨과 위로됨이 적지 않습니다. 그러나 제 자신을 돌아볼 때 《예(禮)》에 관한 경서에 익숙하지도 못하거니와 연구하고 따져본 일가견(一家見)도 없으니, 어떻게 선생님께서 필요로 하시는 물음에 해답을 할 수 있겠습니까? 거기다가 저는 어리석어 고루(固陋)함을 헤아리지 아니하고, 옛것에 뜻을 두어 하는 일들이 가끔 세상의 비웃음을 사고 있으니, 이래가지고는 선생님의 물음에 응대하기에는 부족하리라 믿습니다. 선생님께서는 이미 '예'에 관한 책들을 연구하시어, 스스로 요량해서 행동하고 계시는데 무엇 때문에 쓸데없는 의견을 구하십니까? 그러나 욕되이도 열심히 물어오시니, 말씀을 드리지 않을 수도 없습니다.

보내주신 편지에 '할아버지 이상의 집안 어른은 이름을 썼는데, 지금은 글을 쓸 때 이름을 휘(諱)[2]한다' 했습니다. 이것은 곧 '아버지 앞에서는 아들의 이름을 부른다'는 예에 어긋날 뿐만 아니라 앞뒤가 맞지 않는 것이니 매우 뜻없는 일입니다. 더욱이 2세(二世)가 모두 공훈이 있어 벼슬을 했다면 마땅히 이름을 휘하는 대열에 끼게 될 것은 의심없는 일입니다. 뒤에 옳게 행동하면 전의 잘못된 것도 충분히 덮어지는 것이니 고치지 않을 수 없는 일입니다.

또한 선생님께 벼슬이 있으시니, '대상(大祥)'[3]에 옥색 저고리를 입으셔도 아마 예에 어긋나지는 않으리라 믿습니다. 학자가 진실로 옛것을 본받는 데 뜻을 둔다면, 비록 벼슬이 없다 하더라도 역시 그렇게 입을 수 있을 것입니다. '대상' 뒤에 '부제(祔祭)'[4]를 지내는 예는 마땅히 장재(張載)[5]의 설을 따라야만 할 것 같으니, 소상(小祥)·대상(大祥)이 지나면 궤연(几筵)[6]을 치우는 게 예입니다. 보내주신 편지에 말씀하시기를 '치우지 않으려 하니, 차마 그렇게 못하겠기 때문이다'고 하셨는데 감정에 따라 멋대로 행동해서는 안되는 것입니다. 선왕(先王)의 예는 감히 지나쳐서는 안되겠습니다.

보내주신 편지에 말씀하시기를 '소상·대상은 치르고 담제(禫祭)[7]를 지내지 않은 사이에 중간 달의 초하루 보름이 되면, 곧 예의 형식을 간단히 하여 조상님께 제사를 드리는 게 알맞게 일을 처리하는 것일 듯하다'고 하셨습니다. 《예》[8]에 '3년 안에는 검은 상복을 입고 행동한다'고 한 글은 바로 보내주신 편지의 말씀과 은연중 서로 들어맞고 있습니다.

보내주신 편지에 말씀하시기를 '대상(大祥)날 무덤으로부터 돌아와서, 혼백에게 어찌 가히 돌아왔음을 고하는 제사를 한번 지내지 않을 수 있겠는가?'고 하셨습니다. 뜻하시는 바가 무엇인지 잘 알지 못하겠으나, 집으로 돌아온 뒤에 '상제(祥祭)'[9]를 지낸다면 간략히 돌아감을 고하는 제사를 무덤에서 지내지 않을 수가 없는 것입니다. 만약 '상제'를 궤연(几筵)에서 지낸다면 무덤에서 다시 지낼 필요가 없습니다. 그러나 집으로 돌아온 뒤에는 돌아옴을 고하는 제사를 조상들의 사당(祠堂)에서 간단히 지내도 괜찮을 것 같습니다.

땅의 신[后土]에게 지내는 제사는 마땅히 뒤에 지내야지 앞에 지내서는 안된다는 것은, 《예》에 분명한 기록이 있으니 세상의 그릇된 풍습을 따라서는 안됩니다. 보내주신 편지의 말씀이 '우리 동방의 풍속에서는 땅의 신에게 먼저 제사지낸 지 오래되었으니, 신께서 우리가 뒤에 지내는 제사를 받아 잡수시지 않을지도 모른다' 하셨는데, 그 것은 옳지 않은 말씀인 듯합니다.

옛글에 '신은 예에 어긋나는 제사는 받으시지 아니한다' 하였습니 다. 땅의 신께서도 이를 아신다면, 먼저 지내는 제사가 예에 어긋나므 로 오히려 그것을 받아 잡수시지 아니할 것입니다.

제가 생각하는 바로 회답을 드립니다만 선생님의 뜻에 맞을는지 알 지 못하겠습니다. 일은 반드시 옛날 《예》에 바탕을 두어 그것을 지금 에 적용시켜 적절히 처리해야만 합니다. 상중에 건강하시길 빕니다.

### 原文  答朴君實書

某屢辱不鄙之問하니, 蘇慰不淺이니이다. 然顧余未熟於禮經하고, 旣無參攷折衷之見하니, 何以復大孝所需之一二리이까? 而某之不 佞으로, 不揣固陋하고, 尙志前古하여, 其行事往往取笑於時俗하니, 持此無足以塞大孝之問이니이다. 大孝旣參攷禮書하여, 自有以酌行 之시어늘, 何以瞽說爲也니이까? 然其辱問之勤하시니, 不容無說이 니이다.

來書에, 祖以上之主書名이나, 今則諱名而書라 하니이다. 是則不 惟有乖父前子名之禮요, 而前後不類하여, 甚無意義니이다. 況二世 皆有功勳補職이면, 則宜在諱名之列無疑니이다. 後是足以盖前非니, 不可不改니이다.

且大孝有官하시니, 則大祥服玉色衫이라도, 恐不違於時禮也리이 다. 學者苟志於古면, 雖無官이라도, 亦可服之니이다. 旣大祥하고, 祔遷之禮는, 恐當從橫渠之說이니, 旣祥撤几筵이, 禮也니이다. 來 書言欲不撤은, 有所不忍이라하시니, 不可徑情而行之니이다. 先王 之禮는, 不敢過也니이다.

來書言；旣祥未禫之間에, 遇朔望仲月이면, 則殺禮薦祭于先祖이,

恐得其權宜라하니이다. 禮有三年之內엔, 以墨衰行之之文이니, 則來書之言이, 暗與之合也니이다.

來書言 ; 大祥之日에, 辭墓而返하여, 魂豈可無一祭以告還耶리이까? 未詳所示之意나, 旣返於家하여, 行祥祭면, 則不可無略告之祭於墓니이다. 若行祥祭於几筵이면, 則不必復祭於墓也니이다. 但旣返於家하여, 恐略設反告之祭於先祖影堂이, 似可니이다.

后土之祭는, 當在後而不得先은, 在禮有明文하니, 不可從俗之謬妄이니이다. 來書言 ; 吾東方之俗으로, 先后土旣久하여, 恐神之不歆吾之後享이라하나, 此說似非니이다. 傳曰 ; 神不享非禮라하니이다. 后土之有知면, 則先祭之非禮니, 恐却不享也리이다.

以某之所見復之나, 未知果合於大孝之意否니이다. 事須質諸古禮하고, 參之今酌以行之也니이다. 冀孝履康迪하나이다.

---

<u>註解</u>

1) 박군실(朴君實, 1513~1592)―이름은 지화(枝華), 호는 수암(守菴), 군실은 그의 자(字)이며 서경덕의 문인. 특히 기수학(氣數學)에 뛰어났고, 유교·도교·불교에 조예가 깊었다. 벼슬은 현감(縣監)을 지냈을 뿐이며, 임진왜란 때 백운산(白雲山)에 숨어살다 왜병이 들어온 것을 알고는 자결하였다 한다. 시문과 글씨에 모두 능했으며, 정선 박씨(旌善朴氏)의 시조이다.

2) 휘(諱)―자기 아버지나 임금의 이름을 직접 부르지 않고 존경하는 뜻에서 돌려 말하는 것. 이 편지는 상대가 제자이나 상중에 있는 처지라 경어를 써서 토를 달았다.

3) 대상(大祥)―사람이 죽은 지 두 돌만에 지내는 제사.

4) 부제(祔祭)―삼년상을 마친 다음에 그 신주(神主)를 그의 조상들의 신주 곁에 모실 때 지내는 제사.

5) 장재(張載, 1020~1077)―호(號)가 횡거(橫渠)이며, 이정자(二程子)와 함께 송(宋)대 성리학(性理學)의 터전을 이룩한 학자.

6) 궤연(几筵)―죽은 이의 신주(神主)나 혼백(魂魄)을 모셔두는 곳.
7) 담제(禫祭)―대상을 치른 그 다음다음달에 지내는 제사. 돌아가신 이
   의 혼백을 편안케 해드린다는 뜻을 지녔다.
8) 《예》―《예기》나 《의례》의 상복에 관한 기록에서는 이 말을 아직 발견
   못했다. 《좌전(左傳)》 희공(僖公) 33년의 기록에 근거한 말인 듯하다.
9) 상제(祥祭)―대상날 지내는 제사.


# 박이정[1]에게 답하는 글[復朴頤正帖]


내려주신 편지 받아보고 두루 평안하심을 알게 되니, 기쁘고 마음이
놓입니다. 근래에는 뵙지를 못했는데, 마땅히 찾아뵙고 얘기를 좀 나
누어야겠습니다. 풍악(楓嶽)[2]은 멀고 날씨는 무더우니, 형세가 저강
(猪江)[3] 가에 집을 짓기를 바랄 수 없을 것 같습니다. 바라건대 뒤에
군실(君實)[4]을 데리고 함께 와서 일을 처리하면 쉬울 것 같습니다.
　저의 벼슬에 대한 행동은 깊이 생각한 것입니다. 평소부터 남의 말
을 듣고 움직이지 않았는 데다가, 몸이 쇠약하고 늙었으니 스스로 헤
아려보건대 감당하지 못하겠습니다. 이미 사표를 써놓고 후릉(厚陵)[5]
사람이 오기를 기다리어 보내려 하고 있습니다.
　　　　갑진년(甲辰年)[6] 오월 초닷새날 서경덕 답함.


原文　復朴頤正帖

　承辱示하고, 從審鼎祠安和하니, 蘇慰蘇慰로다. 近者阻奉曠이니,
當相就講論이라. 楓嶽遠하고, 日候浸蒸하니, 勢似不可欲於猪江側
卜築이로다. 望後帶君實同來執事면, 似易也로다.
　某之進退熟慮니, 有素不以人言去就요, 衰老自揣不堪이라. 已書

辭狀하고, 待厚陵人來致之耳로다. 甲辰五月初五日에, 敬德復하노라.

[註解]

1) 박이정(朴頤正, 1516~1586)―자는 희정(希正), 호는 정암(正菴)·슬 간재(瑟僩齋)·의속헌(醫俗軒), 이름은 민헌(民獻)이며, 이정(頤正)은 그의 초자(初字)이다. 서경덕의 문인이며, 벼슬은 현감(縣監)·교리(校理) 등을 거쳐 한성부윤(漢城府尹)·형조참판(刑曹參判)·동지중추부사(同知中樞府事) 따위를 지냈다.
2) 풍악(楓嶽)―개성 근처의 땅 이름.
3) 저강(猪江)―개성 근처의 강물 이름.
4) 군실(君實)―앞의 편지에 보인 박지화(朴枝華).
5) 후릉(厚陵)―능 이름. 서경덕은 후릉참봉(厚陵參奉)이란 벼슬을 받았으나 사양하고 가지 않았다.
6) 갑진년(甲辰年)―중종(中宗) 23년(1544년).


## 박이정과 박군실에게 답하는 글〔復朴頤正朴君實帖〕


병에 괴로움을 당하고 있는데 문안과 아울러 약을 보내주신 것 받고 보니, 곧 깨어나 힘이 솟는 것만 같습니다. 나는 연전부터 기력이 쇠약해진 데다가 차가운 방에 베적삼으로 살아왔으니 '한질(寒疾)'에 걸린 것은 당연한 일인 것만 같습니다. 갑자기 추워졌다 갑자기 열이 났다 갑자기 땀이 났다 하기를 하루에도 네댓번 되풀이해 겪으면서 한달 넘어 밥을 먹지 못하니, 쇠약해진 몸은 기운이 모두 없어졌습니다. 오래 살아있을 수 없을 것만 같은 형편인데, 하늘의 뜻이겠지요.

상복의 제도는 석달이 되면 마땅히 벗어야 한다고 하셨는데, 하루라도 연장해서는 안되는 것입니다. 다섯 가지 상복[1]을 달수 이외에 더 입고 있어서는 안되는 것입니다. 지금 나라에서는 흰 옷과 흰 관을 3년 내내 입고 쓰는 제도를 이미 법으로써 세워놓고 있습니다. 올바른 상복을 벗은 뒤에 흰 옷과 흰 관을 입으면 됩니다(이때 선생께선 靖陵[2]의 상복을 禮制에 의하여 입고 계셨다). 내가 다행히 몸을 보전하여 화담(花潭)[3]으로 돌아가게 되거든 한번 놀러오십시오.

서경덕 아룀.

[原文]  復朴頤正朴君實帖

病困承問兼藥物하니, 便覺醒蘇로다. 僕年前來氣衰하고, 寒齋短褐로, 得寒疾하니, 因其所矣로다. 乍寒乍熱乍汗을, 一日之中四五하고, 不能飯月餘하니, 殘軀虛竭이로다. 勢似不能久留하니, 非莫天也로다.

示服制三月當除라하니, 不得一日引之也로다. 五服은, 月數外不得加也로다. 今國制白衣冠으로, 終三年을, 已立法矣로다. 除正服後에, 著白衣冠可矣로다. 時先生持靖陵喪服依禮制라. 僕幸保得到花潭이면, 可一枉이로다. 敬德復하노라.

[註解]

1) 다섯 가지 상복 - '참최(斬衰)' · '자최(齊衰)' · '대공(大功)' · '소공(小功)' · '시마(緦麻)'의 정도가 다른 다섯 가지 상복으로서, 죽은 이와 복 입는 사람과의 친소(親疎) 관계에 따라 가려 입는다.
2) 정릉(靖陵) - 조선시대 11대 임금인 중종(中宗, 1507~1544 在位)의 능 이름.
3) 화담(花潭) - 송도(松都, 지금의 開城)의 동문 밖에 있는 마을 이름. 서경덕이 만년에 이곳에 초막을 짓고 살았으므로 세상 사람들이 그를 '화담 선생'이라 불렀다.

## 박이정에게 답하는 글[復朴頤正帖]

　문안의 편지 연연한 마음으로 받아 보니 힘이 솟고 위로됩니다. 나는 더위와 습기에 괴로움을 당하여 기력이 제대로 깨어나지 못하고 있습니다.

　'무엇이 다른가?'[1]하고 말씀하신 말은 지나친 것 같으면서도 지나친 게 아닙니다. 그의 어버이에 대하여 깊은 사랑을 지니고 있는 어진 사람이나 군자(君子)라면 길을 가다 머리가 흰 여든가량의 노인을 보았을 때, 그의 마음은 언짢고 가엾은 생각이 들게 될 것입니다. 당신의 노인을 공경하는 마음이 또 친구에게까지 미치는 것임을 알겠습니다.

　나는 근년에 이르러 양편 귀밑머리가 희끗희끗해지고 기력이 쇠약해지고 있으니, 세상에 살면서 얼마나 더 세월을 구경할 수 있을는지요? 봄에 큰 병을 치르고 나서 괴로움과 고달픔이 더욱 심해졌습니다. 그런 사람의 친구가 되어가지고 걱정하지 않을 수가 있겠습니까?

　나는 가을의 서늘한 날씨가 되면 마땅히 화담(花潭)의 집에 머물게 되겠는데, 그러나 손님이 머무실 곳이 없습니다. 집의 아우가 다른 집을 짓지 못하였고, 거둬들인 재목은 모두 쓸 수 없게 되었으니, 달리 더 짓지 못할 형편입니다. 소중하신 몸 자중하여 보전하기 바랍니다.

을사(乙巳)년[2] 6월 16일에 서경덕 올림

[原文]　　復朴頤正帖

　戀承書問하니, 蘇慰蘇慰로다. 僕爲暑濕所困하여, 氣蘇健未也로다. 示何異之言은, 似乎過是未過也로다. 仁人孝子之有深愛於其親者

는, 行見皤然之耋老면, 其中怵焉憫如也리라. 知吾子推老之心이, 其
亦有及於朋友也로다.

僕年來에, 兩鬢素颯하고, 氣力衰遲하니, 住得人間이, 閱幾歲月乎
로오?  春經大病之餘하고,  困憊尤深하니,  爲其友者이,  可不憂之耶
오?

僕乘秋涼하여,  當寓潭舍리나,  然無寓客處로다.  舍弟未能別構屋하
고,  所收材皆不可用이니,  勢未能別構也로다.  冀玉攝自重하노라.  乙
巳六月十六日에,  敬德復하노라.


┌──┐
│註解│
└──┘

1) 무엇이 다른가?—편지의 내용으로 보아 자기의 어버이를 공경하는 것
   과 남의 어버이를 공경하는 것이 '무엇이 다른가?'하는 내용의 말을
   박이정이 서경덕에게 보낸 편지에 썼던 것 같다.
2) 을사(乙巳)년—현종(顯宗) 6년, 1655년에 해당한다.

# 잡문[雜著]

## 이(理)[1]와 기(氣)의 근원을 추구함[原理氣]

'태허(太虛)'[2]는 맑고 형체가 없는데, 이를 일컬어 '선천(先天)'[3]이라 한다. 그 크기는 한이 없고, 그에 앞서는 아무런 시작도 없었으며, 그 유래는 추궁할 수도 없는데, 그 맑게 비고 고요한 것이 '기(氣)'의 근원이다. 널리 퍼져 있어 한계의 멀고 가까움이 없으며, 꼭 차 있어 비거나 빠진 데가 없으니, 한 가닥의 터럭도 용납될 남은 공간이 없다. 그러나 그것은 손으로 떠봐도 텅 비고, 그것을 잡아봐도 아무것도 없다. 그렇지만 그것은 차있는 것이어서 아무것도 없다고 말할 수는 없는 것이다.

이 경지에 이르면은 귀에 담을 소리가 없으며 맡을 냄새도 없으니, 여러 성인들도 이에 관한 말이 없었고, 주돈이(周敦頤)[4]와 장재(張載)[5]도 끄집어내어 드러내지 못하였으며, 소옹(邵雍)[6]도 이에 관하여 한 글자도 쓰지 못한 처지인 것이다. 성현(聖賢)들의 말씀을 주워모아 거슬러 올라가 그 근원을 캐보면 《역경(易經)》[7]에서 말한 '고요히 움직이지 않는 것', 《중용(中庸)》에서 말한 '정성된 자는 스스로 이룩되는 것'이 그것이다. 그 맑은 본체(本體)를 말로 표현하여 '일기(一氣)'[9]라 하고, 그 혼연(混然)된 둘레를 말로 표현하여 '태일(太一)'[10]이라 한다. 주돈이도 이에 대하여는 어찌할 수 없어서 다만 '무극(無極)이면서도 태극(太極)'[11]이라 표현하였다.

이러니 '선천(先天)'은 기이하고 기이하지 아니한가? 기이함은 오묘하고 오묘하지 아니한가? 오묘하게 갑자기 뛰어오르기도 하고 갑자기 열리기도 하였는[12]데 누가 그렇게 만든 것일까? 스스로 그렇게 할 수 있었던 것이고 또한 스스로 그렇게 되지 않을 수가 없었던 것이니 이것을 '이(理)'가 발휘된 때라 한다. 《역경》에서 말한 '느낌이 있으면 마침내 두루 통한다'[13]는 것과 《중용》에서 말한 '도(道)는 스스로 이끌어 나아간다'는 것과 주돈이가 말한 '태극(太極)은 움직이어[14] 양(陽)을 낳는다'는 것이 그것이다.

움직임과 고요함 닫힘과 열림[15]이 없을 수가 없는데, 그것은 무슨 까닭인가? 우주의 기틀이 스스로 그렇게 되는 것이다. 이미 '일기(一氣)'라 하였지만 일(一)은 스스로 이(二)를 품고 있으며 이미 '태일'(太一)이라 하였지만 일은 곧 이를 지니고 있는 것이다. 그리하여 '일'은 '이'를 낳지 않을 수가 없으며, 이는 스스로 생겨나거나 극복[16]될 수 있는 것이다. 생겨나게 되면 곧 극복하게 되고, 극복하게 되면 곧 생겨나게 되는 것이다. '기'의 미세(微細)함으로부터 진동(振動)하는 데 이르기까지 모두 그 '생겨남'과 '극복함'이 그렇게 만드는 것이다.

'일'이 '이'를 낳는데, '이'라는 것은 무엇을 뜻하는가? 음(陰)과 양(陽)을 뜻하며, 움직임과 고요함을 뜻하며, 또한 감(坎)과 이(離)[17]를 뜻한다. '일'이라는 것은 무엇을 뜻하는가? 음과 양의 시작이며, '감'과 '이'의 본체(本體)로서 맑게 하나로 되어있는 것을 말한다.

'일기(一氣)'가 음과 양으로 나뉘어지고, '양의 극(極)'이 진동하여 하늘이 되었으며 '음'의 극이 모여서 땅이 되었다. '양'이 진동된 끝에 그 정기[精]가 엉킨 것이 해가 되었으며, '음'이 모여든 끝에 그 정기가 엉킨 것이 달이 되고 나머지 정기가 헝클어져 별들이 되었다.

그것이 땅에 있어서는 물·불이 되었는데, 이것을 '후천(後天)'[18]이라 부르며, 곧 자연의 활동이 있게 된 것이다. 하늘은 그 '기(氣)'를 운용(運用)하여 한결같이 움직임을 위주로 하여 빙빙 돌면서 쉬지 않고, 땅은 그 '형상[形]'을 한데 엉기게 하여 한결같이 고요함을 위주로 하여 중간에 꿈적 않고 있다. '기(氣)'의 성질은 움직이어 위로 뛰쳐 올라가는 것이며, '형상'의 바탕은 무거워서 아래로 처지는 것이다. '기'는 '형상' 바깥을 싸고 있고, '형상'은 '기' 가운데 실려있어서, 위로 뛰쳐 올라가는 것과 아래로 처지는 게 서로 균형잡혀 멎어있게 된다.

　이리하여 태허(太虛) 가운데 매달려 있으면서도 올라가지도 내려가지도 않고 좌우로 빙빙 돌면서 옛부터 지금에 이르도록 떨어지지 않게 된 것이다. 소옹(邵雍)이 말한 것같이 "하늘은 '형상'에 의지하고 땅은 '기'에 붙어, 자연히 서로 의지하고 붙어있는 것"인 것이다. 의지하고 붙어있는 기틀이야말로 오묘하지 아니한가! (바람의 무리, 나는 무리들의 깃[羽]이 형상을 지니고 있는 것도 모두 이 이치이다)

〈보　충〉[19]

서경덕 선생께서 말씀하셨다.

"허공이란 것은 기(氣)의 연못인 것이다."

"일(一)이란 수(數)가 아니요, 수의 본체(本體)인 것이다."

"이(理)의 일(一)은 텅 빈 것이고, 기(氣)의 일(一)은 성근 것[粗]인데, 이들을 합치면 오묘하고도 오묘해진다."

"《역경(易經)》[20]에 말하기를 '서두르지 아니하여도 빠르고, 가지 않아도 이르게 된다.' 하였다. '기(氣)'는 있지 아니한 곳이 없으니 무엇 때문에 서두르겠는가? '기'는 이르지 않는 곳이 없으니 어느 곳으로 가겠는가? '기'의 맑고 형체가 없는 오묘함은 '신령하다[神]'고 말한다. 이미 '기'라고 말했으니 곧 거친 것[粗]이 있어 흔적을 지니게 되지만, '신령함'은 거친 흔적에 매이지 않으니, 그렇다면 어디에서 형체를 알아보며, 어디에서 재어보겠는가?

그 근거를 표현하여 '이(理)'라 하고, 그 오묘한 근거를 표현하여 '신령함'이라 하며, 그 자연스럽고 진실된 것을 표현하여 '정성됨'이라 하고, 그 뛰쳐 오르면서 두루 돌아다닐 수 있는 것을 표현하여 '도'라 하며, 이들을 다 갖추고 있는 것을 종합하여 '태극(太極)'이라 한다. 움직임과 고요함이 서로 양보하지 않을 수가 없고, 자연의 작용의 기틀이 스스로 그렇게 되니, 이른바 '일(一)[21]의 음(陰)과 일(一)의 양(陽)을 도(道)라 한다'고 말한 것은 이것을 뜻한다."

"정호(程顥)[22]와 장재(張載)는 말하기를 '하늘은 커서 한이 없다' 하였는데, 곧 '태허(太虛)는 한이 없는 것'이란 뜻이다. '태허'가 일(一)이란 것은 알고 있으니, 곧 나머지는 모두 일이 아니라는 것도 알게 된다.

소옹(邵雍)은 말하기를 '어떤 이는 하늘과 땅 밖에 다른 하늘 땅과 만물이 있는데, 이곳 하늘 땅과 만물과는 다르다고 말하는데 나는 그것을 알 수가 없다. 나만 그것을 알 수 없는 것이 아니라 성인(聖人)도 역시 그것을 알 수 없는 것이다'고 하였다. 소옹의 이 말은 마땅히 다시 생각해 보아야만 할 것이다."

"불교에선 말하기를 '공(空)[23]은 큰 깨달음 가운데서 생기며 바다의 한 물거품이 생겨나는 것 같은 것'이라 하였고, 또 '참된 허공[眞空]'과 '둔한 허공[頑空]'[24]을 말한다고 하였다. 하늘은 커서 한이 없는 것임을 아지 못한 것이고, 비어 있는 것은 바로 기(氣)임을 알지 못한 것이다. 허공에 참된 것과 둔한 것이 생긴다는 말은 '이(理)'와 '기(氣)'가 '이'와 '기'로서 지니는 작용을 알지 못한 때문에 하는 말이다. 그러니 어찌 그들이 '본성[性]'을 안다고 할 수 있겠으며, 또 어찌 그들이 '도(道)'를 안다고 말할 수 있겠는가?"

[原文]　原理氣

太虛湛然無形하니,　號之曰先天이라.　其大無外하고,　其先無始하여,　其來不可究하고,　其湛然虛靜이,　氣之原也니라.　彌漫無外之遠逼하고,　塞充實無有空闕하여,　無一毫可容間也니라.　然挹之則虛요,　執之則無나,　然而却實不得謂之無也니라.

到此田地하여는,　無聲可耳요,　無臭可接하여,　千聖不下語하고,　周張引不發하여,　邵翁不得下一字處也니라.　撫聖賢之語하여,　沂而原之면,　易所謂寂然不動이오,　庸所謂誠者自成이니라.　語其湛然之體曰一氣요,　語其混然之周曰太一이라.　濂溪於此不奈何하여,　只消下語曰無極而太極이라하니라.

是則先天不其奇乎奇乎아?　奇不其妙乎妙乎아?　妙焂爾躍하고,　忽爾闢하니,　孰使之乎아?　自能爾也요,　亦自不得不爾니,　是謂理之時也니라.　易所謂感而遂通이오,　庸所謂道自道요,　周所謂太極動而生陽者也니라.

不能無動靜이오,　無闔闢이니,　其何故哉아?　機自爾也니라.　旣曰一氣나,　一自含二요;　旣曰太一이나,　一便涵二라.　一不得不生二요,　二自能生克이라.　生則克이오,　克則生이라.　氣之自微以至鼓盪은,　其生克使之也니라.

一生二나,　二者何謂也요?　陰陽也요,　動靜也요,　亦曰坎離也니라.　一者何謂也요?　陰陽之始요,　坎離之體요,　湛然爲一者也니라.　一氣之分爲陰陽이나,　陽極其鼓而爲天이오,　陰極其聚而爲地니라.　陽鼓之極에,　結其精者爲日이오;　陰聚之極에,　結其精者爲月이며,　餘精之散爲星辰이니라.

其在地爲水火焉이니,　是謂之後天이오,　乃用事者也니라.　天運其氣하여,　一主乎動而圜轉不息하고;　地凝其形하여,　一主乎靜而榷在中間이라.　氣之性動騰上者也요,　形之質重墜下者也라.　氣包形外하

고, 形載氣中하여, 騰上墜下之相停하니, 是則懸於太虛之中하여, 而
不上不下하고, 左右圜轉하여, 亘古今而不墜者也니라. 邵所謂天依
形하고, 地附氣하여, 自相依附者니라. 依附之機이, 其妙矣乎인저!
(風族飛族之羽載形이, 皆此理也니라)

### 〈補 充〉

先生又曰 ; ‘虛者는, 氣之淵也니라.’

又曰 ; ‘一非數也요, 數之體也니라.’

又曰 ; ‘理之一其虛요, 氣之一其粗나, 合之則妙乎妙로다.’

又曰 ; ‘易曰 ; 不疾而速하고, 不行而至라하니라. 氣無乎不在어늘,
何所疾哉아? 氣無乎不到어늘, 何所行哉아? 氣之湛然無形之妙를,
曰神이라. 旣曰氣니, 便有粗涉於迹나, 神不囿於粗迹이니, 果何所方
哉오? 何所測哉오?

語其所以曰理요,  語其所以妙曰神이며 ; 語其自然眞實者曰誠이
요, 語其能躍以流行曰道여 ; 總而無不具曰太極이니라. 動靜之不能
不相禪이나, 而用事之機自爾니, 所謂一陰一陽之謂道이, 是也니라.’

又曰 ; ‘程張謂天大無外라하니, 卽太虛無外者也니라. 知太虛爲一
이면, 則知餘皆非一者也니라. 邵子曰 ; 或謂天地之外에, 別有天地萬
物하여, 異乎此天地萬物이라하나, 吾不得以知之也라하니라. 非惟吾
不得以知之요, 聖人亦不得以知之也니라. 邵子此語는, 當更致思니라.’

又曰 ; ‘禪家云 ; 空生大覺中하니, 如海一漚發이오, 有曰眞空頑空
者라 하니, 非知天大無外요, 非知虛卽氣者也니라. 空生眞頑之云은,
非知理氣之所以爲理氣者也니라. 安得謂之知性이며, 又安得謂之知
道리오?’

### 註解

1) 이(理)와 기(氣)-‘이’는 우주나 자연의 원리 같은 것, 유학(儒學)은

본시 경전(經典)을 중심으로 하여 인간의 현실적인 문제들을 다루어 왔으나, 송(宋)대에 이르러 우주나 인간의 원리를 연구하려는 철학적인 경향이 짙어졌다. 그리하여 이것을 '이학(理學)' 또는 '성리학(性理學)'이라 부른다.

'기'는 만물이 이룩되기 전부터 있었던 원소(元素)와 같은 기운을 뜻한다. 성리학에 있어서 이러한 '이'와 '기'는 가장 중요한 학문상의 명제(命題)가 되고 있는 것이다.

2) 태허(太虛)―'크게 비어있는 허공'이 본뜻, 그리하여 '하늘'을 뜻하기도 하지만 여기서는 만물이 이루어지기 이전의 혼돈(混沌) 상태의 우주 공간을 가리킨다.

3) 선천(先天)―천지가 이룩되기 이전의 세계, 또는 하늘이 이룩되기에 앞서 있었던 시대.

4) 주돈이(周敦頤, 1017~1073)―본 이름은 돈실(敦實), 자가 무숙(茂叔), 호를 염계(濂溪)라 한다. 이정자(二程子)로 불리우는 정호(程顥)·정이(程頤) 형제도 그의 제자였으며, 송대 성리학(性理學)의 창시자의 한 사람이다.

5) 장재(張載, 1020~1077)―자가 자후(子厚), 호가 횡거(橫渠)이며, 이정자(二程子)와 함께 송대 성리학을 건설한 학자 중의 한 사람이다.

6) 소옹(邵雍, 1011~1077)―자가 요부(堯夫), 호는 만년에 안락선생(安樂先生)이라 하였다. 송대 성리학의 길을 열어준 대표적인 학자이다.

7) 역경(易經)―유가(儒家)의 중요 경전의 하나. 이것은 《역경》 계사(繫辭) 상(上)편에 나오는 말임.

8) 중용(中庸)―본시는 《예기(禮記)》 가운데의 서른한번째 편(篇)이었으나, 후세에는 거기에 쓰여있는 중용사상(中庸思想)이 중시되어 《대학(大學)》과 함께 단행본으로 독립하였다.

9) 일기(一氣)―천지 만물의 근원이 된 혼연(混然)한 기운, 그냥 '기(氣)'라 하면 지금도 우리 주위에 있는 기체와 혼동되므로 그렇게 부른다.

10) 태일(太一)―《장자(莊子)》 천지(天地)편에 나오는 말. 《예기(禮記)》의 예운(禮運)편에는 '태일(大一)'로 쓰고 있는데, 공영달(孔穎達)의 해

설[疏]에 의하면 천지가 생기기 전 아무 것도 생겨나지 않고 혼돈(混沌)했던 때의 원기(元氣)를 뜻한다.

11) 무극(無極)이면서도 태극(太極)—'태극'은 《역경(易經)》 계사(繫辭) 상(上)에 보이는데 천지가 생기기 전 원기(元氣)가 혼돈하게 하나로 엉기어 있던 상태, 태초(太初)·태일(太一)을 말한다. 이 태극이 음양(陰陽)을 낳는다. 무극은 한발 더 나아가 아무런 생성작용(生成作用)도 없던 상태로서, 만물은 무(無)로부터 생겨난 것이라 여긴 것이다. 이것은 주 돈이의 유명한 《태극도설(太極圖說)》에 보이는 구절이다.

12) 갑자기 뛰어오르기도 하고 갑자기 열리기도 한다—천지의 생성(生成) 상태를 표현한 말.

13) 《역경》 계사(繫辭) 상(上)에 나오는 말.

14) 양(陽)—음(陰)과 함께 태극(太極)으로부터 생겨난 것. 음양을 '양의(兩儀)'라고도 하는데 이 '양의'로 인하여 만물이 생겨난 것이다. 따라서 만물은 하늘·남자·위·밝음 같은 것은 '양', 땅·여자·아래·어둠 같은 것은 '음'으로 구분된다.

15) 움직임과 고요함이나 닫힘과 열림—만물이 이룩되는 작용이나 자연의 순환(循環)·생멸(生滅)과정을 모두 들어 표현한 말이다.

16) 생겨남[生] 극복함[克]—음양오행설(陰陽五行說)에 의하면 '오행'은 서로 낳고 서로 극복한다. 나무[木]는 불[火]을 낳고, 불은 흙[土]을 낳고, 흙은 쇠[金]를 낳고, 쇠는 물[水]을 낳고, 물은 나무를 낳는다. 그리고 나무는 흙을 극복하고, 흙은 물을 극복하고, 물은 불을 극복하고, 불은 쇠를 극복하고 쇠는 나무를 극복한다. 이렇게 하여 만물이 생겨나고 없어지고 한다.

17) 감(坎)과 이(離)—《역경》의 괘(卦) 이름. '감'은 '☵'로서 물을 상징하며, '이(離)'는 '☲'로서 불을 상징한다.

18) 후천(後天)—'선천(先天)'의 반대로서, 하늘과 땅이 만들어진 뒤의 세상.

19) 〈보충〉—《화담집(花潭集)》을 편찬할 때 그의 제자들이 서경덕으로부터 들은 말들을 보충하여 기록한 것이다.

20) 《역경(易經)》계사(繫辭) 상편에 보이는 말.
21) 일(一)의 음(陰)과 일(一)의 양(陽)—《역경》계사 상편에 보이는 말.
   일(一)은 무(無)와 같은 것이며 아직 오묘한 작용을 나타내지 않는 없
   는 거나 같은 상태의 음과 양을 뜻한다.
22) 정호(程顥, 1032~1085)—자가 백순(伯淳), 호는 명도(明道), 그의 아
   우 정이(程頤)와 함께 주희(朱熹)의 스승으로서 정자(程子)라 높이 불
   리우며 송대 성리학을 건설한 학자 중의 한 사람.
23) 공(空)—불교에서는 모든 법(法)은 아무것도 없는 거나 같은 것이라는
   생각에서 그것을 '공(空)'이라 말한다. 그리하여 세상에선 불문(佛門)
   을 '공문(空門)'이라고도 말한다. 이 구절은 《능엄경(楞嚴經)》에 보이
   는 말이다.
24) 참된 허공[眞空]과 둔한 허공[頑空]—불교에서는 참된 이성(理性)으
   로 모든 미혹된 감정을 떠나서 보는 일체의 양상을 '참된 허공[眞空]'
   이라 말하며, 그렇지 못한 것을 '둔한 허공'이라 표현하고 있다.


# 이기를 논함[理氣說]


한이 없는 것을 '태허(太虛)'라 하고, 시작이 없는 것을 '기(氣)'라
하는데, '허공[虛]'은 곧 '기'인 것이다. '허공'은 본시 끝이 없으며,
'기'도 역시 끝이 없다. '기'의 근원은 그 처음이 '일(一)'이다. 이미
'기'라 한다면, '일'은 곧 '이(二)'를 품고 있게 되며, '태허'도 '일'이 되
니 그 가운데에도 '이'를 품고 있는 것이다. 이미 '이'가 되면은 이제
는 열림과 닫힘이 없을 수가 없고 움직임과 고요함이 없을 수가 없고,
생겨남과 극복함[克]이 없을 수가 없게 되는 것이다.
   그처럼 열리고 닫힐 수 있고, 움직이고 고요할 수 있고, 생겨나고
극복할 수 있는 까닭이 되는 근원을 따져, 그것에 이름을 붙여 '태극

(太極)'이라 하였다. '기'의 밖에는 '이(理)'가 없는데, '이'는 '기'의 지배자[宰]인 것이다. 이른바 지배자라는 것은 밖으로부터 오는 것이 아니며, 지배자로서 그 '기'의 작용을 지시하여 바르게 저절로 그렇게 될 근거를 잃지 않게 하기 때문에 그것을 지배자라 말하는 것이다.

'이'는 '기'보다 앞선 것이 아닌데, '기'는 시작이 없으니 '이'는 본시부터 시작이 없는 것이다. 만약 '이'가 '기'보다 앞서는 것이라 한다면 곧 '기'는 시작이 있게 될 것이다. 노자(老子)[1]가 말하기를 '공허함은 기(氣)를 낳을 수 있다'고 하였는데, 그렇다면 '기'는 시작이 있고 한계가 있게 되는 것이다.

〈보 충〉

서경덕 선생께서 또 말씀하시었다.

"《역(易)》[2]이라는 것은 음양(陰陽)의 변화이다. '음양'은 두 '기'이며, '일음(一陰)'과 '일양(一陽)'이란 것은 '태일(太一)'이다. 둘이기 때문에 하나로 변하므로 오묘함은 변화 이외에 따로 있는 게 아니다. 이른바 오묘함이란 것은 두 '기'가 생겨나고 또 생겨나게 하고 변화하고 또 변화하게 하면서 끊임이 없는 것을 뜻하며, 곧 '태극'의 오묘함이 그것이다. 만약 겉의 변화를 가지고 오묘함을 말한다면 《역(易)》을 아는 사람이 아닐 것이다."

[原文]  理氣說

無外曰太虛이오,  無始者曰氣며 ; 虛卽氣也니라.  虛本無窮이니, 氣亦無窮이라. 氣之源은, 其初一也니라. 旣曰氣니, 一便涵二요 ; 太虛爲一이니, 其中涵二니라. 卽二也니, 斯不能無闔闢이오, 無動靜이오, 無生克也니라.

原其所以能闔闢과,  能動靜과,  能生克者하여,  而名之曰太極이니

라. 氣外無理니, 理者氣之宰也니라. 所謂宰는, 非自外來나, 而宰之指其氣之用事하여, 能不失所以然之正者하니, 而謂之宰니라.

理不先於氣요, 氣無始니, 理固無始니라. 若曰理先於氣면, 則是氣有始也니라. 老氏曰 ; 虛能生氣라하니, 是則氣有始有限也니라.

### 〈補 充〉

又曰 ; 易者는, 陰陽之變요 ; 陰陽二氣也며, 一陰一陽者이, 太一也니라. 二故化一이니, 故妙非化之外別有니라. 所謂妙者는, 二氣之所以能生生化化而不已者며, 卽其太極之妙이니라. 若外化而語妙면, 非知易者也니라.

### 註解

1) 노자(老子)-중국 춘추(春秋)시대의 철학자이며 도가(道家)의 창시자라고 믿어지고 있다. 그는 《도덕경(道德經)》 상·하 두 편을 지었는데, 흔히 그것도 《노자》라 불리운다.

2) 역(易)-《역경(易經)》의 역. 본시는 '경'자가 붙어있지 않았으나, 후세 사람들이 이를 높이는 뜻에서 '경'자를 붙인 것이다.

## 태허를 논함〔太虛說〕

'태허'는 비었으면서도 비어있지 아니하니, '허(虛)'는 곧 '기(氣)'이기 때문이다. '허'는 끝도 없고 가〔外〕도 없는데, '기'도 역시 끝도 없고 가도 없다. 이미 '허'라고 말했는데, 어찌 그것을 '기'라고 말할 수 있는가? 그것은 '비고 고요함〔虛靜〕'은 곧 '기'의 본체이고, '모이고 흩어짐'은 그 작용이기 때문인 것이다.

'허'가 비어있는 게 아님을 알았으니 그것을 '무(無)'라고 말할 수는 없을 것이다. 노자(老子)는 말하기를 '무(無)에서 낳는 것이 있다'하였는데, '허'는 곧 '기'임을 알지 못한 때문이다. 또 말하기를 '허(虛)는 기(氣)를 낳을 수 있다'고 했는데, 잘못이다. 만약 '허'가 '기'를 낳는다고 한다면, 곧 그것이 생기지 않았을 당시에는 '기'가 있지 않았을 것이니 '허'는 죽은 게 된다. 이미 있지 아니한데 '기'는 또 어디로부터 생긴단 말인가?

'기'는 시작도 없고 낳음도 없다. 이미 시작이 없다면 어디서 끝날 것인가? 이미 낳음이 없다면 어디서 없어질 것인가? 노자가 '허무(虛無)'<sup>1)</sup>를 말했고, '부처님'은 '적멸(寂滅)'<sup>2)</sup>을 말했는데, 이것은 '이기(理氣)'의 근원을 알지 못했던 때문이니, 어찌 '도(道)'를 알 수 있겠는가?

[原文]  **太虛説**

太虛虛而不虛하니, 虛卽氣니라. 虛無窮無外하니라. 氣亦無窮無外라. 旣曰虛면, 安得謂之氣오? 曰虛靜卽氣之體요, 聚散其用也니라.

知虛之不爲虛면, 則不得謂之無니라.  老氏曰 ; 有生於無라함은, 不知虛卽氣也니라. 又曰 ; 虛能生氣라함은, 非也니라. 若曰虛生氣면, 則方其未生엔, 是無有氣而虛爲死也니라. 旣無有면, 氣又何自而生고?

氣無始也요, 無生也니라. 旣無始면, 何所終고? 旣無生이면, 何所滅고? 老氏言虛無와, 佛氏言寂滅은, 是不識理氣之源이니, 又烏得知道리오?

[註解]

1) 허무(虛無)—도가(道家)의 중심 사상의 한 가지. 텅 비고 아무것도 없는 '허무'에 '도(道)'가 있다는 것이다.

2) 적멸(寂滅)—범어(梵語)의 '열반(涅槃)'의 의역(意譯)이다. 본체가 고
   요한데 일체의 제상(諸相)을 떠나게 되므로 '적멸'이라 하는 것이다.


## 귀신 및 죽음과 삶을 논함〔鬼神死生論〕


  정호(程顥)・장재(張載)・주희(朱熹)의 글에는 죽음과 삶 및 귀신
의 실상(實狀)에 대한 논설이 다 갖추어져 있다. 그러나 그것들이 그
렇게 되고 있는 지극한 이치는 설파하지 못하였으며, 모두 끌어내기
는 하였으나 밝혀내지는 않고 학자들로 하여금 스스로 깨닫도록 하고
있다. 이래서 후세의 학자들은 그 중의 하나만을 이해하고 둘은 알지
못하게 되었고, 그 중의 찌꺼기만을 전하고 모든 정치(精緻)한 것은
보지도 못하게 되었던 것이다. 나는 세분의 선생들(정호・장재・주희)
의 미묘한 뜻을 한데 어울러 전체적으로 논하려 하는데, 역시 오랜
옛부터 지녀온 의문을 깨치기에 족하리라 믿는다.
  정호(程顥)는 말하기를 '죽음과 삶 및 사람과 귀신은 하나이면서도
둘이고, 둘이면서도 하나이다'고 하였는데, 이것으로 충분히 설명된
것이다. 내 생각으로는 죽음과 삶 및 사람과 귀신은 다만 '기(氣)'가
모인 것과 흩어진 것의 차이가 있을 뿐이다. 모이고 흩어지는 것만
있지 유무(有無)가 없는 것은 '기'의 본체(本體)가 그러한 것이다.
  '기'는 맑게 한데 어울리고 맑게 텅 비어있으며, 한없는 허공 속에
가득차 있는데, 그것이 크게 모인 것이 하늘과 땅이 되었고, 그것이
작게 모인 것이 만물이 된 것이다. '기'가 모이고 흩어지는 형세(形勢)
에는 미약한 것, 뚜렷한 것, 오래되는 것, 빠른 것이 있다. 크고 작은
것이 '태허(太虛)'에 모이고 흩어지고 하는데, 크고 작은 차이는 있지
마는 비록 한 포기의 풀이나 한 그루의 나무 같은 미소(微小)한 것이

라 할지라도 그 '기'는 끝내 흩어져 버리지 않는다. 하물며 사람의 정신과 지각(知覺)같은 '기'가 크고 또 오래 모인 것이야 말할 게 있겠는가?

몸과 넋이 흩어지는 것을 보면 영원히 없어져 버리는 것 같기도 하다. 여기에 대하여는 모두가 생각하여보지 않을 수 없을 것이다. 비록 앞의 세 분 선생들의 제자라 하더라도 역시 모두 그 궁극(窮極)적인 것을 조화시키지 못하였으며 모두 쓸데없는 것들만 주워모아 자기의 설을 이룩하고 있다.

'기'의 맑게 한데 어울리어 맑고 텅 비어있는 것은 '태허'가 움직이어서는 '양(陽)'을 낳고 고요히 있어서는 '음(陰)'을 낳는 시초에 근원을 두고 있다. 그것이 모인 것이 점점 쌓이어 넓고 두텁게 됨에 이르러는 하늘과 땅이 되었고 우리 인간이 된 것이다. 사람이 흩어짐에 있어서 몸과 넋은 흩어지지만 한데 어울리어 맑고 텅 비어있는 것은 끝내 흩어지지 않는 것이다. '태허'의 맑게 한데 어울려있는 가운데로 흩어지려 해도 모두 똑같은 '기'인 것이다. 그 지각(知覺)의 모임과 흩어짐에는 다만 오래가고 빨리되고 함이 있을 뿐이다. 비록 가장 빨리 흩어지는 것으로는 하루나 한달의 기간의 것들이 있고, 그것은 물건 가운데에서도 미소(微小)한 것들이지마는 그 '기'는 역시 끝내 흩어지지 않는다.

왜 그런가 하면 '기'의 맑게 한데 어울리어 맑고 텅비어 있는 것은, 그 시작도 없으려니와 그 끝도 없기 때문이다. 이 이치야말로 '기'가 극히 오묘한 까닭인 것이다. 학자들이 진실로 이러한 경지에까지 공부를 하게 된다면 비로소 수많은 성인(聖人)들이 다 전해주지 않은 미묘한 뜻을 엿볼 수 있게 되는 것이다. 비록 한 조각 촛불의 '기'가 눈앞에서 흩어지고 있는 게 보인다 하더라도 그 나머지 '기'는 끝내 흩어지지 않는 것이다. 어찌 '기'가 무(無)로 없어질 수 있겠는가!

〈보 충〉

전에 나는 박광우(朴光佑)[1] 선생과 이에 관하여 토론한 일이 있었다. 박선생은 이해가 빠른 분이었는데 그 뒤에 박선생이 과연 충분한 경지에 이르도록 힘을 기울여 공부하였는지는 알지 못하고 있다.

독자적인 의견을 대략 적어 박이정(朴頤正)공과 허태휘(許太輝)[2]군 및 내 집에 와서 노는 여러 사람들에게 보이었다. 이 논설은 비록 문장은 시원찮지만 여러 성인들이 다 전하지 않은 그리한 경지까지 이해한 것을 담고 있다. 중간에 잃어버리지 말고 후세 학자들에게 전해주며 온 세상에 두루 펴면, 먼 곳이나 가까운 곳이나 동방에 학자가 나왔다는 것을 알게 될 것이다.

몇 마디 더 보충한다.

"조화(造化)와 귀신과 신령스런 《역(易)》은 음양(陰陽)의 극치를 나타내는 것이다. 후세 학자들은 계사전(繫辭傳)과 주돈이(周敦頤)·정호(程顥)·장재(張載)·주희(朱熹)의 설에서 많은 것을 배우고 있다. 요컨대 끊임없이 공부하고 크게 노력한 뒤에야 깨달음이 있게 되는 것이다."

"일찍이 '계사(繫辭)'의 미묘한 뜻을 찾아 밝혀내려고 이정자(二程子)와 주희(朱熹) 모두가 온 힘을 기울였었다. 그러나 대체적인 것만을 설파(說破)하여, 후세 학자들은 찾아볼 길이 없어 모두가 거친 곳 만을 이해하고, 바닥에 쌓인 오묘한 뜻은 발견하지 못하였다.

나는 얕은 나의 소견을 더 부연(敷衍)해서 뒤의 학자들로 하여금 흐름을 따라 그 근원을 더듬게 하려 하였다. 나의 정력이 다할 때를 기다리어 책을 쓰려 하였는데 뜻을 아직 이루지 못하였으니 정말로 한 가지 한이 된다. 그러나 한할 것까지는 없을 것이다. 주해(註解)가 달려 있는데다가 다시 주해를 더 붙여 달아 놓으면 뒤의 학자들은 그 번잡한 것을 괴로워할 것이고 또한 생각을 하지 못하게 될 것이니 어찌할 것인가?”

을사년(乙巳, 1665) 윤정월(閏正月) 초닷샛날 밤 촛불을 밝혀 놓고 씀. 〈이상 네편은 모두 서경덕 선생께서 병이 대단하실 적에 쓰신 것이다.〉[3]

原文 **鬼神死生論**

程張朱說極備死生鬼神之情狀이나,   然亦未肯說破所以然之極致요,  皆引而不發하여,  令學者自得이니라.  此後學之所以得其一이나, 而不得其二하고 ; 傳其粗나,  而不見十分之精이라.  某欲揉三先生之微旨하며,  以爲鶻突之論이니,  亦足以破千古之疑리라.

程曰 ; 死生人鬼는,  一而二요,  二而一이라 하니,  此盡之矣라.  吾亦曰 ; 死生人鬼는,  只是氣之聚散而已라.  有聚散而無有니,  無氣之本體然矣라.

氣之湛一淸虛者이,  彌漫無外之虛하여,  聚之大者爲天地하고 ; 聚之小者爲萬物이라.  聚散之勢는,  有微著久速耳라.  大小之聚散於太虛하여,  以大小有殊나,  雖一草一木之微者라도,  其氣終亦不散이니, 況人之精神知覺의,  聚之大且久者哉아 !

形魄見其有散하여,  似歸於盡하고,  沒於無라.  此處率皆不得致思니라.  雖三先生之門下라도,  亦莫能皆諧其極이오,  皆掇拾粗粕爲說爾라.

氣之湛一淸虛는,  原於太虛之動而生陽과,  靜而生陰之始니라.  聚之有漸하여,  以至博厚爲天地하고,  爲吾人이라.  人之散也는,  形魄散耳나,  聚之湛一淸虛者니,  終亦不散이라.  散於太虛湛一之中이나,  同一氣也니라.  其知覺之聚散이,  只有久速耳라.  雖散之最速하여,  有日月期者로,  乃物之微者爾나,  其氣終亦不散이라.

何者오? 氣之湛一淸虛者는,  卽無其始하고,  又無其終이라.  此理氣

所以極妙底리라. 學者苟能做工到此地頭면, 始得覰破千聖不盡傳之
微旨矣니라.  雖一片香燭之氣이,  見其有散於目前이라도,  其餘氣終
亦不散이니라. 烏得氣之書於無耶아?

### 〈補 充〉

往者에,  某與朴先生光佑이,  討論及此라. 朴乃耳輒明快나,  不知
其後朴果能致力於十分盡頭否也로다.

粗述獨見하여,  貽朴公頤正과,  許君太輝와,  及諸來遊於門者하노
라.  此論雖辭拙이나,  然見到千聖不盡傳之地頭爾니라.  勿令中失이
니,  可傳之後學하고,  遍諸華夷하여,  遠邇知東方有學者出焉이라.

又曰；'造化鬼神은,  神易陰陽之極致處라.  後學有多得於繫辭
傳의,  周程張朱之說이라. 要在做工不輟하고,  大段著力하면,  然後乃
有見爾리라.'

又曰；'常欲發揮繫辭微旨니,  程朱皆極其力이라.  然略說破하여,
後學無蹊可尋하고,  類皆見得粗處하되,  不見底蘊이라.

某欲加敷衍淺見하여,  令後學沿流以探其源이라.  竢吾精力盡時著
書러니,  有志未就하니,  良亦一恨이라. 然不足恨也니라. 註脚更添註
脚이면,  奈後學苦其繁複하여,  亦莫之致思何오?'

乙巳閏正月初五夜에,  秉燭而書焉하노라.(已上四篇은,  皆先生疾亟
時所著니라.)

---

[註解]

1) 박광우(朴光佑, 1495~1545)―자는 국이(國耳), 호는 필재(筆齋) 또는
   잠소당(潛昭堂)이라 하였다. 벼슬은 사간(司諫)에까지 올랐으나 '을사
   사화(乙巳士禍)'로 투옥되었다가 죽고 말았다. 뒤에 이조판서(吏曹判
   書)에 추증(追贈)되었다.

2) 허태휘(許太輝, 1517~1580)―이름은 엽(曄), 호는 초당(草堂), 허균

(計筠)의 아버지이다. 김효원(金孝元)과 함께 동인(東人)의 영수였으며, 선조(宣祖) 초에 명나라에 사신으로 다녀와 향약(鄕約)의 시행을 건의하였다. 벼슬은 부제학(副提學)을 거쳐 경상도 관찰사(觀察使)·동지중추부사(同知中樞府事) 등을 지냈다.
3) 이 설명의 글은 《화담집》을 편찬한 서경덕의 제자가 쓴 것이다.


## '복(復)'은 하늘과 땅의 마음을 나타냄[1]을 논함[復其見天地之心說]


옛날의 성현(聖賢)은 '지(至)[2]'에 대하여 모두 일찍이 뜻을 두었었다. 요(堯)임금[3]은 일년 사철[朞]과 윤달[閏]의 숫자를 이야기하셨고, 공자는 하늘과 땅의 마음을 논하셨으며,[4] 정자(程子)와 소옹(邵雍)도 모두 이에 관한 논설이 있다. 후세의 학자들도 반드시 '지일(至日)'에 대하여 큰 힘을 기울이어 공부를 하여야 얻는 바가 넓을 것이니, 한 가지 물건의 이치를 연구하거나 한 가지 지식을 얻는 것에 비길 일이 아니다.

만약 한 가지 사물(事物)에 대하여 충분한 연구를 이룩한다면 역시 지극한 이치를 발견할 수 있게 될 것이다. 그러나 '지일'을 살펴보면 관련되는 범위가 넓고 크다. '지일'이란 곧 하늘과 땅이 회전(回轉)을 시작하고, 음(陰)과 양(陽)이 처음으로 변화하는 날인 것이다. 그러므로 '복(復)은 하늘과 땅의 마음을 나타낸다'고 말했던 것이다.

옛날 선비들은 모두 '고요함[靜]'으로써 하늘과 땅의 마음을 나타내었으나, 정자(程子)만이 홀로 '움직임[動]'의 발단이 곧 하늘과 땅의 마음이라 하였고, 소옹(邵雍)은 '움직임'과 '고요함'의 중간으로서 이것을 설명하였다. 정자와 소옹의 설이 다르기는 하지만, 출발에 있어서는 다른 견해가 아니고 모두 한가지의 움직임과 고요함 및 음과 양에 관한 것으로서 말하였으니, 소옹은 '태극'의 본체(本體)를 가리키고, 정자는 '태극'의 작용을 얘기한 것 같다.

근본으로 돌아가고 고요하므로 회복되는 것은 '곤(坤)'[5]의 때[時]이고, 양(陽)의 기(氣)가 발동하는 것은 '복(復)'의 기틀이다. 있고 없음의 극치도 여기에 견줄 수 있으며, 선천(先天)·후천(後天)의 설도 따라서 알 수 있게 될 것이다. 《역경》에서 말한 '고요히 움직이지 않으며, 감응이 있으면 마침내 통달하게 된다'[6]는 것도 이것을 말한 것이다. 《중용》에서 말한 '정성됨은 스스로 이룩되고, 도(道)는 스스로 이끌어 나아간다'는 것도 이것을 말한 것이다. 맹자(孟子)가 말한 '반드시 옳은 일이 있으면 바로 복(福)만을 기대하지 말며, 마음으로 그것을 잊지 말되 그것을 급급히 불어나게 하려 하지 말라'[7]는 것도 역시 여기에서 그 뜻을 체득(體得)하게 된다.

막 하늘과 땅이 싸늘하게 맑고 술대신 쓰던 물(玄酒)[8]의 맛이 담담하고 큰 소리도 별로 나지 않던 태곳적, 자욱히 텅 비고 고요하며 아무 일도 하는 게 없는 것 같았을 때 한 '양(陽)'의 되돌아감이 갑자기 뛰어올라 스스로 자기도 용납치 못하게 되는 오묘함에서 하늘과 땅의 마음을 볼 수 있게 될 것이다.

바뀌어짐이 없다는 것은 무엇을 말하는가? 천체(天體)들이 하늘을 한 바퀴 돌면[周天][9] 365점 4분의 1도(度)이며, 1년은 365점 4분의 1일(日)인데, '지일(至日)'을 '누전(漏箭)'[10]으로서 살피고 해시계[槼表]로서 재어 도(度)와 날의 시간[分]이 꼭 본수(本數)로 돌아와 딱 들어맞으며 털끝만치도 더하거나 덜되는 일이 없이 영원히 언제나 이러하니 가히 그 마음이 바뀌어지지 않음을 알 수 있겠다.

하늘과 땅이 언제나 바르고 알맞으며[11] 영원하고, 지극히 선(善)하고 지극히 믿음이 있는 덕을 여기에서 알게 되며, 신령스런 역(易)은 방위(方位)나 형체가 없다[12]는 것도 여기에서 이해하게 된다. 하지(夏至)가 되면 해의 궤도(軌道)가 남쪽으로 돌아가며 북녘 땅까지 따뜻해지고, 동지(冬至)가 되면 양기(陽氣)가 대지(大地) 위에 불어오고 기(氣)는 황종궁(黃鐘宮)[13]에 대응하게 되는데 '방위'가 없다고 할 수 있겠는가? 낮과 밤의 도수(度數)가 바뀌고 추위와 더위가 서로 엇바뀌면서 한시도 멈추어 있지 않는데 '형체'가 없다고 말할 수 있겠는가?

'하나의 음(陰)과 하나의 양(陽)을 도(道)라 말하고, 그것을 계승하는 사람은 선(善)하다'[14]고 하였는데 이 말은 '지일(至日)'의 이치를 다 표현한 것이다. '하나의 음과 하나의 양' 및 '하나의 움직임과 하나의 고요함', 이것들은 본시 두 가지가 아니라 다만 하늘의 한 가지 일인 것이다. 음과 양은 한가지로 작용을 하고 움직임과 고요함은 한 가지 기틀을 지녔는데, 이것이야말로 두루 돌면서 스스로 멈추지 못하고 있는 까닭인 것이다.

어떤 이가 묻기를 "지극히 알맞고 지극히 선하고 지극히 믿음직한 덕은 다만 '지일'에 관해서만 적용시켜 얘기할 수 있고, 다른 데 관하여는 얘기할 수 없는 것입니까?"고 하였다. 이에 대하여 나는 다음과 같이 대답하였다. 어느 때고 그렇지 아니한 일이 없고 무슨 사물(事物)이고 갖고 있지 아니한 것이 없으며, 360[15]의 운행(運行)과 24절기(節氣)[16]의 나뉨이 '지일'의 유행(流行)이 아닌 것이 없으니, 이른바 '때에 알맞음[時中]'[17]인 것이다. 그러나 '지일'그 자체에는 비교도 안되니, 하늘과 땅이 바뀌고 시작하는 것이나, 음과 양이 맞닿는 것, 움직임과 고요함이 마주치는 것, 별과 성좌(星座)의 배열, 뭍과 들의 나뉨이 모두 그 본 자리로 돌아가게 되는 것이 매우 정제(整齊)하게 되는 것이다.

모든 변화의 시작되는 곳이요 모든 차별의 근본이 되는 것이니, 이

것은 음과 양의 우두머리격인 곳이며, 한결같은 원리로 꿰뚫어질 수
있는 것이다. 우리의 몸을 돌이켜 본다면 어짊과 지혜의 본성이나 자
기에게 성실하고 남을 이해하는 도리[18]가 '지일'의 이치가 아닌 것이
없는데, 움직이고 고요함이 순간적으로 이루어지며 눈깜짝하는 사이
에 미묘(微妙)하게 만드는 것이다.

### 原文 復其見大地之心説

古之聖賢於至에, 皆常致意니라. 堯陳朞閏之數하고 ; 孔論天地之
心하며 ; 程邵亦皆有說이라. 後之學者이, 須大段著力於至日上做工
夫라야, 所得甚廣하니, 非如格一物과, 致一知之比也니라.

若於一物上十分格得破면, 則亦見得至理라. 顧於至日하면, 則所
該廣大耳로다. 至日乃天地始回旋이오, 陰陽初變化之日也니라. 故
曰 ; 復其見天地之心乎인저!

先儒皆以靜見天地之心이니 ; 程子獨謂動之端乃天地之心이라하
고 ; 邵子則以動靜之間言之하니라. 程邵立言有異나, 初無二見이니,
皆就一動靜兼陰陽之上言之하여, 似邵指太極之體요 ; 程謂太極之
用也니라.

反本復靜은, 坤之時也요 ; 陽氣發動은, 復之機也니라. 有無之極
을, 於此擬之면, 而先後天之說을, 從可知也리라. 易所謂寂然不動하
고, 感而遂通者이, 謂此也니라. 庸所謂誠自成하고, 道自道者이, 謂
此也니라. 孟子所謂必有事焉而勿正하고, 心勿忘하며, 勿助長이라함
도, 亦於此而體之니라.

方天地淨洒洒하고, 玄酒之味淡하며, 大音之聲希하여, 漠然虛靜하
고, 若無所事하며, 一陽之復焂爾而躍하여, 其不自容己之妙니, 是可
見天地之心也니라.

無改移者는, 何謂也오? 周天三百六十五度四分度之一과 ; 朞歲

三百六十五日四分日之一이니라. 至日候之以漏箭하고, 測之以臬表
하여, 度與日之分이, 恰周得本數하여, 若合符契하고, 未常盈縮些一
毫이, 萬古常常如此니, 可見其心之無改移也니라.

天地之中庸하여, 至善至信之德을, 於此而識之하고 ; 神易之無方
體를, 於此而見之니라. 日軌回南이면, 春輝北陸하고, 陽吹九地하여,
氣應黃宮하니, 可不謂之無方也乎아? 晝夜改度하고, 寒暑相禪하여,
無一刻停留하니, 可不謂之無體也乎아?

一陰一陽之謂道요, 繼之者善하니, 此語盡至日之理也니라. 一陰
一陽과, 一動一靜은, 此本非兩事요, 只是天之一事니라. 陰陽一用이
오, 動靜一機니, 此所以流行循環하여, 不能自已者也니라.

或曰 ; 至中至善至信之德은, 只得於至日上語之니, 其於他不得語
之乎아? 曰無時不然이오, 無物不有니, 三百六旬之運라, 二十四氣
之分이, 無非至日之流行者니, 所謂時中也니라. 然不比至日이니, 則
天地更始와, 陰陽之際와, 動靜之交와, 辰宿之躔과, 陸野之分이, 皆
得復其本位하며, 十分齊整者也니라.

萬化之所自와, 萬殊之所本이, 此陰陽大頭臚處니, 可以一貫之者
也니라. 反於吾身이면, 仁智之性과, 忠恕之道이, 無非至日之理니,
暫於動靜이오, 微於瞬息이니라.


註解

1) '복(復)'은 하늘과 땅의 마음을 나타냄〔復其見天地之心〕—이 말은《역
   경》의 복괘(復卦) 효사(爻辭)에 보이는 말. '복(復)'괘는 '☳'로서 동지
   (冬至)나 하지(夏至) 같은 '지일(至日)'을 상징한다. 그리고 또 '근본으
   로 되돌아가〔復〕' 하늘과 땅의 근본 원리가 되는 '마음'을 나타낸다고
   한다. 그것은 '음(陰)'으로 되돌아가는 '동지'나 '양(陽)'으로 되돌아가
   는 '하지'가 '음양조화(陰陽造化)'의 기본이 된다고 생각했기 때문이다.
2) 지(至)—'동지'나 '하지'의 '지'이다. 자연 순환(循環)의 원리에 의하면

‘양’이 극에 이르면 ‘음’으로 돌아가고, ‘음’이 극에 이르면 ‘양’으로 되
돌아가 ‘동지’와 ‘하지’가 있게 되는 것인데, ‘지’는 ‘극점에 이른다’는
뜻을 지니고 있다.

3) 요(堯)임금 …… ─《서경(書經)》요전(堯典)에 ‘1년은 365일여(餘)이니,
  윤달로서 사철[四時]이 어긋남없이 한 해를 이루도록 한다[朞三百有
  六旬有六日, 以閏月定四時成歲]’고 한 기록을 두고 말한 것이다.

4) 공자 …… ─《역경》의 ‘복(復)’괘의 효사(爻辭)[앞의 주 1) 참조]를 두
  고 한 말.

5) 곤(坤)─《역》의 괘명, 하늘과 양(陽)을 나타내는 건(乾, ☰)의 반대
  로서 ‘☷’로 표시하며 땅과 음(陰)을 상징한다.

6) 고요히 …… ─《역경》계사(繫辭) 상(上)의 말.《역(易)》은 생각도 없고
  하는 일도 없어서 ‘고요히 움직이지 않지만’, ‘느끼어짐이 있으면 반드
  시 만사에 응하여 마침내는 천하에 통하게 된다’는 뜻이다.

7) 이 글은《맹자》공손추(公孫丑) 상편에 보이는 대목이다. 학자에 따라
  해설이 구구한데, 여기서는 한(漢)대의 학자 정현(鄭玄)의 설을 따라
  번역하였다.

8) 술 대신 쓰던 물[玄酒]─‘현주[玄酒]’는《예기(禮記)》예운(禮運)편에
  보이는 말이며, 공영달(孔穎達)의 소(疏)에 의하면 ‘태곳적에는 술이
  없어 이 물로써 술 대신 쓰이었다’ 하였다.

9) 천체(天體)들이 하늘을 한바퀴 돌면[周天]─《예기》월령(月令)편 공
  영달(孔穎達)의 소(疏)에 ‘모든 28수(宿)와 별들은 모두 하늘을 왼
  편으로 도는데, 한 낮 한 밤이면 하늘을 한바퀴 돈다[一周天]’ 하였
  고,《후한서(後漢書)》지리지(地理志)에 ‘주천(周天)은 365도’라 하였
  다. 그러나 정확히 말하면 365도에 4분의 1도가 더하여진다.

10) 누전(漏箭)─옛날의 물시계 바늘. 옛날의 물시계를 ‘누각(漏刻)’이라
  하는데, 동(銅) 항아리에 물을 담고 밑바닥에 구멍을 뚫은 뒤, 항아리
  가운데 ‘누전(漏箭)’을 세우는데 위쪽에는 도수(度數)가 새겨져 있다.
  물이 늘고 주는 데 따라 ‘누전’에 새겨진 눈금이 나타나는데, 백각(百
  刻)으로 새겨진 눈금에서 동지(冬至)에는 낮에는 40각(刻), 밤에는 60

각이 나타나고 하지(夏至)에는 그 반대가 된다. 춘분(春分)·추분(秋分)에는 말할 것도 없이 밤낮 똑같이 50각이 된다.

11) 언제나 바르고 알맞다-'중용(中庸)'이란 말을 주희(朱熹)의 《중용장구(中庸章句)》에 따라 풀이한 말. 주희는 '중(中)'이란 치우치지도 기울어지지도 않고 지나치지도 못미치지도 않는 것을 표현한 것이며, 용(庸)이란 언제나 '그러한 것이다'고 '중용'을 풀이하였다.

12) 신령스런 역(易)……-《역경》의 계사(繫辭) 상(上)에 '그러므로 신(神)은 방(方)이 없고 역(易)은 체(體)가 없다' 하였는데, 공영달(孔穎達)은 그의 소(疏)에서 '방이란 물건이 장소를 차지함을 표현한 말이고, 체란 형질(形質)을 표현한 말이다'고 풀이하였다. 여기에선 방(方)을 방위(方位), 형(形)을 형체(形體)라 번역해 두었다.

13) 황종궁(黃鍾宮)-본시는 음악 율조(律調)의 이름이나, 음악의 12율을 24절기에 배정할 때 '황종궁'은 '동지'에 해당하게 된다.

14) 《역경》 계사(繫辭) 상(上)에 보이는 말.

15) 삼백육십-주천(周天) 365도 및 1년 365일의 숫자를 개략적으로 말한 것이다.

16) 24절기-봄의 입춘(立春)·우수(雨水)·경칩(驚蟄)·춘분(春分)·청명(淸明)·곡우(穀雨), 여름의 입하(立夏)·소만(小滿)·망종(芒種)·하지(夏至)·소서(小暑)·대서(大暑), 가을의 입추(立秋)·처서(處暑)·백로(白露)·추분(秋分)·한로(寒露)·상강(霜降), 겨울의 입동(立冬)·소설(小雪)·대설(大雪)·동지(冬至)·소한(小寒)·대한(大寒)이다. 이것은 주천(周天) 365도를 등분하여 정한 것이다.

17) 때에 알맞음[時中]-《중용(中庸)》에 나오는 말. 주희는 '시중'을 풀이하여 '제때제때에 알맞고 바름에 처하는 것'이라 하였다.

18) 자기에게 성실하고 남을 이해함-'충서(忠恕)'를 옮긴 말. 《논어(論語)》 이인(里仁)편에 '선생님의 도(道)는 충서(忠恕)일 따름이라'고 하였는데, 형병(邢昺)은 소(疏)에서 '충서'를 풀이하여 '충(忠)'이란 자기의 마음을 다함을 뜻하고, 서(恕)란 자기를 미루어 사물(事物)을 헤아림을 말한다' 하였다.

# 온천을 논함[溫泉辨]

하늘은 '양(陽)'을 위주로 하고 땅은 '음(陰)'을 위주로 하며, 불은 뜨겁고 물은 차가운 것이 그 본성이다. 불에 있어서는 찬 것이 있다는 말을 듣지 못하였으나, 샘물에 있어서는 간혹 더운 것이 있는데 어째서 그럴까? 소옹(邵雍)은 말하기를 '한 기(氣)가 나뉘어져서 음과 양이 되었는데 음과 양이 반반이면 형체와 바탕이 갖추어지며, 음과 양이 치우쳐짐으로써 성정(性情)이 갈리어진다'고 하였다. 이것을 이해한다면 샘물이 따뜻하다는 것이 이상할 것 없을 것이다.

하늘은 처음부터 '음'이 없었던 게 아니며 땅은 처음부터 '양'이 없었던 게 아니고, 물과 불은 서로 그들의 장소에 갈무려져 있는 것이다. 또 하늘의 '양'은 언제나 땅의 허공에 관통(貫通)되고 있어서 땅은 그것을 받지 않을 수가 없는 것이다. 그렇기 때문에 '하늘은 일(一)인데 실지로 땅은 이(二)이다'[1]라고 하는 것이다. 그리고 허공의 '양'이 땅속에 쌓이어 '기'가 어쩌다가 한 곳으로 모여들어 쌓인 끝에 쪄올라 서리게 되면[蒸鬱], 샘 물줄기는 그 쪄올라 옴에 압박함을 당하여서 뜨거운 구덩이 속에 차게 되며 또 그 '양'이 물속으로 스며들게 되는 것이다.

물은 '하늘의 일[天一]'[2]에서 생기어 '땅의 육[地六]'에서 이루어지며, 흙은 '하늘의 오[天五]'에서 생기어 '땅의 십[地十]'에서 이루어진다. 그러므로 물과 불에는 반드시 '양'이 없는 것은 아니다. 더욱이 해[日][3]가 땅의 위아래로 들락날락하고 있어, '양'의 융합은 처음부터 안팎이 없이 혼연히 하나로 이루어지니, 땅이 어찌 쪄올라옴의 압박을 당하지 않을 수 있겠으며 또 간혹 그 뜨거움이 한데 엉키지 않을 수가 있겠는가?

샘물은 이에 그 흐름이 새어나오면서 끓어오르지 않을 수가 없게 되는 것이다. 샘물만이 그러할 뿐만 아니라 모든 물건의 '기'는 흩어지면 차가워지고 모이면 뜨거워지는 것이다. 그러므로 풀이 쌓이면 열이 나게 되고, 똥이 쌓이면 불이 붙을 수 있게 되는 것이니, '기'가 한데 서리어 펼쳐 나가지 못하므로 그렇게 되는 것이다.

'양'을 지니지 않은 물건이란 없다. 물속에도 '화석(火右)'[4]이 있는데 그 속에는 불붙는 유황 흙이 들어있어 불을 대면 폭발하게 된다. 석회(石灰)는 물에 넣으면 끓어오르는데, '음'이란 '양'을 따르게 되는 것이다.

샘물이 '양'의 압박을 받으면, 곧 뜨거운 불은 물건에 영향을 미칠 수가 있으니, 그 위력은 멀리까지 가므로, 열을 뿜어내어 물을 말릴 수가 있는 것이다. 물은 물건에 영향을 미칠 수가 없으니, 비록 불에 가까이 간다 하더라도 약간의 간격만 있다면 불을 끌 수가 없는 것이다. 불의 '기'는 텅 비어있는 것이므로 스스로 머무르거나 물건에 붙어 머물러 있지 못한다. 그러나 언제나 타 없어져 '음'의 제재를 받지 않으므로 차가운 불이 없는 것이다. 물의 형체는 약간 속이 차있어 적시면서 모이면 오래도록 흩어지지 않는다. 이렇게 형체가 있으므로 '양'에 의하여 영향을 받아 뜨거워지게 되는 것이다.

'양'은 '음'을 겸할 수 있으나 '음'은 '양'을 겸할 수가 없다. 그러므로 '양'은 완전하나 '음'은 반쪽이며, '양'은 풍부하나 '음'은 결핍되며, '양'은 높고 '음'은 낮다. 이래서 곧 임금이 신하들을 다스리고, 남편이 아내를 거느리고, 군자(君子)가 소인(小人)들[5]을 부릴 수 있고, 중국은 오랑캐들을 복종케 할 수 있는 것이다. 어찌 '양'은 '일(一)'에서 시작하고 '음'은 '십(十)'에서 끝맺음[6]을 알지 못하는가? 이것은 '음'과 '양'의 분별이며, 이치의 필연적인 귀결인 것이다.

[原文]　溫泉辨

天則主陽하고,　地則主陰하며；火熱而水凉은,　其性也니라.　火則未聞有寒者나,　而泉或有溫者는,　何也오?　邵子曰；一氣分而爲陰陽하고,　陰陽半而形質具焉이오,　陰陽偏而性情分焉이라하니라.　知此則泉之溫無足怪也니라.

天未始無陰이오,　地未始無陽이오,　水火互藏其宅이라.　且天之陽은,　常貫乎地之虛하여,　而地不得而不受니라.　故로　曰；天一而實地二며,　而虛陽蘊於地中하여,　氣或輻湊於一處하여,　積而蒸鬱이면,　泉脉被他蒸薄하여,　而熱坎之中實하여,　亦見其陽潛於水中이니라.

水生於天一하여,　而成於地六하고；土生於天五하여,　而成於地十하니,　是則水與土이,　未必無陽也니라.　況日之出入於上下하여,　陽之融會이,　初無內外하고,　渾然爲一하니,　則地豈得不蒸薄하고,　而或鍾其熱乎아?

泉於是滲漉其流하여,　不得不沸蒸也니라.　不獨泉爲然이오,　凡物之氣는,　散則凉이오,　聚則熱이라.　故로　草積則生熱이오,　糞積則自焚하니,　氣鬱不舒而然也니라.

無物無陽者也니라.　水中有火石하고,　裏藏焰硫之土하여,　得火而爆이니라.　石之灰는,　得水則沸니,　陰從陽者也니라.

泉爲陽迫이면,　則熱火能迎物而舒遠하니,　故可以照射而涸水니라.　水不能迎物하니,　故雖近於火라도,　少有間則不得滅火니라.　火之氣虛하니,　故로　不自停留著物而留하니라.　然隨焚隨盡하며,　不爲陰所制니,　故無寒火니라.　水之形稍實하여,　潤以旣聚하고,　則久而不散하니라.　旣有形하니,　故로　爲陽所移而熱이니라.

陽得兼陰이나,　而陰不得兼陽이라.　故陽全而陰半이오,　陽饒而陰乏이오,　陽尊而陰卑하니라.　是乃君統臣하고,　夫制婦하며,　而君子得以役小人하고,　中國得以服夷狄이니라.　豈不知陽始於一하고,　而陰

終於十고? 此陰陽之分이며, 而理之必然者也니라.

[註解]

1) 하늘은 일(一)인데 실지로 땅은 이(二)이다─《역경》계사(繫辭) 상
   (上)의 '하늘은 일이고 땅은 이이다[天一地二]'고 한 말에 근거한 것
   이다.
2) '하늘의 일'─《역경》계사 상에 의하면 '하늘의 수가 다섯이고, 땅의
   수가 다섯'인데, 1, 3, 5, 7, 9의 홀수는 '하늘의 수'이고, 2, 4, 6, 8, 10
   의 짝수는 '땅의 수'이다. 여기에 '오행사상(五行思想)'을 적용시켜, '물
   [水]'은 하늘의 일(一)에서 생기어 땅의 육(六)에서 이루어지며 흙
   [土]은 하늘의 오(五)에서 생기어 땅의 십(十)에서 이루어진다'고 한
   것이다. 이밖의 금(金)·목(木)·화(火)도 나머지 숫자에 배정시킨다.
3) 해[日]─'양'에 해당한다.
4) 화석(火石)─유황이나 인(燐)이 섞여있는 돌.
5) 군자(君子)가 소인(小人)들을─지금은 흔히 '군자'는 덕이 있는 사람,
   '소인'은 그 반대로 덕이 없는 사람의 뜻으로 쓰이지만, 본뜻은 '군자'
   는 백성들을 다스리는 벼슬하는 지배계급의 사람들, '소인'은 벼슬 없
   는 낮은 백성들을 가리키는 말이었다.
6) 앞의 주해 2) 참조.


# 성음해설[1] [聲音解]

하늘[天]에는 음(陰)·양(陽)과 크고[大] 작은[小] 다른 '기(氣)'
가 있고, 땅[地]에는 억셈[剛] 부드러움[柔][2]과 크고 작은 다른 바
탕[質]이 있다. '기'는 위쪽에서 변화하여 형상(形象)을 이룩하였고,
'바탕'은 아래쪽에서 변화를 하여 형체(形體)를 갖추었다. 해[日]·
달[月]·별[星]·성좌[辰][3]는 하늘에 형상을 이룩하고 있고, 물

[水]·불[火]·흙[土]·돌[石]은 땅에 형체를 이룩하고 있다. '형상'은 하늘에서 움직이어 시간[萬時]을 낳았고, '형체'는 땅에서 마주치어 만물(萬物)을 이룩하였다.

시간과 만물에는 거기에 해당하는 숫자[4]가 존재한다. 만물에는 소리[聲]와 색깔[色]과 냄새[氣]와 맛[味]이 있는데, 소리의 숫자가 가장 성대하다.[5] 그러므로 소옹(邵雍) 선생은 음양과 억세고 부드러움 및 크고 작은 수자를 추궁하여, 근본[本]을 추구하여 본체[體]를 미루어내고 본체를 미루어냄으로써 '작용[用]'을 드러냈는데, 작용을 드러내며는[6] 곧 '본체'의 숫자가 물러나고 또 '근본'의 숫자가 감춰지게 된다.

하늘의 용수(用數)는 112이고 땅의 '용수'는 150이다.[7] 이에 근거하여 올바른 '성(聲)'과 올바른 '음(音)'의 자모(字母)들을 미루어 내어 도표(圖表)[8]로 배열했던 것이다. '성'에는 높고 낮음이 있으므로 '평성(平聲)'·'상성(上聲)'·'거성(去聲)'·'입성(入聲)'[9]으로 나뉘어지고 '벽성(闢聲)'과 '흡성(翕聲)'[10]이 따른다. '음'에는 굽혀지고 뻗고 함이 있으므로 '개음(開音)'·'발음(發音)'·'수음(收音)'·'폐음(閉音)'[11]으로 구분되고, '청음(淸音)'과 '탁음(濁音)'[12]이 따른다.

'일일성(日日聲)'[13]은 '양(陽)'의 '양'이어서, 그 '성(聲)'은 마땅히 '평성(平聲)'이며 '벽성(闢聲)'이 될 것이다. 다(多)·양(良) 이하 일곱 개의 '성'은 모두가 '평성'이며 '벽성'인 글자이나, 곧 그것은 '일일성'이 되며 '양'은 곧 '벽성'을 위주로 함을 알겠다.

'일월성(日月聲)'은 '양'과 '음'이니 그 '성'은 마땅히 '평성'이며 '흡성(翕聲)'이 될 것이다. 화(禾)·광(光)[14] 이하 여섯 개의 '성'은 모두가 '평성'이며 '흡성'인 글자이니, 곧 그것은 '일월성'이 되며 '음'은 곧 '흡성'을 위주로 함을 알겠다.

해[日]는 덥고 달[月]은 추운데, 추위는 더위의 나머지이니 '음'은

‘양’을 따르는 것이다. 그러므로 달의 ‘성’은 해의 ‘성’을 따르는 것이 니, 화(禾)란 ‘성’은 ‘다(多)’성의 변화이며, 광(光)이란 ‘성’은 ‘양(良)’ 성의 변화인 것이다. 해와 달은 같은 ‘성’인데 다만 ‘벽성’·‘흡성’의 차이가 있어서, 궁(宮)과 용(龍)의 ‘성’을 읽어보면 곧 용의 ‘성’은 바로 궁(宮)성의 변화이며, ‘벽성’이 변하여 ‘흡성’이 된 것임을 알겠다.

다만 ‘심(心)’성이 변하여 ‘흡’성이 될[15] 때에는 미루어 낼 수가 없어서, ‘용(龍)’자 아래 흰 동그라미가 있게 된 것이며, 그것은 ‘성’은 있으나 글자가 없는 것인 것이다. 만약 ‘심’성을 변화시켜 ‘흡성’으로 만든다면은 곧 ‘금(琴)’자가 이에 해당할 듯하지마는 그러나 그것은 올바른 ‘흡성’이 되지 못하는 것이다. ‘흰 동그라미’가 글자를 이루지 못하고 있는데 그것은 조정(調整)해보면 ‘금(琴)’성이 비슷하다는 것이다.

3개의 검은 동그라미[16]가 모든 ‘성’의 밑에 배열되어 있는 것은 곧 빼어버린 ‘음’의 본체의 숫자[本體數] 48개[17]인 것이다. 이것은 글자가 없을 뿐만 아니라 ‘성’도 없는 것인 것이다.

‘일성성(日星聲)’은 ‘태양(太陽)’ 가운데의 ‘소양(少陽)’[18]이니, 그 ‘성’은 마땅히 ‘평성’이며 ‘벽성’인데, ‘일일성(日日聲)’에 견주어보면 별로 ‘열린 것[闢]’은 못된다. 개(開)·정(丁) 이하의[19] 여섯 글자의 ‘성’은 모두가 ‘평성’과 ‘벽성’이 전용(轉用)된 것이니, 곧 그것은 ‘일성성’이 되지만 ‘태양’의 ‘매우 넓음[太闢]’만은 못하다는 것을 알 게된다.

‘일신성(日辰聲)’은 ‘태양’ 가운데의 소음(少陰)[20]이니, 그 ‘성’은 마 땅히 ‘평성’이며 ‘흡성’이 될 것이다. ‘회(回)’·‘형(兄)’ 이하 다섯 글자 의[21] ‘성’은 모두 ‘평성’이며, ‘흡성’인 글자인데, ‘태음’의 ‘닫혀짐[翕]’ 보다도 심하니, 곧 그것이 ‘일신성’이 됨을 알게 된다.

별[星]은 낮에 해당하고 성좌[辰]는 밤에 해당하는데, 밤이란 낮의 나머지이며 '음'은 '양'을 따르게 마련인 것이다. 그러므로 '신〔辰〕' 의 '성'은 '성(星)'의 '성'을 따르게 되는 것이니, '회(回)'성은 '개(開)' 성이 변한 것이며, '형(兄)'성은 '정(丁)'성이 변한 것이다. '성(星)'과 '신(辰)'은 같은 '성'이지만 다만 '벽성'과 '흡성'의 차이가 있다. '군 (君)'・'오(烏)' 두 글자 아래 흰 동그라미는 바로 '우(牛)'・'남(男)' 두 '성'의 미루어낼 수 없음에서 있게 된 것이다.

그 예(例)를 따라 미루어낸다면 '벽성'이 변하여 '흡성'이 되는 것이 니, 곧 '우(牛)'자는 '구(鉤)'성으로 될 수 있을 것 같고, '남(男)'자는 '감(堪)'성으로 될 수 있을 것 같다. 그러나 '벽성'과 '흡성'이 올바로 어울리지 못하게 되니, 글자는 이루지 못하고 다만 그 '성'만 있게 된 것이다. '구(龜)'자는 바로 '우(牛)'자 아래 흰 동그라미가 글자를 이룬 것이다.

'성'의 변화를 미루어내 보면, 글자는 본시 '벽성'에서 이루어지지 않고 '흡성'에서 이루어지는 것이 있고, 또 '벽성'에서는 이루어지면서 '흡성'에서는 이루어지지 않는 것이 있다. '우(牛)'자 밑의 동그라미는 '일일성'의 '처(妻)'자를 따라 변화하였으나 글자를 이룩하지는 못한 것이다. '상성(上聲)'・'거성(去聲)'・'입성(入聲)'의 삼성은 모두 '평성 (平聲)'을 미루어낸 것이다.

'월일성(月日聲)'・'성일성(星日聲)'・'신일성(辰日聲)'은 모두 '다 (多)'성 등의 글자가 변화한 것이다. '일월성(日月聲)'・'성월성(星月 聲)'・'신월성(辰月聲)'은 모두 '화(禾)'자 등의 '성'이 변화한 것이다. '월신성(月辰聲)'・'성신성(星辰聲)'・'신신성(辰辰聲)'은 '회(回)'자 등 의 '성'이 변화한 것이다. 그들 가운데의 흰 동그라미는 모두 그 변화 한 위치에 해당하는 글자를 따라 미루어내진 것이다.

글자의 '성'이 83성(聲)[22]의 가락으로 무궁한 것은 바로 자연의 이 치이다. 다시 더 미루어내지 않고 간략하게 그 근본을 추궁할 것 같으면, '다(多)'·'화(禾)'·'개(開)'·'회(回)'의 사성(四聲)[23]과 칠조(七調)의 밖을 벗어나지 않는다.

'물[水]'·'불[火]'·'흙[土]'·'돌[石]'[24]의 '음' 같은 것들은 바로 '해[日]'·'달[月]'·'별[星]'·'성좌[辰]'의 '성'과 그 변화에 있어 같은 규칙을 따른다. 그들의 '개음(開音)'·'발음(發音)'·'수음(收音)'·'폐음(閉音)'의 사조(四調)는 다시 '청음(淸音)'과 '탁음(濁音)'으로 갈라지는데, 마치 '평성'·'상성'·'거성'·'입성'의 네 가지 변화를 '벽성'과 '흡성'으로 가르는 것과 같다.

다만 '성'에 있어서는 '양'이 '벽성'이 되고 '음'이 '흡성'이 되었으나, '음'에 있어서는 '부드러움[柔]'이 '청음'이 되고 '억셈(剛)'이 '탁음'이 된다. 그건 무슨 까닭일까? '물[水]'은 밝고 '불[火]'은 어두우며, '흙[土]'은 성글고 '돌[石]'은 야무지기 때문인 것이다.

'물'이란 '불'의 바탕이어서 '불'이 '물'에서 남으로, '불'의 음은 '물'의 음을 따른다. 흙이란 '돌'의 바탕이어서 '돌'이 '흙'에서 남으로, '돌'의 음은 '흙'의 음을 따른다. 그래서 '맑음[淸]'과 '흐림[濁]'의 차이가 있는 것이며, 음은 서로 따라다니며 가까이하는 것이다.

'발음(發音)'·'수음(收音)'·'폐음(閉音)'의 세 가지 음조(音調)는 모두 '개음(開音)' 사조(四調)[25]의 변화인 것이다. 검은 네모꼴은 곧 떼어버린 '양'의 본체(本體)의 숫자 40[26]을 나타내는데, 이것은 '음'이 없는 것이다. 거기의 흰 네모꼴은 모두가 앞의 '음'을 미루어낼 수 없어서 '음'만 있고 글자는 없는 것들인 것이다.

'불'과 '흙'에 속하는 음[27]은 다른 음들보다 많은데 어째서 그럴까? 네 가지 물건들 가운데서 '흙'은 분량이 가장 많아서 그 생성(生成)의 숫자도 역시 많아지며, '불'은 숨어있어서 언제나 나타나는 것은 아니지마는 그 작용에 있어서는 지극히 큰 것이기 때문이다.

'성좌[辰]'에 속하는 입성(入聲)[28]과 '돌'에 속하는 폐음(閉音)은 다른 것들보다 적은데 어째서 그러한가? 하늘에는 네 가지 천체가 있는데, 해와 달과 별은 밝지만 성좌는 밝지 않다. 또한 성좌는 밤에 속하는 것인데 술시(戌時)로부터 인시(寅時)까지가 밤이다. 하지(夏至)가 되면 만물이 작용하는 데 쓰이는 밤은 극히 짧다. 그러나 술시와 인시는 여전히 쓰이는 숫자에 들지만 해시(亥時)·자시(子時)·축시(丑時)는 전혀 쓰이지 않는다. 땅에는 네 가지 물건이 있는데, 물·불·흙은 많지만 돌은 훨씬 적다. 돌이란 물건의 성질은 바탕[質]에 있어서는 완전하지만 '기(氣)'가 많지 않아서 물건을 낳거나 물건을 변화시키지 못한다. 그래서 '성좌[辰]'와 '돌[石]'의 글자는 적은 것이 아니겠는가?

'성'의 숫자는 일곱에 머무르고, '음'의 숫자는 아홉에 머무르고 있는데, 어째서인가? 하늘에 쓰이는 숫자는 언제나 육(六)에서 차서 칠(七)에선 극점에 이르른다. 그러므로 하늘에 있는 별 중에서도 밝아서 볼 수 있는 것으로 '북두(北斗)'가 있으나 숫자는 일곱에 머무르고 있는 것이다. 낮과 밤의 숫자는 일곱을 지나면 곧 변화하는 것이다.

땅에 쓰이는 숫자는 언제나 아홉에 머문다. 그러므로 인월(寅月)[29]에 만물이 열리어 술월(戌月)에 만물이 닫혀진다. '해월(亥月)'·자월(子月)·'축월(丑月)' 석달은 숫자로 쓰여지지 않으니, 아홉에 극점에 달하여 변화를 극하게 되는 것이다. 그러므로 '성'은 일곱 개의 성조(聲調)로 배열하지 않을 수가 없고, '음'은 아홉 가지 음조(音調)로 배열하지 않을 수가 없었던 것이다.

'음'은 아홉 가지 조(調)가 되지 않을 수가 없는데, '성'은 다시 갈라서 80자가 되도록 늘렸고, '음'은 132자가 되도록 늘여놓았다. '성'과 '음'의 자모(字母)의 숫자를 한데 모으면 250개가 되는데 변화의 요점을 모두 총괄(總括)한 것이어서, 비록 이만팔천구백팔십일만육천오백칠십육자[30]의 변화라 하더라도 모두 이 범위를 벗어나지 못한다.

그것은 자모(字母)의 숫자가 그 근본을 파악하고 있고 또 그 요점을 다스리고 있기 때문인 것이다.

한글에는 16개의 자모(字母)[31]가 있는데 충분히 요약된 것이라 하겠다. 하늘과 땅의 숫자는 16에서 다하게 되며, 해·달·별·성좌의 '성'과 물·불·흙·돌의 '음'을 서로 곱하면 모두 열여섯이 되게 된다.

'성'은 맑음과 흐림[淸濁]을 주로 하여 나뉘고, '음'은 열림과 닫힘[闢翕]을 주로 하여 나뉘는데, 반대로 '열림과 닫힘'은 '성'을 따르게 하고 '맑음과 흐림'은 '음'을 따르게 하였는데 어째서 그러한가? '평성'·'상성'·'거성'·'입성'은 바로 '성'의 '맑음과 흐림'이고, '개음'·'발음'·'수음'·'폐음'은 바로 '음'의 '열림과 닫힘'이다.

그러므로 '맑음과 흐림'은 '음'을 따르게 하고 '열림과 닫힘'은 '성'을 따르게 하여, 서로 다 갖춤으로써 '성'자에는 '음'이 없을 수가 없고 '음'자에는 '성'이 없을 수가 없음을 보인 것이다. 따라서 '평성'·'상성'·'거성'·'입성'의 모든 '성'들 가운데에 '개음'·'발음'·'수음'·'폐음'의 글자들이 갖추어지고, '개음'·'발음'·'수음'·'폐음'의 모든 '음'들 가운데에 '평성'·'상성'·'거성'·'입성'의 글자들이 갖추어지게 된 것이다.

'일일성'에 반드시 '다(多)'·'양(良)' 이하 일곱자를 충당해야만 할 이유는 무엇인가? 그런데 《자전(字典)》 가운데에서 '평성'이며 '벽성'인 글자들을 찾아내어 보면, '다'·'양' 같은 글자들과 '성'은 다르더라도 '평성'이며 '벽성'인 점은 같은 게 있으니, 곧 그것들을 가져다가 여기에 충당시킬 수 있을 것이다. 반드시 '다'·'양'만이 '평성'이며 '벽성'이 될 수 있는 것은 아니다. '다'·'양과 같은 종류의 '성'을 미루어내어 보면, 곧 모든 '평성'이며 '벽성'이 될 수 있는 것들은 모두가 '일일성'이 된다. 이것들은 특히 그 자모(字母)로서 요약한 것일 따름이다.

‘고(古)’·‘흑(黑)’[32] 등의 글자도 역시 그러하다. ‘음’은 성조(聲調)를 위주로 하여 갈라지므로, ‘평성’·‘상성’·‘거성’·‘입성’에 관계없이 다만 ‘개음(開音)’이며 ‘청음(淸音)’인, 같은 성조이기만 하면 ‘수수음(水水音)’에 충당될 수 있다. 반드시 ‘고’·‘흑’만이 ‘개음’이며 ‘청음’이 되는 것은 아니다.

‘음’의 가락은 ‘후음(喉音)’·‘악음(齶音)’·‘설음(舌音)’·‘치음(齒音)’·‘순음(脣音)’[33]을 벗어나지 않지만, ‘후음’·‘악음’·‘설음’·‘치음’·‘순음’의 어울림에 있어서는 변화가 무궁하다. ‘개음’·‘발음’·‘수음’·‘폐음’은 ‘후음’·‘악음’·‘설음’·‘치음’·‘순음’의 변화를 요약한 것이다.

‘성’은 ‘평성’·‘상성’·‘거성’·‘입성’을 벗어나지 못하고, ‘음’은 ‘개음’·‘발음’·‘수음’·‘폐음’을 벗어나지 못하는데, 어째서 그러한가? 어찌 따스함과 서늘함, 추위와 더위가 사철의 기후를 조절하고, 눈과 달과 바람과 꽃이 사철의 다른 경치를 이룩하는 것과 같단 말인가?

‘성음’의 묘한 점은 수(數)가 그 근원을 찾아 올라가 그 본체(本體)를 드러내며 그 본체를 물러나게 함으로써 그 작용을 일으키게 하는 데 있다. 만물의 수를 추궁하는 데 이르러서는 천하의 지극한 변화가 아니라면은 그 누가 여기에 참여할 수가 있을 것인가!

原文　**聲音解**

天有陰陽大小異氣요, 地有剛柔大小異質이라. 氣變於上하여, 而象生焉이오, 質化於下하여, 而形具焉이라. 日月星辰이, 成象於天하고 ; 水火土石이, 成形於地하니라. 象動於天하여, 而萬時生이오, 形交於地하여, 而萬物成이라.

時之與物은, 有數存焉이라. 物有聲色氣味하니, 聲之數爲盛이라. 故로 邵子窮陰陽剛柔大小之數하고, 原本以推體하며, 推體以致用

하니, 致用則體數退而本數藏矣니라.

天之用數이, 百有十二요 ; 地之用數이, 百有五十二니라. 於是推正聲正音之字母하여, 列之爲圖하니라. 聲有高下하니, 故로 分以平上去入이오, 闢翕隨焉하며 ; 音有屈伸하니, 故로 別以開發收閉요, 淸濁隨焉이니라.

日日聲은, 陽之陽也니, 其聲宜平以闢이라. 多良以下七聲이, 皆爲平闢之字니, 則知其爲日日聲이오, 陽則主闢也니라.

日月聲하고, 陽與陰也니, 其聲宜平以翕이라. 禾光以下六聲이, 皆爲平翕之字니, 則知其爲日月聲이오, 陰則主翕也니라.

日爲暑하고, 月爲寒하니, 寒者暑之餘也요, 陰從陽者也니라. 故로 月之聲은, 從日之聲이오 ; 而禾之聲은, 多聲之變也며 ; 光之聲은, 良聲之變也니라. 日月同聲이나, 而特闢翕異니, 而讀宮與龍之聲이면, 則知龍聲乃宮聲之變也요, 而變闢爲翕者爾니라.

獨心聲變之爲翕이나, 則推不得하니, 是爲龍字下白圈은, 乃有聲而無字者也니라. 若使心聲變以爲翕聲이면, 則似可作琴字이나, 然非翕聲之正也니라. 白圈之不成字나, 調之則琴聲之似也니라.

三箇黑圈이, 列於每聲之下者는, 卽所去陰體數四十八也니라. 是不唯無字요, 乃無聲者也니라.

日星聲은, 太陽中之少陽也니, 其聲宜平闢이오, 比日日聲則爲不甚闢이니라. 開丁以下六聲은, 皆爲平闢之轉이니, 則知其爲日星聲이나, 但不若太陽之太闢爾니라.

日辰聲은, 太陽中之少陰也니, 其聲宜平翕이오, 回兄以下五聲이, 皆爲平翕之字나, 而甚於太陰之翕也니, 則知其爲日辰之聲이니라.

星爲晝요, 辰爲夜며, 夜者晝之餘니, 而陰從陽者也니라. 故로 辰之聲은, 從星之聲이오 ; 而回之聲은, 開聲之變也요 ; 兄之聲은, 丁聲之變也요 ; 星辰同聲이나, 而唯闢翕異爾니라. 君烏二字下白圈은,

乃牛男二聲之推不得者也니라.

推其例면, 變闢爲翕이니, 則牛字似可作鉤聲이요, 男字似可作堪聲이라. 然闢翕不楷正하니, 故로 不爲字而徒有其聲也니라. 龜字乃牛字下白圈之成字者也니라.

推聲之變하면, 字固不成於闢하고, 而成於翕者며; 亦有成於闢하고, 而不成於翕者也니라. 牛下之圈은, 從日日聲妻字之變이나, 而不成字者也니라. 上去入三聲은, 皆平聲之推也니라.

月日과, 星日과, 辰日之聲은, 皆多聲等字之變也니라. 日月과, 星月과, 辰月之聲은, 皆禾字等聲之變也니라. 月辰과, 星辰과, 辰辰之聲은, 回字等聲之變也니라. 其中白圈은, 皆從其變位第幾字而推也니라.

字聲之無窮於八十三聲之調는, 是自然之理니라. 更推不去하고, 又約以求其本하니, 則不出於多禾開回四聲七調之外矣니라.

至於水火土石之音은, 則與日月星辰之聲과, 其變同一規也니라. 其開發收閉之四調는, 切以淸濁이니, 猶平上去入之四變이, 分以闢翕也니라.

惟在聲則陽爲闢하고, 而陰爲翕하며; 在音則柔爲淸하고, 而剛爲濁이니라. 其故何也오? 以水則明이나, 而火則暗이오; 土則疎나, 而石則確爾니라.

水者火之質이니, 火生於水니, 故火之音從水之音이니라. 土者石之質이니, 而石生於土니, 故로 石之音從土之音也니라. 是則淸濁有異나, 而音則相從而近也니라.

發收閉三之調는, 皆開音四調之之變也니라. 黑圈之方은, 卽所去陽體數四十이니, 是爲無音者也이라. 其白圈之方은, 皆前音之推不得而有音無字也이라.

火土之音은, 多於他音이니, 何也오? 四行之中에, 土居其多하니,

其生成之數亦多요 ; 火潛而不常現하니, 其用則至大也니라.

辰之入聲과, 石之閉音은, 獨少於他니, 何也오? 天有四辰이나, 日月星則顯이오, 而辰不顯이라. 且辰屬夜니, 自戌至寅爲夜니라. 夏至엔, 萬物用事之夜極短이로되, 而戌與寅猶在用數나, 而亥子丑은, 全不用也니라. 地有四行이나, 水火土居多요, 石次焉이라. 石之爲物은, 全於質而氣不饒니, 故로 不能生物化物이라. 然則辰石之字이, 不亦少乎아?

聲之數止七이오, 音之數止九니, 何也오? 天之用數는, 常盈於六而極於七하니, 故로 天星之明可見者로, 北斗而數止七이라. 晝夜之數는, 過七則變矣니라.

地之用數는, 常止於九니, 故로 開物於月之寅이오, 閉物於月之戌니라. 亥子丑三月은, 不爲用數니, 究於九而變化極矣니라. 是則聲不得不七箇調列이오, 音不得不九樣調列이니라.

音不得不九樣調요, 切聲衍以至於八十三字하고, 音衍以至於百有三十二字니라. 捻聲音字母之數하면, 二百有一十五요, 括盡變化之要하면, 雖二萬八千九百八十一萬六千五百七十六字之變이라도, 皆不能出此區域이니, 以其撮其本하고, 而紀其會爾니라.

有如諺書之十六字母는, 約而盡矣니라. 天地之數는, 窮於十六이오 ; 日月星辰之聲과, 水火土石之音은, 相乘而皆至於十六矣니라.

聲主清濁하고, 而音主闢翕이나, 乃反以闢翕隨聲하고, 而清濁隨音은, 何也오? 其平上去入은, 卽聲之清濁이오, 而開發收閉는, 卽音之闢翕이니라. 故로 清濁隨音하고, 而闢翕隨聲하여, 互相備而以見聲字之不能無音이오, 音字之不能無聲也니라. 故로 平上去入每聲之中에, 開發收閉字具焉이오 ; 開發收閉每音之中에, 平上去入之字具焉이니라.

日日聲은, 必以多良以下七字當之니, 何也오? 是則於字林中求

其平闢之聲하면, 如多良等字는, 聲異而平闢同이니, 則引以當之면,
不必多良獨可爲平闢之聲이라. 推多良之聲類면, 則凡可爲平闢者
이, 皆爲日日聲이니, 此特括其字母爾니라.

　　古黑等字亦然이니라. 音主調切이니, 故로 不拘於平上去入하고,
而惟開淸同調면, 則當水水之音하니, 不必古黑獨爲開淸也니라.

　　音之調는, 不出於喉齶舌齒脣이나, 而喉齶舌齒脣之交則變化不窮
하니라. 開發收閉이, 拈盡喉齶舌齒脣之變이니라.

　　聲不出平上去入이오, 音不出開發收閉니, 何哉아? 豈溫凉寒懊이,
氣節於四時하고 ; 雪月風花이, 景分於四致歟아? 聲音妙處는, 在數
原其本而致其體하고, 退其體而達其用이니라. 至於窮萬物之數엔,
非天下之至變이면, 其孰能與於此哉아!

[註解]

1) 성음해설─중국의 성음학(聲音學)에선 글자의 음을 '성(聲)'과 '운(韻)'
　으로 구별하는데, '성'이란 음의 맨 첫머리에 붙는 자음(子音)을 말하
　며, '운'이란 모음(母音) 또는 모음과 끝에 붙는 자음들을 통틀어 말한
　다. 여기서 '음(音)'은 '운'을 뜻하는 듯하다.
　　서경덕의 이 글은 소옹(邵雍)이 지은 《황극경세서(皇極經世書)》
　권8에 실린 '경세사상체용지수도(經世四象體用之數圖)'('괘의 변화 해
　설(卦變解)' 뒤에 첨부한 〔참고〕(1) 참고 바람)의 '성음'에 관한 도표
　(圖表)를 해설한 것이다. 서경덕의 이학(理學) 사상은 소옹에게서 가
　장 많은 계시를 받았던 것 같다.
2) 억셈〔剛〕 부드러움〔柔〕─소옹의 《황극경세서》 권9 관물내편지일(觀物
　內篇之一)을 보면 '하늘이 존재하는 도(道)를 음(陰)과 양(陽)이라 하
　고, 땅이 존재하는 도를 부드러움〔柔〕과 억셈〔剛〕이라 한다' 하고, 또
　이어 '음양이 다하여 사철〔四時〕이 이루어지고, 억셈 부드러움이 다하
　여 사유(四維)가 이루어진다' 하였다. '사유(四維)'란 동남서북(東南西
　北)의 사방을 뜻한다. '사유가 이루어졌다'는 것은 부드러움과 억셈이

란 바탕[質]과 변화를 통하여 땅의 존재와 위치가 지금 우리가 보는 것처럼 이루어졌음을 뜻한다.

3) 해[日]·달[月]·별[星]·성좌[辰]……물[水]·불[火]·흙[土]·돌[石]—소옹은 '성음(聲音)'의 도표를 만듦에 있어서, '성(聲)'과 '음(音)'을 '양(陽)'과 '음(陰)' 또는 하늘과 땅으로 배정하고, 다시 하늘인 '성(聲)'을 '해·달·별·성좌'에 조화되도록 분류하여 배열하고, 땅인 '음(音)'을 '물·불·흙·돌'에 조화되도록 분류하여 배열하였다. 그리고 해와 달과 별과 성좌 또는 물과 불과 흙과 돌을 엇섞어 가면서 '성'과 '음'의 변화를 도해하였다. 이리하여 '성음'의 해설은 바로 자연의 이치와 들어맞게 되었던 것이다.

4) 거기에 해당하는 숫자—송(宋)나라에 들어와 성리학(性理學)의 개척자로 알려진 진단(陳摶, 약 906 이전~989)으로부터 시작하여, 그의 제자인 소옹(邵雍)은 《역경》에 보이는 수리(數理)에 근거하여 숫자로서 자연의 모든 현상과 이치를 풀이하려 하였다. 이를 '수리철학(數理哲學)'이라 부르는 이도 있다. 따라서 하늘과 땅으로부터 시작하여 모든 현상과 물건들에는 제각기 그에 해당하는 숫자를 지니게 되는 것이다. 《황극경세서》의 '경세천지시종지수도(經世天地始終之數圖)'('괘의 변화 해설(卦變解)' 뒤에 첨부한 [참고] (2) 참고 바람), '경세일원소장지수도(經世一元消長之數圖)'('괘의 변화 해설(卦變解)' 뒤에 첨부한 [참고] (4) 참고 바람)' 등 참조

5) 소리의 숫자가 가장 성대하다—소옹의 '경세사상체용지수도(經世四象體用之數圖)'의 설명에 의하면 '한 가지 물건에는 반드시 한 가지 소리가 있는데, 소리가 있으면 높고 낮음이 있고, 가락이 있으니 또 장단이 있게 된다. 그러므로 소리·높고 낮음·가락·장단을 추궁함으로써 만물의 숫자를 추궁하게 된다'는 것이다. 이 말에 근거하여 서경덕은 '소리의 숫자가 가장 성대하다'고 한 것이다.

6) 작용을 드러내며는—소옹은 '경세사상체용지수도'에서 '작용을 드러내면[致用] 곧 본체의 숫자가 물러나고[本數退], 본체의 숫자가 물러나면 곧 근본의 숫자가 감춰진다[本數藏]. 본체가 물러나고 근본이 감

취지는 데서 변화가 나타나는 것이다'고 하였다.

7) 하늘의 '용수(用數)'……―소옹의 '경세사상체용지수도'에 보이는 대목임. 태양(太陽)·소양(少陽)·태강(太剛)·소강(少剛)의 수가 각각 10인데 4를 곱하면 160, 태음(太陰)·소음(小陰)·태유(太柔)·소유(少柔)의 본체수(體數) 각 12를 합친 48을 빼면 '112'가 나오는데 이것이 하늘의 '용수'이다. '용수'란 작용을 표시하는 숫자란 뜻이다. 태음·소음·태유·소유의 본체수를 합친 48을 4로 곱하면 192, 여기에서 태양·태강·소양·소강의 본체수를 합친 40을 빼면 '152'가 남는데 이 것이 땅의 '용수'이다.

8) 도표(圖表)―소옹의 '경세사상체용지수도'를 가리킨다.

9) 평성·상성·거성·입성―'평성'은 오르내림없이 평평하게 나는 소리, '상성'은 낮은 데서 위로 올라가며 그치는 소리, '거성'은 높은 데서 내려가면서 짧게 끝나는 소리, '입성'은 ㄱ·ㅅ·ㅂ 받침이 붙은 소리로 짧게 끊어지는 소리이다. 이를 '사성(四聲)'이라 부르는데 현대의 중국음에 와서는 '입성'이 없어지고 대신 '평성'이 '상평성(上平聲)'·'하평성(下平聲)'으로 나뉘어졌다.

10) '벽성(闢聲)'과 '흡성(翕聲)'―'열린 소리'와 '닫힌 소리'.

11) 개음(開音)·발음(發音)·수음(收音)·폐음(閉音)―'열리는 음'·'터지는 음'·'거둬들이는 음'·'닫혀지는 음'.

12) 청음(淸音)과 탁음(濁音)―'맑은 소리'와 '흐린 소리'.

13) 일일성(日日聲)―소옹의 '경세사상체용지수도'를 보면 '성'을 '일일성'·'일월성(日月聲)'·'일성성(日星聲)'·'일신성(日辰聲)'·'월일성(月日聲)'·'월월성(月月聲)'·'월성성(月星聲)'·'월신성(月辰聲)'·'성일성(星日聲)'·'성월성(星月聲)'·'성성성(星星聲)'·'성신성(星辰聲)'·'신일성(辰日聲)'·'신월성(辰月聲)'·'신성성(辰星聲)'·'신신성(辰辰聲)'으로 구별했다. 그리고 '일일성'은 '평성(平聲)'이며 '벽성(闢聲)'이라 하고 다(多)·양(良)·천(千)·도(刀)·처(妻)·궁(宮)·심(心)의 일곱 자를 이에 배열하고, 그 밑엔 검은 동그라미 3개를 그려놓고 있다.

14) 화(禾)·광(光) 이하 여섯 개의 '성'―'일월성'에는 화(禾)·광(光)·원

(元)·모(毛)·쇠(衰)·용(龍)의 6개의 글자가 배열되어 있고, 그 아래 1개의 흰 동그라미와 다시 그 아래 검은 동그라미 3개가 줄지어 달려 있다.

15) 심(心)성이 변하여 '흡성'이 됨―'일일성[벽성]'의 '심'자에 해당하는 위치의 글자를 '월월성[흡성]'에서 찾아보면 글자 대신 '용(龍)'자 아래 흰 동그라미가 그려져 있다.

16) 3개의 검은 동그라미―앞의 주해 12) 및 13) 참조.

17) 사십팔개―모든 '성' 밑에 검은 동그라미가 3개씩 배열되어 있는데, '성'의 종류가 16이므로(앞 주해 12) 참조) 도합 48개가 된다.

18) '태양(太陽)' 가운데의 '소양(少陽)'―소옹의 '경세천지사상도(經世天地四象圖)'에 의하면, '양'에는 '태양'과 '소양', '음'에는 '태음'과 '소음'이 있는데 해[日]는 '태양', 별(星)은 '소양'에 속한다. 그래서 '일성성(日星聲)'을 '태양' 가운데의 '소양'이라 한 것이다.

19) 개(開)·정(丁) 이하의 여섯 글자―'경세사상체용지수도'에 의하면 '일성성(日星聲)'에는 개(開)·정(丁)·신(臣)·우(牛)·어(魚)·남(男)의 여섯 글자가 있는데, '우(牛)'자 밑에 흰 동그라미 한개가 들었고, 맨 끝 남(男)자 밑엔 검은 동그라미가 3개 줄지어져 있다.

20) 소음(少陰)―'경세천지사상도'를 보면 '성좌[辰]'는 '소음'에 해당한다. 해[日]는 '태양'이므로(주해 17) 참조), '일신성'을 '태양' 가운데의 '소음'이라 말한 것이다.

21) '회(回)'·'형(兄)' 이하 다섯 글자―'경세사상체용지수도'에 의하면, '일신성(日辰聲)'에는 회(回)·형(兄)·군(君)·구(龜)·오(烏)의 다섯 글자가 있는데, 군(君)자와 구(龜)자 사이 및 오(烏)자 아래 흰 동그라미가 각각 한개씩 두개가 들어있고, 맨 끝에 검은 동그라미 세개가 붙어 있다.

22) 팔십삼성(八十三聲)―'경세사상체용지수도'의 '일일성(日日聲)'으로부터 시작하여 '신신성(辰辰聲)'에 이르는 여러 '성' 아래 배열된 '성'의 글자수가 모두 83이다.

23) 다(多)·화(禾)·개(開)·회(回) 사성(四聲)―'다'는 '일일성(日日聲)'의

첫째 글자, '화'는 '일월성(日月聲)'의 첫째 글자, '개'는 '일성성(日星聲)'의 첫째 글자, '회'는 '일신성(日辰聲)'의 첫째 글자임. 이것이 '사성(四聲)'이다. 이들 밑에는 흰 동그라미를 합쳐 모두 일곱개의 글자들이 벌여져 있는데, 이것을 '칠조(七調)'라 말한다. 이 '사성'과 '칠조'가 변화하여 '83성'을 이루며, 이 변화는 하늘과 땅 사이의 자연변화의 이치도 상징한다는 것이다.

24) 물[水] · 불[火] · 흙[土] · 돌[石]의 음 ─ 해[日] · 달[月] · 별[星] · 성좌[辰]의 성이 하늘에 속했던 반대로 이것은 땅에 속한다. 소옹의 '경세사상체용지수도'에는 '음(音)'을 분류하여 '수수음(水水音)' · '수화음(水火音)' · '수토음(水土音)' · '수석음(水石音)' · '화수음(火水音)' · '화화음(火火音)' · '화토음(火土音)' · '화석음(火石音)' · '토수음(土水音)' · '토화음(土火音)' · '토토음(土土音)' · '토석음(土石音)' · '석수음(石水音)' · '석화음(石火音)' · '석토음(石土音)' · '석석음(石石音)'으로 나누고 있다.

25) 개음(開音) 사조(四調) ─ '경세사상체용지수도'의 '수수음(水水音)'의 첫 글자 고(古), '수화음(水火音)'의 첫 글자 '□', '수토음(水土音)'의 첫 글자 곤(坤), '수석음(水石音)'의 첫 글자 '□'를 가리킨다. 이들 '개음'의 변화에 의하여 나머지 '발음' · '수음' · '폐음'의 음들이 이루어졌다고 한다.

26) 사십 ─ '경세사상체용지수도'의 도표를 보면 '정음(正音)'란의 각 '음'에 배열된 글자들 아래 도합 40개의 검은 네모꼴이 있다.

27) '불'과 '흙'에 속하는 음 ─ '경세사상체용지수도'에 의하면 '물'에 속하는 글자가 서른하나. '돌'에 속하는 글자가 열아홉인데 비하여, '불'에 속하는 글자가 마흔하나, '흙'에 속하는 글자도 마흔하나가 있다.

28) 성좌[辰]에 속하는 입성(入聲) ─ '경세사상체용지수도'에 의하면, '신성(辰聲)'은 모두 입성이며, 열두자밖에 실려있지 않다. '석성(石聲)'은 물론 폐음이며 열아홉자가 있다.

29) 인월(寅月) ─ 1년 중 셋째 달, 따라서 술월(戌月)은 열한번째 달이 된다. 그러므로 셋째 달서부터 열한째 달까지는 아홉달이 된다. 뒤의 해

월(亥月)은 열두번째, 자월(子月)은 첫번째, 축월(丑月)은 두번째 달이
된다.

30) 이만팔천구백팔십일만육천오백칠십육―요새 숫자로는 '이억팔천구백팔
십일만육천오백칠십육'. 소옹에 의하면 이것은 동물과 식물의 통수(通
數)라 한다.

31) 한글의 열여섯개의 자모(字母)―세종대왕께서 만드신 스물여덟 글자
가운데의 자음(子音) 열일곱자 중 'ㅇ'을 뺀 나머지 글자들, 곧 ㄱ·
ㅋ·ㆁ·ㄷ·ㅌ·ㄴ·ㅂ·ㅍ·ㅁ·ㅈ ·ㅊ·ㅅ·ㆆ·ㅎ·ㄹ·△의 열
여섯 글자를 가리킨다.

32) 고(古)·흑(黑)―'음'의 첫머리에 보이는 '수수음(水水音)'의 첫머리 두
글자.

33) 후음(喉音)·악음(顎音)·설음(舌音)·치음(齒音)·순음(脣)―'후음'은
목구멍 깊숙이에서 나는 소리, '악음'은 목구멍 위쪽에서 나는 소리,
'설음'은 혀를 움직여 내는 소리, '치음'은 이빨 사이에서 나는 소리,
'순음'은 입술을 놀리어 내는 소리.


## 앞의 '성음해설'에서 설명이 충분치 못했던 곳을 보충함
[跋前聲音解未盡處]


동그라미가 흰 것은 '양(陽)'의 텅 비고 밝음을 상징하고, 네모꼴로
흰 것은 '음(陰)'의 텅 비고 밝음을 상징한다. 텅 비고 밝은 곳에는
'음성'이 반드시 통할 것이다. 앞서 말한 '성음'이 있으면서도 글자를
이루지는 못한 것이란, '벽음'이 바뀌어 '흡음'이 되거나 '청음'이 변하
여 '탁음'이 된 것인데, 그럼에 있어서는 '반쪽 성[半聲]'이나 '반쪽
음[半音]'이 글자를 이루지 못하는 것이 있을 것임은 이치로 보아 당
연한 것이어서 의심할 여지가 없다.

동그라미가 검은 것은 '양'이 막히어 차있음을 상징하고, 네모꼴로 검은 것은 '음'이 막히어 차있음을 상징한다. 막히어 차있는 곳은 '성음'이 반드시 통할 수 없을 것이니, 글자가 없을 뿐만 아니라 '성음'도 역시 없을 것이다.

글자는 비록 이루지 못하지마는 '반쪽 성'이나 '반쪽 음'이 있는 것은 마땅히 그 변화를 표시해야 할 것이며, 그 소리도 없고 글자도 없는 것은 마땅히 떼어내 버려야만 할 것이다. 그러나 그것까지도 도표에 표시하고 있는 것은 수(數)의 본체와 작용이 서로 번갈아가며 나타나고 물러나고 함을 보이기 위한 것이다.

그러나 우리나라의 한자음(漢字音)은 달라진 게 많아서, '상성'·'거성'이나 '개음'·'발음' 따위의 분별을 하기가 어렵다. 그러나 중국어에 비겨보면 본 글자의 성조(聲調)는 잃지 않고 달라진 것임을 알 수 있다. 예로 '궁(宮)'음은 혀가 입 가운데 있게 된다 하였는데, 우리가 읽어봐도 역시 그러하니 달라지기는 하였지만 본 글자의 성조는 잃지 않고 있음을 알게 되는 것이다.

또한 달라짐도 한 가지 규칙을 이루는 것이니, 달라진 것을 따져보아도 요점은 통하여 역시 이러한 이치들을 지니고 있다. '성음도(聲音圖)'를 볼 것 같으면 이치가 투철히 드러나고 있으니 처음부터 우리나라 말의 달라진 것과는 관계가 없는 것이다. 〔소리를 상징하는 음(音)은 음(陰)일 듯하다.〕

原文  跋[1] 前聲音解未盡處

圓圈而白者는, 象陽之虛明이오 ; 方圈而白者는, 象陰之虛明이라. 虛明之地엔, 音聲必通이라. 今謂之有聲音而不成字者는, 轉闢爲翕과, 變淸爲濁이니, 則有半聲半音之不成字者니, 理之必然이오, 無足疑矣니라.

圓圈而黑者는,  象陽之窒塞이오 ; 方圈而黑者는,  象音之窒塞이니라. 窒塞之地엔, 聲音必不通이니, 則非獨無字요, 而聲音亦無也니라.

字雖不成이나,  而半聲音者는,  宜著其變이니 ; 其無聲無字者는, 宜去之나, 亦著於圖者는, 示數之體用이, 迭爲進退爾니라.

但吾方之音多訛하니, 故로  難於上去開發之辨이라.  然比之華語면, 不失本字之調而差訛爾라. 如宮音은, 曰舌居中이나, 吾亦讀來便如此니, 故로 知差訛而不失本字之調니라.

且訛成一規니, 從訛而要通이, 亦有此理니라. 看聲音圖면, 理透則便見破了리니, 初不係邦言之差訛爾니라.(象音之音은 疑陰이라.)

註解

1) 跋(발) – '발문(跋文)'이라고도 부르며, 어떤 문장이나 책 뒤에 보충이나 설명을 더하기 위하여 붙인 글을 말한다. '서문(序文)'의 반대라 보면 될 것이다.


## '황극경세수'[1] 해설 〔皇極經世數解〕

ㅇ 삼백육십[2]에 삼백육십을 곱하면 십이만구천육백년이 된다.
ㅇ 십이만구천육백[3]년에 십이만구천육백을 곱하면, 일백육십칠억구천육백십육만년이 된다.
ㅇ 일백육십칠억 구천육백십육만년을 제곱하면, 곧 이만팔천이백십일조 구백구십만칠천사백오십육억이 된다.
ㅇ 이만팔천이백십일조 구백구십만칠천사백오십육억을 열두개의 기간[限]으로 나누면,[4] 한 기간은 십삼억구천구백육십팔만의 일백육십칠억 구천육백십육만년이 된다. 일백육십칠억 구천육백십육만을

하나로 보고 셀 것 같으면, 한 기간이 십삼억 구천구백육십팔만이
된다.

○ 일백육십칠억 구천육백십육만을 열로 나누면, 한 토막이 십육억
칠천구백십육일만육천년이 된다.

○ 매년 육일(六日)[5]이 더 나아간다고 하면, 곧 십이만구천육백년이
면 십이만구천육백을 여섯 얻게 된다. 그러므로 십이만구천육백년
동안 육일 더 나아간다고 하는데, 십이만구천육백을 하루로 쳐서
합계하면 곧 육일이 되는 것이다.

○ 일백육십칠억 구천육백십육만년에 매년 육일 더 나아간다면, 곧
일백육십칠억 구천육백십육만이 여섯 있게 된다. 그것을 나누어
열개로 만들면 곧 한 부분이 십육억칠천구백육십일만육천일이 된
다. 육이 모두 합쳐 열이라면 곧 육십일이 된다.

○ 열두개의 기간[限]은 한 기간이 십삼억구천구백육십팔만개의 일백
육십칠억 구천육백십육만년이라 하였는데, 육일씩 더 나아간다면
그 기간[限]의 수만한 날짜가 여섯 있게 될 것이다.

○ 기간[限]의 수를 나누어 열개로 만들면 일억삼천구백구십육만팔천
년 씩이 되며, 날짜도 그 수와 같은 것이 얻어진다. 육이 모두 합
쳐 열이라 계산하면 육십일이 된다.

○ 기수(朞數)[6]는 삼백육십육일이고, 세수(歲數)는 대략 삼백육십일
이고, 역수(曆數)는 삼백오십사일여(餘)이다.

○ 자월(子月)부터 사월(巳月)에 이르기까지 음(陰)과 양(陽)이 남아
돌아가는 것이 각각 육이고, 오월(午月)부터 해월(亥月)까지 음과
양이 남아돌아가는 것이 각각 육이다.

○ 삼백육십일에다 남아돌아가는 수 이십사[8]를 합치면, 삼백팔십사효
(爻)[9]와 합치된다. ‘체수(體數)’[10]가 삼백팔십사인데, 건(乾)·곤
(坤)·이(離)·감(坎)[11] 괘(卦)의 이십사효(爻)를 빼면 곧 삼백육

십이 된다. 삼백육십은 '용수(用數)'[12]인 것이다.

삼백육십을 십으로 나눈 뒤 그것을 다시 삼으로 쪼갠 것이 '교수(交數)'[13]이며, 그것을 칠로 곱한 것이 '용수(用數)'이다. 이백오십이일이 '용수'인 것이다. 반으로 그것을 쪼개면 일백이십육이 되는데, 육부[分][14]가 더 나아간다.

하루에는 낮과 밤이 있으니 십이부[分]가 된다. 십일마다 일부씩 더 나아가서, 모두 넉달[15]이며 십이부 나아가게 된다. 나머지 육일[16]에는 육리[釐] 더 나아가는데, '교수'[17]의 육일과 합치면 모두 12리(釐) 나아가게 된다. 부[分]는 삼부가 일일(日)이 된다.

넉달을 세곱하면 일년 삼백육십일이 되니, 그 12분[分]을 세곱하면 삼십육부가 된다. 삼부를 1일(日)이라 한다면, 일(日)로는 십이가 된다. 앞의 12리(釐)를 세곱하면 곧 36리가 되는데, 10리(釐)를 1부[分]라 하면 3부[分]하고도 6리(釐)가 남게 된다.

○ 대략 1년 360일에 나아가고 물러나고 하기를 6일씩 하므로 모두 12일이 된다. 남아돌아가는 수[18]와 '교수'를 합치면 도합 삼십육일이다. 나아가고 물러남을 18리(釐)씩 하여 모두 36리가 됨으로써 하루 6리가 된다. 윤일(閏日)[19]로서 남는 게 12일이니, 나머지 수와 '교수'의 나머지 날짜들을 미루어 나아가면 곧 모두 하루에 6리가 되는 것이다.

○ '용수(用數)'의 작용은 이백오십이일인데, '교수'인 십이일을 가하면 이백십사일이 되며, 이것은 실용(實用)의 수인 것이다. 15년의 용수의 날짜가 쌓여야만 십년의 일수(日數)를 채울 수 있게 된다.

○ 10년이면 나아가고 물러남이 육십일씩 윤일(閏日)로 남는다. 십년 동안 남아돌아가는 숫자와 '교수' 삼십육일을 쌓아놓으면, 곧 삼백육십일이 된다. 10년 동안 하루 6리(釐)를 쌓아놓으면, 곧 12이므로 60리(釐)가 될 터인데, 십리를 1부[分]라 하면 곧 6부가 되며,

3부를 1일(日)이라 한다면 2일이 되니, 모두 12일로서 꼭 1년의 윤일(閏日)의 수에 해당하게 된다.

○ 십이만구천육백년에 남아돌아가는 수와 '교수'의 날을 미루어 셈해 보면 일년인 삼백육십일이 된다. 곧 일만이천구백육십년 동안 육 일씩 나아가게 되는데, 일만이천구백육십년이면 칠만칠천칠백육십 일이 되는데, 물러나는 육일도 역시 이와 같다. 십이만구천육백을 날[日]이라 한다면, 하루씩 남는 게 이만오천구백이십이 되는데, 날짜를 십으로 쪼갠 다음 두 곱한 것에 해당한다. 십이만구천육백 년의 모든 남아돌아가는 수와 '교수'의 윤일(閏日)들은 12부[分] 나아가고 물러나고 있는데, 일일(日) 2부[分]인 것이다.

○ 십이만구천육백을 셋으로 나눈 것이 '교수'이고, 일곱으로 곱한 것 이 '용수'이다. 십이만구천육백을 열로 나누면 일만이천구백육십인 데, 일곱으로 곱하면 구만칠백이십년이며, 이것을 반으로 나누면 사만오천삼백육십년이 된다. 일년에 육일씩 나아간다면 사만오천 삼백육십일이 여섯이 되는 셈이다.

　날에는 낮과 밤이 있으니, 나아가고 물러나고 함이 하루 모두 십이일이 된다. 삼천육백년 마다 하루 나아간다면, 사만삼천이백[20] 을 날로 쳐서 일(一)이 되니, 모두 사만삼천이백년이면 십이일 나 아가게 된다. 나머지 이천일백육십년[21]에는 나머지로 육부[分]가 나아가 '교수'의 이천일백육십년과 합치면 모두 십이부가 나아가는 것이 된다.

　구만칠백이십년은 곧 '용수(用數)'의 작용인 이백오십이일 쌓이 어 얻어진 것이다. 이백오십이일의 '용수'에다 매일 삼백육십의 숫 자가 늘어난 것이다. 이백오십이에다 삼백육십을 곱하면 곧 구만 칠백이십이란 숫자가 얻어진다.

　나머지 이천일백육십년[22]에 나머지로 육부[分]가 나아가는데,

곧 나머지 육일이란 육리(釐)의 나아감이 쌓여서 얻어진 것이다. 나머지 육일에 매일 삼백육십의 수가 늘어난다면, 곧 이천일백육십년이 되는 것이다. '교수'인 이천일백육십년도 역시 육부[分]가 나아가는 것인데, 곧 '교수'의 육일이란 육리(釐)의 나아감이 쌓이어 얻어진 것이다.

'교수'의 육일도 매일 삼백육십이 늘어난다면 곧 이천일백육십년이 된다. 육리(釐)도 그렇게 쌓이면 역시 이천일백육십리가 된다. 삼백육십리를 일부[分]로 치면 곧 육부가 된다. 삼십리(釐)가 일일(日)이라면 곧 이천일백육십리는 칠십이일이 되는데, 매일 삼백육십일이 늘어난다면 곧 이만오천구백이십일이 된다.

○ 이천일백육십년에 나머지 육부[分]가 나아가는데, 육부[23]라면 곧 이만오천구백이십일이 된다.

○ 사만삼천이백을 세곱하면 십이만구천육백년이 되며, 그 나머지 수와 '교수'인 십이부를 세곱하면 삼십육부가 된다.

○ 사만삼천이백년에 십이일 나아가는데, 십이일을 세곱하면 삼십육일이 되며, 삼일을 일일로 치면 모두 십이일이 된다. 삼십육부[分]도 삼부를 일부로 치면 모두 십이부가 된다.

십이만구천육백년에 육일 나아가고 육일 물러나고 함이 윤일(閏日)이 되며, 나머지분도 육부 나아가고 육부 물러나고 한다. 그러므로 조그만 운수[小運][24]의 변화는 십이와 삼십을 곱하고 육십에 이르게 되는데, 곧 삼백육십육일을 나아가게 된다. 그 물러남도 역시 이와 같다.

○ '용수'는 구만칠백이십사년인데, 쌓이어 이만팔천이백십일조구백구십만칠천사백오십육에 이르게 된다. '조그만 운수'로부터 육십번 변화하여 그것이 얻어진다.

○ 삼백육십에 삼백육십을 곱하면 곧 십이만구천육백년이 된다. 십이

만구천육백에 십이만구천육백년을 곱하면 곧 일백육십칠억구천육백십육만년이 된다.

○ 일백육십칠억구천육백십육만년에 일백육십칠억 구천육백십육만을 곱하면 곧 이만팔천이백십일조 구백구십만칠천사백오십육억년이 된다.

○ 이만팔천이백십일조 구백구십만칠천사백오십육억을 열두개의 기간[限]으로 나누면, 한 기간은 십삼억구천구백육십팔만의 일백육십칠억 구천육백십육만년이 된다. 일백육십칠억 구천육백십육만을 하나로 보고 셀 것 같으면, 한 기간이 십삼억구천구백육십팔만이 된다.

○ 일백육십칠억 구천육백십육만을 열로 나누면, 한 토막이 십육억칠천구백육십일만육천년이 된다.

○ 십이만구천육백년에 육일씩 더 나아가는데, 십이만구천육백을 일일로 계산하고 셈하며는 여섯을 얻게 된다.

○ 일백육십칠억 구천육백십육만년에 매년 육일 더 나아가면, 일백육십칠억 구천육백십육만을 하루로 치고 셈하면 여섯을 얻게 된다. 그것을 열로 나누면 한 토막이 십육억 칠천구백육십일만육천년이 된다. 육일씩 더 나아가는데, 십육억 칠천구백육십일만육천을 하루로 치고 셈하면 육일이란 숫자를 얻게 된다. 나뉘어진 날짜들을 열개 합치면 곧 육십일이 된다.

○ 이만팔천이백십일조 구백구십만칠천사백오십육억도 십이 기간[限]으로 나뉘어진다.

○ 한 기간이 십삼억 구천구백육십팔만의 일백육십칠억 구천육백십육만년이 되는데, 육일씩 나아가면, 그와 같은 숫자가 여섯 있게 된다.

또 그것을 열로 나누면 곧 한 기간이 일억 삼천구백구십육만팔천의 일백육십칠억 구천육백십육만이 되는데, 육일씩 나아가는 것을 나뉘어진 날짜들을 열개 합치면 육십일이 된다. 모두 여섯 기간[限]이면 삼백육십일을 더 나아가게 되는데, 나머지 수 '교수'인 육부를 더하여 쌓아놓고 셈할 것 같으면, 곧 삼백육십육일 더 나아가게 된다.

○ 십삼억 구천구백육십팔만의 일백육십칠억 구천육백십육만을 하루라 한다면 육부를 얻게 된다. 나누어진 것을 열곱하면 곧 육십부[分]가 되어 육일을 얻게 된다. 여섯 기간[限]이면 삼십육일이 된다(제22단의 삼백육십에 삼백육십을 곱하는 대목부터 이곳에 이르기까지는 두 번 나오는데, 계산 방법만은 가끔 같지 않은 곳이 있다).

○ 십이만구천육백년에 육일씩 나아가는데, 십이만구천육백일을 일일로 삼게 되므로, 열번 물러나게 되는 까닭은 왼편 수와 같다.

○ 일백육십칠억 구천육백십육만에 육십일 나아가는데, 일만이천구백육십일[25]을 일일로 삼는다. 일원(元)의 일수도 이와 같으니, 사천육백육십오만 육천[26]부[分]가 일일이 된다.

○ 삼백육십에 십이만구천육백을 곱하고, 다시 그 수의 삼백육십일이 있으면, 곧 일백육십칠억구천육백십육만이 된다. 삼백육십을 하루로 삼는다면 사천여일을 얻게 된다.


原文  皇極經世數解

○ 三百六十乘三百六十爲十二萬九千六百年이라.

○ 十二萬九千六百年乘十二萬九千六百이면,  則爲一百六十七億九千六百一十六萬年이라.

○ 一百六十七億九千六百一十六萬年自乘이면,  則爲二萬八千二百一十一兆九百九十萬七千四百五十六億이라.

○ 二萬八千二百一十一兆九百九十萬七千四百五十六億을,　分之十
二限이면,　每限一十三億九千九百六十八萬之一百六十七億九千
六百一十六萬年이라.　以一百六十七億九千六百一十六萬爲一而
數之면, 每限爲一十三億九千九百六十八萬也니라.

○ 一百六十七億九千六百一十六萬을,　分而十之면,　每一分十六億
七千九百六十一萬六千年이라.

○ 每年進六日이면,　則十二萬九千六百年爲十二萬九千六百者六이
니라. 故로 曰十二萬九千六百年에, 進六日이니, 以十二萬九千六
百爲一日하며, 計之乃六日也니라.

○ 一百六十七億九千六百一十六萬에,　每年進六日이면,　則爲一百
六十七億九千六百一十六萬者六也니라.　分而十之면,　則每一分
爲十六億七千九百六十一萬六千日者라. 六合十則六十日也니라.

○ 凡十二限은,　每限一十三億九千九百六十八萬之一百六十七億九
千六百一十六萬年이니, 進六日이면, 得日如其限數者凡六이라.

○ 限數分而十之면,　一億三千九百九十六萬八千年이오,　得日如其
數者니라. 六合十而計之면, 六十日也니라.

○ 朞數三百六十六日이오, 歲數大率三百六十日이오, 曆數三百五十
四日有奇라.

○ 子月至巳月엔, 陰陽餘空各六이라. 午月至亥月엔, 陰陽餘空各六
이라.

○ 三百六十日에, 幷餘空二十四니, 配三百八十四爻라. 體數三百八
十四니, 去乾坤離坎卦二十四爻면, 則三百六十也니라. 三百六十
은, 用數也니라.

　　三百六十에, 十之而去其三者이, 交數也니라. 取其七者이, 用
數也니라. 二百五十二日은, 用數也니라. 半之면, 得一百二十六이
오, 日以進六分也니라.

日有晝夜하여, 以成十有二分也니라. 每十日進一分면, 凡四月
進十有二分也니라. 餘六日以進六釐니, 合交數之六日이면, 共進
十有二釐也니라. 分則三分日之一也니라.

三其四月則爲歲三百六十日이오, 三其十二分則爲三十六分也
니라. 以三分爲日이면, 得日十有二也니라. 三其十二釐면, 則爲三
十六釐요, 以十釐爲分면, 得分有三하여, 而釐餘六也니라.

○ 大率一歲三百六十日이니, 進退六日이면, 凡十有二日也니라. 加
餘數交數하여, 合三十六日이라. 進退十八釐면, 凡三十六釐로,
以成一日六釐也니라. 閏餘凡十有二日이니, 推餘交數之閏이면,
則凡一日六釐也니라.

○ 用數之用은, 二百五十二日이오, 加交數之十二日이면, 爲二百六
十四日하니, 實用之數也니라. 積十五年이면, 用數之日이, 足充十
年之日數也니라.

○ 十年進退六十日爲閏餘也니라. 積十年餘交數之三十六日이면, 則
爲三百六十日이라. 積十年之一日六釐면, 則凡十日六十釐요, 以
十釐爲分이니, 凡六也요 ; 三分爲日하여, 得二日이니, 凡十二日
로, 恰充一年之閏數也니라.

○ 十二萬九千六百年을, 推餘交數之日이면, 爲歲三百六十日이니라.
則得年一萬二千九百六十以進六日이면, 一萬二千九百六十年得
日七萬七千七百六十日이오, 退六日도, 亦如之니라. 十二萬九千
六百爲日이면, 則得一日餘二萬五千九百二十이오, 當十分日之二
니라. 凡十二萬九千六百年餘交數之閏은, 進退十二分也니, 一日
二分也니라.

○ 十二萬九千六百을, 去其三者면, 交數也요 ; 取其七者면, 用數也
니라. 十二萬九千六百을, 分而爲十이면, 則每分一萬二千九百六
十이오 ; 七之得九萬七百二十年이오 ; 半之得四萬五千三百六十

年이니, 以進六日이면, 以四萬五千三百六十爲日而得六也니라.

日有晝夜니, 故로  進退皆日共十二日也니라.  每三千六十年에, 進一日이면, 以四萬三千二百爲日而得一이오, 凡四萬三千二百年에, 進十有二日也니라.  餘二千一百六十年이니,  以進餘分之六하고, 合交數之二千一百六十年이면,  共進十有二分也니라.

九萬七百二十年은,  乃用數之用이니라.  二百五十二日之積而得者也니라.  二百五十二日用數나,  而每日衍三百六十之數也니라. 以二百五十二乘三百六十이면,  則得九萬七百二十之數也니라.

餘二千一百六十年에,  以進餘分之六者면,  卽餘六日이니,  以進六釐之積而得者也니라.  餘六日에,  每日衍三百六十之數면,  則爲二千一百六十年也니라.  交數二千一百六十年에,  亦進六分者면, 卽交數六日이니, 以進六釐之積而得者也니라.

交六日로, 每日衍三百六十이면, 則亦爲二千一百六十年也니라. 六釐之積이,  亦二千一百六十釐也니라.  三百六十釐爲一分이면, 則爲六分也니라.  三十釐爲日이면,  則二千一百六十釐요,  得日七十二니라.  每日衍三百六十日이면,  則爲二萬五千九百二十日也니라.

○ 二千一百六十年에,  以進餘分之六이면,  六分卽二萬五千九百二十日也니라.

○ 三其四萬三千二百이면,  則爲十二萬九千六百年이오 ; 三其餘交之十二分이면, 則爲三十六分니라.

○ 四萬三千二百年에, 進十二日하여, 三其十二日이면, 爲三十六日이오 ; 以三日爲日이면, 共十二日也니라. 三十六分에,  以三分爲分이면, 共十二分也니라.

十二萬九千六百年에,  進六日退六日爲閏이면 ; 餘分進六分退六分이라. 故로 小運之變은, 以十二三十乘之하여, 至於六十이면,

則進三百六十六日也니라.  其退亦如之라.

○ 用數九萬七百二十年에,  積至於二萬八千二百一十一兆九百九十萬七千四百五十六億이라.  自小運六十變而得之也니라.

○ 三百六十乘三百六十이면, 則爲十二萬九千六百年이라.  十二萬九千六百乘十二萬九千六百年이면,  則爲一百六十七億九千六百一十六萬年이라.

○ 一百六十七億九千六百一十六萬乘一百六十七億九千六百一十六萬이면,  則爲二萬八千二百一十一兆九百九十萬七千四百五十六億年이라.

○ 二萬八千二百一十一兆九百九十萬七千四百五十六億을,  分而爲十二限이면,  每限一十三億九千九百六十八萬之一百六十七億九千六百一十六萬年이라.  以一百六十七億九千六百一十六萬爲一而數之면, 每限一十三億九千九百六十八萬也니라.

○ 一百六十七億九千六百一十六萬을,  分而爲十이면,  則每分十六億七千九百六十一萬六千年이라.

○ 十二萬九千六百年에, 進六日하여, 以十二萬九千六百爲日而數之면, 得六也니라.

○ 一百六十七億九千六百一十六萬年에,  每年進六日하여,  以一百六十七億九千六百一十六萬爲日而數之면,  得六也니라.  分而十之면, 則每分一十六億七千九百六十一萬六千年이라.  進六日하여, 以一十六億七千九百六十一萬六千爲日而數之면,  得六日也니라. 合十分之日이면, 則爲六十日也니라.

○ 二萬八千二百一十一兆九百九十萬七千四百五十六億을,  分而爲十二限이라.

○ 每限一十三億九千九百六十八萬之一百六十七億九千六百一十六萬年에, 進六日이면, 如其數者得六也니라.  又分而十之면,  則每

分一億三千九百九十六萬八千之一百六十七億九千六百一十六萬
이라. 進六日하고, 合十分之日이면, 爲六十日也니라. 凡六限進三
百六十日하고, 加餘交數之六分하여, 積而數之면, 則進三百六十
六日矣니라.

○ 以一十三億九千九百六十八萬之一百六十七億九千六百一十六萬
爲日하여, 而得六分也니라. 分而十之면, 則爲六十分이오, 得六日也
니라. 六限이면, 三十六日也니라.(自第二十二段三百六十乘三百六十
以下至此再出이니, 算法時有不同處라.)

○ 十二萬九千六百年에, 進六日하여, 以十二萬九千六百日爲日이니,
故로 退十故也요, 如左數니라.

○ 一百六十七億九千六百一十六萬에, 進六十日하여, 以一萬二千
九百六十日爲日이라. 一元之日數亦如此니, 以四千六百六十五
萬六千分爲日이니라.

○ 以三百六十乘十二萬九千六百하여, 而得之三百六十日이면, 則得
一百六十七億九千六百一十六萬也니라. 以三百六十爲一日이면,
得四千之日이니라.


[註解]

1) 황극경세수(皇極經世數)—송(宋)나라 소옹이 지은 《황극경세서(皇極
經世書)》의 수리철학(數理哲學)을 부연한 것이다. '황극'이란 '태극(太
極)'과 비슷한 말로서 천지 조화(造化)의 기본 원리를 말하며 '경세'란
그 원리에 의하여 세상이 운행되어감을 말한다. 소옹은 《역경》에서
'하늘은 하나이고 땅은 둘이며……[天一, 地二……]'하고 말한 숫자
풀이에 근거하여 자연만물의 변화와 세상의 추이(推移)를 숫자로써
풀이하려 하였다. 그는 삼십년을 일세(一世), 십이세를 일운(一運), 삼
십운을 일회(一會), 십이회를 일원(一元)이라 하였다. '일원'은 십이만
구천육백년이 된다. '양일(一)이 '음'이(二)를 낳는데 여섯을 곱하여

십이가 되고, '음'이(二)가 '양삼(三)'을 낳는데 십을 곱하여 삼십이 되었다. 이 십이는 일년 열두달, 30은 한달 30일과도 부합하는 기본 숫자이며, 이 숫자들을 변화시켜 천지운행의 모든 현상을 설명하는 것이다. 그러나 그의 제자라고 할 수 있는 주희(朱熹)까지도 이것을 《역경》과는 별개의 '역외별전(易外別傳)'이라 한 것을 보면 그 과학적인 근거를 의심한 듯하다. 서경덕의 계산은 소옹보다도 한층 복잡하여 이해하기 더욱 어렵다.

2) 삼백육십 − '십이'와 '삼십'을 곱한 숫자. 이것은 천체들이 한 바퀴 도는 '주천(周天)'의 수, 일년 날짜인 '기수(朞數)' 및 《역경》의 건곤(乾坤)의 '책수(策數)' 등과 부합한다. 그리고 360을 제곱한 십이만 구천육백년이란 곧 '일원(一元)'의 숫자이다.

3) 십이만구천육백 − '일원'엔 십이만구천육백년, '일회'엔 십이만구천육백월, '일운'엔 십이만구천육백일, '일세'엔 십이만구천육백신(辰)이 있다. 서경덕은 이 자연의 숫자를 비약적으로 발전시켜 밀고 나가본 것이다.

4) 열두개의 기간으로 나누어 보면 − 세(世) · 운(運) · 회(會) · 원(元)의 숫자들을 먼저 비약적으로 미루어 셈해 놓고, 다시 기본 숫자인 '십이'로 되돌려 쪼개어 본 것이다.

5) 육일 − 일년은 정확히 말하면 삼백육십오일여(餘)이므로, 대략 여기에서의 기본수인 삼백육십보다는 육일 더 나아간다고 볼 수 있다. 그리고 육은 《역경》 괘(卦)의 효수(爻數)와도 부합한다.

6) 기수(朞數) − 일년의 날짜수. 세수(歲數) − 주천(周天)의 수, 곧 천체가 하늘을 한 바퀴 도는 데 필요한 도수(度數). 역수(曆數) − 음력(陰曆)에 의한 일년의 수.

7) 자월(子月)부터 사월(巳月)은 1월부터 6월, 오월(午月)부터 해월(亥月)은 7월부터 12월까지로 생각하면 된다. 음(陰)과 양(陽)이란 밤과 낮으로 생각하면 된다. 음과 양이 반년에 각각 여섯씩 남는다는 것은 따라서 반년에 육일이 남아돌아간다는 뜻. 일년이면 십이일이 되는데, '역수(曆數)'는 삼백오십사일이니, 십이일을 보태야 '기수(朞數)'와 들어맞는다.

8) 이십사—반년에 음과 양이 각각 육씩 남아돌아가므로, 일년 삼백육십일이면 이십사가 남게 된다.

9) 삼백팔십사효(爻)—《역경》에 보이는 괘(卦)의 한줄 '–' 또는 '– –'를 효(爻)라 한다. 팔괘(八卦)가 기본이 되므로 이를 변화시키면 육십사괘가 되고, 한괘가 여섯줄이므로 육십사괘의 효수는 사백팔십사가 된다.

10) 체수(體數)—본체(本體)에 해당하는 수.

11) 건(乾)·곤(坤)·이(離)·감(坎)—《역경》의 괘 이름. 건은 '☰', 곤은 '☷', 이는 '☲', 감은 '☵'로서, 이들의 효(爻)수를 모두 합치면 이십사가 된다. 그리고 이들은 하늘·땅·불·물 따위를 각각 상징한다.

12) 용수(用數)—만물의 작용에 해당하는 수.

13) 교수(交數)—음과 양이 마주치는 수. '양'일(一)이 '음'이(二)를 낳는데, 그것을 여섯으로 곱하면 십이가 된다(《황극경세서》). 여기서의 '교수'도 십이이다.

14) 부[分]—소옹의 '경세일원소장지수도(經世一元消長之數圖)'('괘의 변화 해설(卦變解)' 뒤에 첨부한 [참고](4) 참고 바람)를 보면, 십이만구천육백년(年)이 일원(元), 십이만구천육백월(月)이 일회(會), 십이만구천육백일(日)이 일운(運), 십이만구천육백신(辰)이 일세(世), 십이만구천육백부[分]가 일년[歲], 십이만구천육백리(釐)가 일월(月), 십이만구천육백호(毫)가 일일(日), 십이만구천육백사(絲)가 일신(辰)이라 하였다.

　여기서는 음과 양이 각각 육부씩 더 나아간다는 뜻인 듯하다.

15) 넉달—대략 일백이십일을 말한다.

16) 나머지 육일—앞 단의 '용수(用數)'를 반으로 나눈 일백이십육일에서 넉달을 빼면 육일이 남는다.

17) '교수'의 육일—앞 주 13)에선 '교수'를 십이라 하였는데, 그것은 음양을 모두 센 것이어서, 둘을 나누어 놓으면 육일이 된다.

18) 남아돌아가는 수—앞에서 일년에 남아돌아가는 날짜가 십이(十二)라 하였다.

19) 윤일(閏日)—여기서는 실제 일년여 수리(數理)를 적용시킬 때 남는 숫자를 말한다.

20) 사만삼천이백—삼천육백에 십이를 곱하여 나온 숫자이다.

21) 이천일백육십년—앞단의 사만오천삼백육십에서 사만삼천이백을 뺀 나머지 숫자.

22) 이천일백육십년—앞 주해 21) 참조.

23) 육부라면—나머지 육부에 또 '교수' 육부가 있으므로 합치면 십이부, 이천일백육십을 십이로 곱하면 이만오천구백이십일이 된다.

24) 조그만 운수[小運]—초보적인 세운(世運)의 변화인 십이와 삼십을 곱하면 삼백육십, 삼백육십이 육십번 있으면 이만천육백. 앞 주해 27)에서 사만 삼천이백일에 십이일 나아간다 했으니, 그 반인 이만천육백일이면 육일. 삼백육십과 육을 합치면 삼백육십육이 된다.

25) 일만구백육십일—일원(元)의 수인 십이만구천육백의 10분의 1. 열번 물러나기 때문이다.

26) 사천육백육십오만 육천—십이만구천육백에 삼백육십을 곱한 수.


## '육십사괘방원지도'[1] 해설[六十四卦方圓之圖解]


○ 안괘[內卦][2] 서른두개의 첫 효(爻)는 음(陰)을 나타내고 있다.

○ '안괘'의 나머지 두효는 '구(姤)'로부터 '사(師)'에 이르기까지[3]는 '소양(少陽)'[4]이고·'둔(遯)'부터 '곤(坤)'에 이르기까지[5]는 '태음(太陰)'[6]이다.

○ 안괘[內卦] 서른두괘의 첫 효(爻)는 양(陽)을 나타내고 있다.

○ '안괘'의 나머지 두효는 '복(復)'으로부터 '동인(同人)'에 이르기까지[7]는 '소음(少陰)'[8]이고, '임(臨)'으로부터 '건(乾)'에 이르기까지[9]는 '태양(太陽)'[10]이다.

○ 하늘은 '기제(旣濟)' 이상 '건(乾)'에 이르기까지[11]이고, 땅은 '건(乾)' 이상 '구(姤)'에 이르기까지[12]이다. 일백오십이의 '양'과 일백십이의 '음'[13]은 '용수(用數)'의 작용인 것이다.

모두 마흔여섯괘[14]는 물건을 낳는 괘이지만, 나머지 괘들은 물건을 낳지 못한다.

건(乾)·곤(坤)·이(離)·감(坎)의 네괘를 떼어버리고 말한다면, 곧 하늘은 비(賁) 이상으로 되고, 땅은 간(艮) 이상이 되어 '용수'의 작용은 이백오십이[15]가 된다. 하늘은 명이(明夷) 이하로부터, 땅은 겸(謙) 이하[16]로부터가 바로 '교수(交數)'[17]이며, 작용하지 않는 수로서 물건을 낳을 수가 없다.

○ 하늘은 '기제(旣濟)' 이상 '건(乾)'에 이르기까지 땅은 '건(蹇)' 이상 '구(姤)'에 이르기까지 일백오십이[18]가 '양'이고 일백십이가 '음'인데 모두 합쳐 이백육십사이다. '비(賁)'괘 '간(艮)'괘의 반인 사양(四陽)과 이음(二陰)[19]을 합치면 곧 이백칠십이 된다. 삼백팔십사[20]의 십분의 칠이 이백칠십이 된다.

십이월달로 말할 것 같으면, 그 '교수(交數)'인 해(亥)·자(子)·축(丑) 석달을 떼어버리고, 그 '용수(用數)'인 아홉달[21]의 숫자만을 취할 것 같으면 이백칠십이 된다. '음'괘 가운데 이십이 '양'이고, '양'괘 가운데 이십이 '음'[22]인데, 합치면 사십이 된다.

○ 그것을 여섯으로 곱하고 십[23]으로 나눈다.

○ 그러면 이십사[24]가 된다.

○ 그 반은 십이인데, 이를 합치면 삼십육[25]이 된다.

○ 건(乾)·태(兌)·이(離)·진(震)[26]이다.

○ '양'의 서합(噬嗑)으로부터 기제(旣濟)에 이르기까지와 '음'의 정(井)으로부터 미제(未濟)에 이르기까지[27]는 육양(六陽)·육음(六陰)이 열둘 있다.

규(暌)로부터 수(需)에 이르기까지와 건(蹇)으로부터 진(晉)에 이르기까지[28]는 팔양(八陽)·사음(四陰)과 팔음(八陰)·사양(四陽)이 모두 여섯 있다.

○ 대유(大有)와 쾌(夬)의 두괘는 십양(十陽)·이음(二陰)[29]이고, 비(比)와 박(剝) 두괘는 십음(十陰)[30]·이양(二陽)이어서 각각 두 개의 대(對)가 된다.(二對의 二는 《性理大全》엔 三으로 되어 있으나 二가 옳다)

○ 건(乾)·태(兌)·이(離)·진(震)은 '양'이 자라는 수이고, 곤(坤)·간(艮)·감(坎)·손(巽)은 '양'이 소멸하는 수이며, 건(乾) 삼십육[31] 이하의 여러 괘는 중간의 수이다.

原文  六十四卦方圓之圖解

○ 內卦三十二之初는, 陰儀니라.

○ 內卦二爻는, 自姤至師爲少陽이오 ; 自遯至坤爲太陰이라.

○ 內卦三十二之初는, 陽儀니라.

○ 內卦二爻는, 自復至同人爲少陰이오 ; 自臨至乾爲太陽이라.

○ 天은, 自旣濟以上至乾이오 ; 地는, 自蹇以上至姤니라. 一百五十二陽과, 一百十二陰은, 爲用數之用也니라. 凡四十六卦는, 生物之卦나, 餘卦不能生物이라. 去乾坤離坎而言之면, 則天自賁以上과, 地自艮以上은, 爲用數之用이, 二百五十二니라. 天自明夷以下와, 地自謙以下는, 乃交數요, 不用之數니, 不能生物이라.

○ 天自旣濟以上至乾과, 地自蹇以上至姤의, 一百五十二陽이오, 一百十二陰이니, 合二百六十四니라. 加賁艮之半四陽二陰이면, 則二百七十이니라. 三百八十四를, 分爲十而七之면, 得二百七十이라. 以十二月言之면, 去其交數亥子丑三月하고, 而取其用數九月之數면, 則二百七十也니라. 陰之二十陽과, 陽之二十陰은, 合爲

四十이라.

○ 六之一이니라.

○ 二十四也라.

○ 半은, 十二也니. 合三十六이라.

○ 乾兌離震이라.

○ 陽自噬嗑至旣濟와, 陰自井至未濟는, 六陽六陰者十二니라. 自睽至需와, 自蹇至晉은, 八陽四陰과, 八陰四陽者이, 各六이니라.

○ 大有夬二卦는, 十陽二陰이오, 比剝二卦는, 十陰二陽이니, 各二對니라.(二對之二는, 性理大全作三이나, 當作二니라.)

○ 乾兌離震은, 陽長之數요 ; 坤艮坎巽은, 陽消之數이며 ; 乾三十六 以下各卦는, 中之數니라.

---

### 註解

1) 육십사괘방원지도(六十四卦方圓之圖)—소옹(邵雍)의 《황극경세서》에 보이는 도표 이름. 육십사괘를 겉으로 둥글게 배열하고 다시 안에 여덟괘씩 여덟줄로 정사각형으로 배열시켜 놓은 도표(이 뒤의 [참고](3) 참고 바람)이다.

2) 안괘[內卦]—《역경》의 괘들은 위에 세개, 아래 세개, 도합 여섯개의 효(爻)로써 이루어지고 있다. 육십사괘의 '안괘' 가운데에서 첫 효가 음을 나타내는 '--'로 된 것이 서른두괘가 있다는 것이다. 따라서 나머지 서른두괘는 양, 곧 '—'임을 뜻한다.

3) 구(姤)로부터 사(師)에 이르기까지—'육십사괘방원지도'의 둥근 도표 맨 위쪽의 구(䷫)로부터 대과(大過, ䷛)·정(鼎, ䷱)·항(恒, ䷟)· 손(巽, ䷸)·정(井, ䷯)·고(蠱, ䷑)·승(升, ䷭)·송(訟, ䷅)·곤 (困, ䷮)·미제(未濟, ䷿)·해(解, ䷧)·환(渙, ䷲)·감(坎, ䷜)·몽 (蒙, ䷃)·사(師, ䷆)에 이르는 열여섯개의 괘, 이것은 64괘의 4분의 1에 해당한다.

4) 소양(少陽)-육십사괘의 기본이 되는 팔괘(八卦)는 다음과 같은 도표
의 순서로 발전하여 이루어진 것이라 한다.

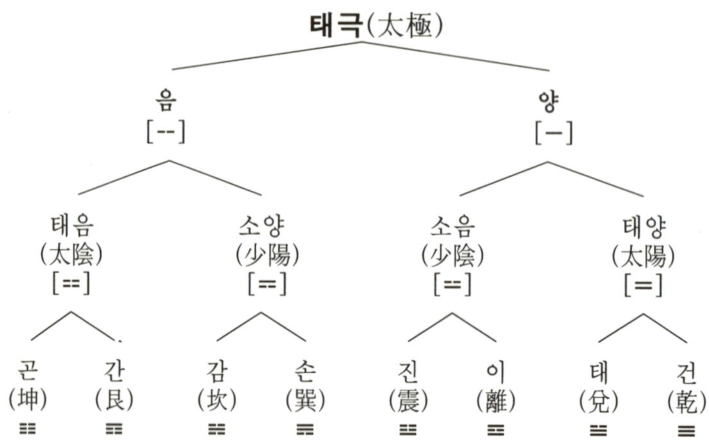


태양・태음을 노양(老陽)・노음(老陰)이라고도 한다. 구(姤)로부터
사(師)에 이르는 괘들을 보면 모두 소양(少陽)인 '=='가 맨 아래 붙어
있다.

5) 둔(遯)부터 곤(坤)에 이르기까지-둥근 원을 이룬 도표의 오른편 아래
쪽 4분의 1. 사(師)괘 다음의 둔(遯, ䷠)・함(咸, ䷞)・여(旅, ䷷)・
소과(小過, ䷽)・점(漸, ䷴)・건(蹇, ䷦)・간(艮, ䷳)・겸(謙, ䷎)・
비(否, ䷋)・췌(萃, ䷬)・진(晋, ䷢)・예(豫, ䷏)・관(觀, ䷓)・비
(比, ䷇)・박(剝, ䷖)・곤(坤, ䷁)에 이르는 열여섯개의 괘.

6) 태음(太陰)-주해 4) 참조할 것.

7) 복(復)으로부터 동인(同人)에 이르기까지-원으로 된 도표의 왼편 아
래쪽 4분의 1. 곧 곤(坤) 다음의 복(復, ䷗)・이(頤, ䷚)・둔(屯,
䷂)・익(益, ䷩)・진(震, ䷲)・서합(噬嗑, ䷔)・수(隨, ䷐)・무망(无
妄, ䷘)・명이(明夷, ䷣)・비(賁, ䷕)・기제(旣濟, ䷾)・가인(家人,

☶)·풍(豐, ☳)·이(離, ☲)·혁(革, ☱)·동인(同人, ☰)의 열여섯 개의 괘.

8) 소음(少陰)—주해 4) 참조 바람.

9) 임(臨)으로부터 건(乾)에 이르기까지—둥근 도표에서 왼편 위쪽 4분의 1. 곧 동인(同人) 다음의 임(臨, ☷)·손(損, ☶)·절(節, ☵)·중부(中孚, ☴)·귀매(歸妹, ☳)·규(睽, ☲)·태(兌, ☱)·이(履, ☰)·태(泰, ☷)·대축(大畜, ☶)·수(需, ☵)·소축(小畜, ☴)·대장(大壯, ☳)·대유(大有, ☲)·쾌(夬, ☱)·건(乾, ☰)의 열여섯개의 괘.

10) 태양(太陽)—주해 4) 참조할 것.

11) 기제(旣濟) 이상 건(乾)에 이르기까지—모두 스물두개의 괘임. 주해 7)과 9) 참조 바람.

12) 건(蹇) 이상 구(姤)에 이르기까지—역시 도합 스물두개의 괘임. 주해 3)과 5) 참조 바람.

13) 일백오십이의 '양'과 일백십이의 '음'—'기제(旣濟)' 이상 '건(乾)', 건(乾)' 이상 '구(姤)'에 이르는 마흔네개의 괘(卦)의 효(爻)를 세어 보면 양효(陽爻)인 '―'가 일백오십이개, 음효(陰爻)인 '--'가 일백십이개 있다. 한 괘는 여섯개의 효로 이루어지고 있으니, 마흔네괘의 효수는 모두 이들을 합친 이백육십사개이다.

14) 마흔여섯괘—주해 11)과 12)에 보이는 괘에 비(賁)와 간(艮)괘를 보탠 숫자.

15) 이백오십이—양효(陽爻)의 수 백오십이와 음효(陰爻)의 수 백십이를 합치면 이백육십사. 여기서 건·곤·이·감의 효수 십이를 빼면 이백오십이란 숫자가 나온다. 사십육괘에서 건·곤·이·감 네괘를 빼면 사십이, 사십이 곱하기 육효도 이백오십이가 된다.

16) 명이(明夷) 이하—비(賁) 이상을 뺀 나머지 아홉개의 괘. 겸(謙) 이하—간(艮) 이상을 제외한 나머지 아홉개의 괘.

17) 교수(交數)—앞의 '황극경세수 해설' 참조 바람.

18) 일백오십이—이는 효(爻)의 수를 말함. 주해 13) 참조.

19) 사양(四陽) · 이음(二陰)−사음(四陰) · 이양(二陽)의 잘못인 듯하다. 어떻든 합치면 여섯이 된다.

20) 삼백팔십사−육십사괘의 효수(爻數) 전체의 숫자. 육십사 곱하기 육은 삼백팔십사이다. 여기의 10분의 7은 정확한 수치는 아니다.

21) 아홉달의 숫자−아홉 곱하기 서른(한달의 날수)이 이백칠십이다.

22) 음괘 가운데 이십이 양이고, 양괘 가운데 이십이 음−서른두개의 음괘 (맨 아래 --이 붙어 있는 것)를 보면 태양(⚌)과 소양(⚎)에 다시 양효(爻)가 더하여져 이루어진 '소성(小成)의 괘'들 곧 ☰ · ☱ · ☲이 스무개 있다. 반대로 서른두개의 양괘(맨 아래 −이 붙어 있는 것)를 보면 태음〔⚏〕과 소음〔⚍〕에 다시 음효(爻)가 더하여져 이루어진 '소성의 괘'들, 곧 ☷ · ☶ · ☵이 스무개 있다.

23) 십−본문엔 '일'로 되어 있으나 십이 옳은 듯하다.

24) 이십사−태음〔太陰 또는 老陰〕의 용수인 육에 사를 곱해도 이십사가 된다(《皇極經世書》 陽九陰六用數圖).

25) 삼십육−태양(또는 노양)의 용수인 구에 사를 곱해도 삼십육이 된다 (양구음육용수도).

26) 건 · 태 · 이 · 진−이십사의 숫자가 이들 효수를 나타낸다는 뜻인 듯하다.

27) '양'의 서합으로부터 기제에 이르기까지와 '음'의 정으로부터 미제에 이르기까지−곧 서합(噬嗑) · 수(隨) · 무망(无妄) · 명이(明夷) · 비(賁) · 기제(旣濟)의 여섯괘와 정(井) · 고(蠱) · 승(升) · 송(訟) · 곤(困) · 미제(未濟)의 여섯괘. 이들의 괘효를 세어 보면 각각 양효 열여덟개와 음효 열여덟개, 도합 양효 서른여섯개와 음효 서른여섯개로 되어 있다. 따라서 여섯개의 양효가 여섯, 여섯개의 음효가 여섯, 도합 열두개가 있는 셈이다.

28) 규로부터 수에 이르기까지와 건으로부터 진에 이르기까지−'양'의 규(睽) · 태(兌) · 이(履) · 태(泰) · 대축(大畜) · 수(需)의 여섯괘와 '음'의 건(蹇) · 간(艮) · 겸(謙) · 비(否) · 췌(萃) · 진(晉)의 여섯괘. 이들의 괘효를 종합해 보면 '양'에 팔양(八陽) · 사음(四陰)이 셋, '음'에 팔음(八

陰)·사양(四陽)이 셋, 모두 여섯 있는 셈이 된다.

29) 십양이음—대유(大有)는 ䷍, 쾌(夬)는 ䷪이므로 둘을 합치면 열개의
양효(陽爻)와 두개의 음효(陰爻)가 나온다.

30) 십음이양—비(比)는 ䷇, 박(剝)은 ䷖이므로 둘을 합치면 열개의 음효
와 두개의 양효가 나오며, 대유는 비와 쾌는 박과 대가 된다.

31) 건 삼십육—건(乾)으로부터 태(泰)에 이르기까지를 말한다. 건으로부
터 태까지의 팔괘는 내괘(內卦)가 모두 건(乾, ☰)이며, 이들의 양효
(陽爻)가 모두 합치면 삼십육이다.


## 괘의 변화 해설[卦變解]


점가치[1]를 쓰는 방법은 '대연(大衍)의 수(數)'[2]를 미루어 나가며,
점가치를 나누고[分] 걸고[掛] 세어갖고[揲] 끼고[扐] 하는[3] 차례를
펴나가, 그 홀수[奇]·짝수[偶]와 늙고[老]·젊은[少][4] 변화를 추구
하는 것이다. 그러면 꼭 육십사괘(六十四卦)[5]를 이루게 될 것이다.

점을 쳐서 나온 한 괘(卦)에 대하여는 또 그 구륙(九六)의 변화[6]를
추구하지 않을 수가 없는 것이며, 그렇게 함으로써 곧은 일과 뉘우
칠 일을 분별하고 그 근본을 살핀 뒤에야 한 효(爻)와 한 단(彖)을
점치[7]는 것이다. 이것이 육십사괘(卦)의 변화가 각기 모두 육십사괘
를 갖추고 있어서 모두 아울러 사천구십육괘[8]가 되는 까닭이며, 이른
바 잡아늘이고 일에 따라 불리어 나가는[9] 것인 것이다.

주희(朱熹)[10]는, 괘의 변화를 추리(推理)하여 서른두개의 도표를
만들어 벌여놓았다. 되제쳐놓고 본다면 곧 예순네개가 갖추어진다. 모
든 도표 안에서 일효(一爻)가 변하는 것은 모두 여섯이고, 이효(二爻)
가 변하는 것은 열다섯이며, 삼효가 변하는 것은 스물이고, 사효가 변

하는 것은 열다섯이며, 오효가 변하는 것은 여섯이고, 육효가 변하는 것은 하나이며, 여섯이 모두 변하지 않는 것이 하나 있다.

일효가 이효의 변화하는 것을 만나면 삼십이괘의 안에 있어서는 곧 점은 괘의 효사(爻辭)에 근거하게 된다. 사효가 오효의 변화하는 것이 삼십이괘의 뒤에 있으면 곧 괘의 효사로 점을 친다. 다만 삼효의 변화는 이십괘에 통용되는데, 앞의 십괘는 삼십이괘의 안에 있고, 뒤의 십괘는 삼십이괘의 뒤에 있다.

삼효의 변화하는 것을 만나면 비록 두괘의 단사(彖辭)로 점친다고는 하지만, 앞의 십괘는 곧음[貞]을 위주로 하고 뒤의 십괘는 뉘우침[悔]을 위주로 한다. 이것은 효의 변화를 보기로 들어 놓은 곳[11]에 자세하니 다시 얘기할 필요가 없을 것이다.

괘의 변화를 줄지어 늘어놓기 세번을 하였는데, 높고 낮음에 모두 조리(條理)가 있으니 첫째 도표가 그 보기이다. 건(乾)이 본괘(本卦)가 된다면 곧 이것만을 줄 맨위에 드러내 놓는다. 구(姤)가 한번 변화하는 데 있어서 우두머리가 된다면 역시 그 위에 놓여진다. 둔(遯)은 두번째 변화의 우두머리가 되어 역시 위에 놓여진다. 대과(大過)에 이르러서는 둔(遯)의 변례(變例) 일장(一章)이 다하게 된다.

무망(无妄)·중부(中孚)·대축(大畜)은 두 번째 변화 가운데 있는데, 모두가 변화하는 예의 일장(一章) 가운데서 우두머리가 된다. 그러므로 중간치 줄에 놓여 있다. 비(否)는 세번째 변화의 우두머리이므로 역시 윗줄에 놓여있다. 함(咸)에 이르러서는 변례(變例) 일장(一章)이 다하게 되는 것이다.

환(渙)은 변례의 일장의 우두머리인데도 홀로 아래 줄에 놓여 있는 것은, 홀수와 짝수로 분류하여 이를 좇아 옆에서 보며는 이유를 알게 된다. 익(益)·비(賁)·손(損) 세괘가 놓인 줄도 역시 그러하다.

관(觀)·박(剝)은 넷째와 다섯번째 변화의 우두머리에서 역시 윗줄

에 놓여 있다. 곤(坤)만이 가장 아래 줄에 놓여 있는 것은 복(復)의
변화를 따른 것이며, 또한 괘의 근본으로 되돌아가는 때문이다.
　구(姤)가 둘째 도표가 된다. 구(姤)로부터 아래로 삼십일개의 도표
는 모두 다 앞 도표와 같다. 도표에 의거하면 환히 모르는 곳을 깨치
게 될 것이며 알기 어려운 곳이란 없게 될 것이다.

原文　卦變解

　用著之法은, 推大衍之數하고, 布其分卦揲扐之序하여, 而究其奇
偶老少之變하면, 便得恰成六十四卦니라.
　及占所値一卦는, 則又不得不推其九六之變이니, 而辨其貞悔하고,
觀其本之然後占其一爻一象이니라.　此六十四卦之變이　所以各具六
十四卦하여, 總成四千九十六卦니, 所謂引伸觸長之者也니라.
　朱子推卦變하여, 列爲三十二圖하니라. 覆以觀之면, 則六十四具니
라.　每圖之內에, 一爻變者凡六이오 ; 二爻變者十五요 ; 三爻變者二
十이오 ; 四爻變者十五요 ; 五爻變者六이오 ; 六爻變者一이며 ; 六皆
不變者一이니라.
　値一爻二爻之變者면, 在三十二卦之內니, 則占本卦爻辭니라. 四
爻五爻之變者면, 在三十二卦之後이니, 則占之卦爻辭니라. 獨三爻
之變은, 通二十卦요 ; 前十卦在三十二卦之內하고, 後十卦在三十二
卦之後니라.
　値三爻之變者하여,　雖占兩卦象辭라도,　而前十卦以貞爲主하고,
後十卦以悔爲主니라. 詳在變爻例니, 不用復說이라.
　惟布卦變行列三次나, 高低者皆有條理니, 如第一圖니라. 乾爲本
卦면, 則獨標於列行之上이니라. 姤爲一變之首면, 則亦次於上이라.
遯爲二變之首면, 則亦次於上이라. 至於大過면, 則遯之變例一章盡
矣니라.

其无妄中孚大畜在二變之中이니,  而皆變例一章中之首니,  故로
次於中行이니라.  否爲三變之首니,  則亦次於上行이라.  至咸而變例
一章盡矣니라.

渙爲變例一章之首나,  而獨次於下行者는,  奇偶分類하여,  從之橫
看則可見이라.  益賁損三次之列도,  亦然이니라.

觀剝爲四五變之首니,  則亦次於上行이라.  坤之獨置於最下之列行
者는,  從復之變이오,  而且爲反卦之本故也니라.

姤爲第二圖라.  自姤以下三十一圖이,  率皆如前圖矣니라.  據圖灼
然易見啓蒙이리니,  難看處不在是矣리라.


[註解]

1) 점가치-'역점(易占)'을 칠 때 쓰는 점가치. 본시는 시초(蓍草)라는 다
   년생 풀 줄기로 만들었으나 후에는 대가치로 대신 쓰기도 한다. 한 뿌
   리에 백개의 줄기가 자란 시초로 만든 점가치가 가장 영험하다고 한
   다.

2) 대연(大衍)의 수(數)-《역경》의 계사전(繫辭傳) 상에 '대연의 수가 오
   십인데, 그 쓰이는 것은 사십구이다[大衍之數五十, 其用四十九]'고
   하였는데, 왕필(王弼)은 '하늘과 땅이 운용되어 나가는 숫자'가 '대연
   지수'라 풀이하였다. 점가치는 이 '대연지수'를 대표하는데, 그 쓰이는
   숫자도 따라서 한개를 뺀 사십구인 것이다.

3) 나누고[分] 걸고[掛] 세어갖고[揲] 끼고[扐]함-점을 칠 때 맨먼저
   오십개의 점가치 중에서 한가치를 빼는데, 그 한가치는 태극(太極)을
   상징한다. 그리고 다시 그 나머지 마흔아홉개를 집히는 대로 둘로 나
   누는데[分], 그것은 음양(陰陽)을 상징한다. 다시 오른편 손의 점가치
   중에서 일부를 왼손 새끼손가락 사이에 걸어놓는데[掛], 이렇게 하여
   세 부분으로 나뉘인 점가치는 하늘·땅·사람의 삼재(三才)를 상징한
   다. 그리고 다시 왼손의 점가치를 네개씩 세는데[揲], 그것은 사철[四
   時]을 상징한다. 그리고 그 나머지 점가치를 왼손 넷째 손가락 사이에

끼는데[扐], 그것은 윤일(閏日)을 상징하는 것이다. 또 오른편 손의 점가치를 네개씩 세어[揲] 그 나머지를 다시 왼손 셋째 손가락 사이에 끼는데[扐], 그것은 다시 윤달[閏月]이 돌아옴을 상징하는 것이다. 이러한 순서로 점가치를 처리함으로써 한개의 효(爻)를 얻고, 이를 되풀이함으로써 괘(卦)를 이루게 되는 것이다. 점의 길흉(吉凶)은 이루어진 괘에 의하여 판단하게 된다.

4) 홀수[奇]·짝수[偶]와 늙고[老]·젊음[少]―점가치를 걸고[掛] 낀[扐] 수가 홀수인가 짝수인가를 말한다. 홀수는 양(陽)이고, 짝수는 음(陰)이다. 늙고[老]·젊음[少]이란 음과 양엔 노양(老陽)과 소양(少陽) 및 노음(老陰)과 소음(少陰)의 구별이 있음을 뜻한다.

5) 육십사괘(六十四卦)―'역(易)'에는 육십사개의 괘가 있다. 《역경》의 계사전 상에 의하면, 점가치를 열여덟번 변화시켜 괘(卦)를 이루고, 이의 변화를 추구하면 육십사괘가 된다고 하였다.

6) 구륙(九六)의 변화―노양(老陽)의 수가 구이고, 노음(老陰)의 수가 육이다. 괘의 효(爻)로 말하면 '―'은 구이고, '--'는 육이다. 따라서 《역경》을 보면 괘의 효를 말할 때 '미제(未濟)'괘(䷿)를 예로 들면 아래로부터 시작하여 초륙(初六)·구이(九二)·육삼(六三)·구사(九四)·육오(六五)·상구(上九)의 식으로 부르고 있다. '구륙의 변화'란 이러한 양효와 음효의 변화를 뜻한다.

7) 한 효(爻)와 한 단(彖)을 점침―《역경》에는 육십사괘의 각 괘마다 그 괘의 길흉을 풀이한 괘사(卦辭)가 있는데, 괘 전체의 길흉을 판단하는 단사(彖辭)와 각 효의 길흉을 판단하는 여섯가지 효사(爻辭)가 있다. 따라서 '한 효와 한 단을 점친다'는 것은 세부적인 일에 대한 길흉과 전체적인 길흉을 판단함을 뜻한다.

8) 사천구십육괘―육십사괘의 모든 괘마다 육십사괘에 대한 변화를 지니고 있으므로, 육십사에 육십사를 곱하면 사천구십육괘란 숫자가 나온다.

9) 잡아늘이고 일에 따라 불리어나감―'인신촉장(引伸觸長)'을 옮긴 것이며, 이는 《역경》 계사(繫辭) 상(上)의 '인이신지(引而伸之), 촉류이장

지(觸類而長之)'란 말을 줄인 것임.

10)　주희(朱熹)는……—주희의 《역학계몽(易學啓蒙)》 두권을 가리킨다. 소옹(邵雍)의 '선천도(先天圖)'에 근거하여 '역'의 본체(體)와 역점(易占)의 기본 이론을 전개시킨 것이다. 송(宋)대 이후의 이른바 '역학(易學)'은 거의 모두 이 책으로부터 출발하고 있다 해도 과언이 아니다.

11)　효의 변화를 보기로 들어놓은 곳—주희의 《역학계몽》을 가리킨다.

〔참고〕　(1)

| 經世四象體用之數圖(萬物之數) | | |
|---|---|---|
| 日日聲平闢 | | 水水音開淸 |
| 多良千刁妻 | | 古黑安夫卜東 |
| 宮心●●● | | 乃走思■■■ |
| 日日聲七下唱地之用音<br>一百五十二是謂平聲闢<br>音平聲闢音一千六十四 | | 水水音九上和天之用聲<br>一百一十二是謂開音淸<br>聲開音淸聲一千八 |
| 日日聲平之一闢 | | 水水音開之一淸 |
| 開音淸和律 | 一之一 | 一音古字和<br>一聲至十聲 |
| | 一之二 | 二音黑字和<br>一聲至十聲 |
| | 一之三 | 三音安字和<br>一聲至十聲 |
| | 一之四 | 四音夫字和<br>一聲至十聲 |
| | 一之五 | 五音卜字和<br>一聲至十聲 |
| | 一之六 | 六音東字和<br>一聲至十聲 |
| 平聲闢唱呂 | 一之一 | 一音至十二音<br>一聲多字唱 |
| | 一之二 | 一音至十二音<br>二聲良字唱 |
| | 一之三 | 一音至十二音<br>三聲千字唱 |
| | 一之四 | 一音至十二音<br>四聲刁字唱 |
| | 一之五 | 一音至十二音<br>五聲妻字唱 |
| | 一之六 | 一音至十二音<br>六聲宮字唱 |

| | | | | | |
|---|---|---|---|---|---|
| | 一之七 | 七音乃字和<br>一聲至十聲 | | 一之七 | 一音至十二音<br>七聲心字唱 |
| | 一之八 | 八音走字和<br>一聲至十聲 | | 一之八 | 一音至十二音 |
| | 一之九 | 九音思字和<br>一聲至十聲 | | 一之九 | 一音至十二音 |
| | 一之十 | 一聲至十聲 | | 一之十 | 一音至十二音 |
| | 一之十一 | 一聲至十聲 | | | |
| | 一之十二 | 一聲至十聲 | | | |
| 日月聲平翁 | | | 水火音開濁 | | |
| 禾光元毛衰 | | | □黃□殳步兌 | | |
| 龍○●●● | | | 內自寺■■■ | | |
| 日月聲七下唱地之用音一百五十二是謂平聲翁音平聲翁音一千六十四 | | | 水火音九上和天之用聲一百一十二是謂開音濁聲開音濁聲一千八 | | |
| 日月聲平之二翁 | | | 水火音開之二濁 | | |
| 開音濁<br>和律 | 二之一 | 一音□字和<br>一聲至十聲 | 平聲翁<br>唱呂 | 二之一 | 一音至十二音<br>一聲禾字唱 |
| | 二之二 | 二音黃字和 | | 二之二 | 二聲光字唱 |
| | 二之三 | 三音□字和 | | 二之三 | 三聲元字唱 |
| | 二之四 | 四音殳字和 | | 二之四 | 四聲毛字唱 |
| | 二之五 | 五音步字和 | | 二之五 | 五聲衰字唱 |

| | | | | | |
|---|---|---|---|---|---|
| 二之六 | 六音兌字和 | | 二之六 | 六聲龍字唱 | |
| 二之七 | 七音內字和 | | 二之七 | 七聲○字唱 | |
| 二之八 | 八音自字和 | | 二之八 | | |
| 二之九 | 九音寺字和 | | 二之九 | | |
| 二之十 | | | 二之十 | | |
| 二之十一 | | | | | |
| 二之十二 | | | | | |
| 日星聲平闢 | | | 水土音開清 | | |
| 開丁臣牛○ | | | 坤五母武普土 | | |
| 魚男●●● | | | 老草□■■■ | | |
| 日星聲七下唱地之用音一百五十二是謂平聲闢音平聲闢音一千六十四 | | | 水土音九上和天之用聲一百一十二是謂開音清聲開音清聲一千八 | | |
| 日星聲平之三闢 | | | 水土音開之三清 | | |
| 開音清和律 | 三之一 | 一音坤字和 一聲至十聲 | 平聲闢唱呂 | 三之一 | 一音至十一音 一聲開字唱 |
| | 三之二 | 二音五字和 | | 三之二 | 二聲丁字唱 |

[참고] (2)

| | 經世天地始終之數圖 | | |
|---|---|---|---|
| 一一 | 元之元 日之日 乾之乾<br>乾一 | 二一 | 會之元 月之日 兌之乾<br>履十二 |
| 一二 | 元之會 日之月 乾之兌<br>夬十二 | 二二 | 會之會 月之月 兌之兌<br>兌一百四十四 |
| 一三 | 元之運 日之星 乾之離<br>大有三百六十 | 二三 | 會之運 月之星 兌之離<br>睽四千三百二十 |
| 一四 | 元之世 日之辰 乾之震<br>大壯四千三百二十 | 二四 | 會之世 月之辰 兌之震<br>歸妹五萬一千八百四十 |
| 一五 | 元之歲 日之石 乾之巽<br>小畜一十二萬九千六百 | 二五 | 會之歲 月之石 兌之巽<br>中孚一百五十五萬五千二百 |
| 一六 | 元之月 日之土 乾之坎<br>需一百五十五萬五千二百 | 二六 | 會之月 月之土 兌之坎<br>節一千八百六十六萬二千四百 |
| 一七 | 元之日 日之火 乾之艮<br>大畜四千六百六十五萬六千 | 二七 | 會之日 月之火 兌之艮<br>損五萬五千九百八十七萬二千 |
| 一八 | 元之辰 日之水 乾之坤<br>泰五萬五千九百八十七萬二千 | 二八 | 會之辰 月之水 兌之坤<br>臨六十七萬一千八百四十六萬四千 |

| | | | |
|---|---|---|---|
| 三一 | 運之元 星之日 離之乾<br>同人三百六十 | 四一 | 世之元 辰之日 震之乾<br>无妄四千三百二十 |
| 三二 | 運之會 星之月 離之兌<br>革四千三百二十 | 四二 | 世之會 辰之月 震之兌<br>隨五萬一千八百四十 |
| 三三 | 運之運 星之星 離之離<br>離一十二萬九千六百 | 四三 | 世之運 辰之星 震之離<br>噬嗑一百五十五萬五千二百 |
| 三四 | 運之世 星之辰 離之震<br>豐一百五十五萬五千二百 | 四四 | 世之世 辰之辰 震之震<br>震一千八百六十六萬二千四百 |
| 三五 | 運之歲 星之石 離之巽<br>家人四千六百六十五萬<br>六千 | 四五 | 世之歲 辰之石 震之巽<br>益五萬五千九百八十七<br>萬二千 |
| 三六 | 運之月 星之土 離之坎<br>既濟五萬五千九百八十<br>七萬二千 | 四六 | 世之月 辰之土 震之坎<br>屯六十七萬一千八百四<br>十六萬四千 |
| 三七 | 運之日 星之火 離之艮<br>賁一百六十七萬九千六<br>百一十六萬 | 四七 | 世之日 辰之火 震之艮<br>頤二千一十五萬五千三<br>百九十二萬 |
| 三八 | 運之辰 星之水 離之坤<br>明夷二千一十五萬五千<br>三百九十二萬 | 四八 | 世之辰 辰之水 震之坤<br>復二萬四千一百八十六<br>萬四千七百四萬 |

| | | | |
|---|---|---|---|
| 五一 | 歲之元 石之日 巽之乾<br>姤一十二萬九千六百 | 六一 | 月之元 土之日 坎之乾<br>訟一百五十五萬五千二百 |
| 五二 | 歲之會 石之月 巽之兌<br>大過二百五十五萬五千二百 | 六二 | 月之會 土之月 坎之兌<br>困一千八百六十六萬二千四百 |
| 五三 | 歲之運 石之星 巽之離<br>鼎四千六百六十五萬六千 | 六三 | 月之運 土之星 坎之離<br>未濟五萬五千九百八十七萬二千 |
| 五四 | 歲之世 石之辰 巽之震<br>恒五萬五千九百八十七萬二千 | 六四 | 月之世 土之辰 坎之震<br>解六十七萬一千八百四十六萬四千 |
| 五五 | 歲之歲 石之石 巽之巽<br>巽一百六十七萬九千六百一十六萬 | 六五 | 月之歲 土之石 坎之巽<br>渙二千一十五萬五千三百九十二萬 |
| 五六 | 歲之月 石之土 巽之坎<br>井二千一十五萬五千三百九十二萬 | 六六 | 月之月 土之土 坎之坎<br>坎二萬四千一百八十六萬四千七百四萬 |
| 五七 | 歲之日 石之火 巽之艮<br>蠱六萬四百六十六萬一千七百六十萬 | 六七 | 月之日 土之火 坎之艮<br>蒙七十二萬五千五百九十四萬一千一百二十萬 |
| 五八 | 歲之辰 石之水 巽之坤<br>升七十二萬五千五百九十四萬一千一百二十萬 | 六八 | 月之辰 土之水 坎之坤<br>師八百七十萬七千一百二十九萬三千四百四十萬 |

| | | | |
|---|---|---|---|
| 七一 | 日之元　火之日　艮之乾<br>遯四千六百六十五萬六千 | 八一 | 辰之元　水之日　坤之乾<br>否五萬五千九百八十七萬二千 |
| 七二 | 日之會　火之月　艮之兌<br>咸五萬五千九百八十七萬二千 | 八二 | 辰之會　水之月　坤之兌<br>萃六十七萬一千八百四十六萬四千 |
| 七三 | 日之運　火之星　艮之離<br>旅一百六十七萬九千六百一十六萬 | 八三 | 辰之運　水之星　坤之離<br>晉二千一十五萬五千三百九十二萬 |
| 七四 | 日之世　火之辰　艮之震<br>小過二千一十五萬五千三百九十二萬 | 八四 | 辰之世　水之辰　坤之震<br>豫二萬四千一百八十六萬四千七百四萬 |
| 七五 | 日之歲　火之石　艮之巽<br>漸六萬四百六十六萬一千七百六十萬 | 八五 | 辰之歲　水之石　坤之巽<br>觀七十二萬五千五百九十四萬一千一百二十萬 |
| 七六 | 日之月　火之土　艮之坎<br>蹇七十二萬五千五百九十四萬一千二百二十萬 | 八六 | 辰之月　水之土　坤之坎<br>比八百七十萬七千一百二十九萬三千四百四十萬 |
| 七七 | 日之日　火之火　艮之艮<br>艮二百一十七萬六千七百八十二萬三千三百六十萬 | 八七 | 辰之日　水之火　坤之艮<br>剝二千六百一十二萬一千三百八十八萬三百二十萬 |
| 七八 | 日之辰　火之水　艮之坤<br>謙二千六百一十三萬一千三百八十八萬三百二十萬 | 八八 | 辰之辰　水之水　坤之坤<br>坤三萬一千三百四十五萬六千六百五十六萬三千八百四十萬 |

〔참고〕　(3)

## 經世六十四卦數圖(卽先天圖)

[참고] (4)

### 經世一元消長之數圖(期數)

| 元 | 會 | 運 | 世 | | | |
|---|---|---|---|---|---|---|
| 日甲 | 月 子一 | 星三十 | 辰 三百六十 | 年 一萬八百 | 復 ䷗ | |
| | 月 丑二 | 星六十 | 辰 七百二十 | 年 二萬一千六百 | 臨 ䷒ | |
| | 月 寅三 | 星九十 | 辰 一千八十 | 年 三萬二千四百 | 泰 ䷊ | 開物 星之巳七十六 |
| | 月 卯四 | 星 一百二十 | 辰 一千四百四十 | 年 四萬三千二百 | 大壯 ䷡ | |
| | 月 辰五 | 星 一百五十 | 辰 一千八百 | 年 五萬四千 | 夬 ䷪ | |
| | 月 巳六 | 星 一百八十 | 辰 二千一百六十 | 年 六萬四千八百 | 乾 ䷀ | 唐堯始星之癸一百八十辰二千一百五十七 |
| | 月 午七 | 星 二百二十 | 辰 二千五百二十 | 年 七萬五千六百 | 姤 ䷫ | 夏殷周泰兩漢兩晉十六國南北朝隋唐五代宋 |
| | 月 未八 | 星 二百四十 | 辰 二千八百八十 | 年 八萬六千四百 | 遯 ䷠ | |
| | 月 申九 | 星 二百七十 | 辰 三千二百四十 | 年 九萬七千二百 | 否 ䷋ | |
| | 月 酉十 | 星 三百 | 辰 三千六百 | 年 一十萬八千 | 觀 ䷓ | |
| | 月 戌十一 | 星 三百三十 | 辰 三千九百六十 | 年 一十一萬八千八百 | 剝 ䷖ | 閉物 星之戌三百一十五 |
| | 月 亥十二 | 星 三百六十 | 辰 四千三百二十 | 年 一十二萬九千六百 | 坤 ䷁ | |

# 박이정<sup>1)</sup>의 자(字)를 짓는 글 및 서문[朴頤正字詞 幷序]

〈서문〉

박민헌(朴民獻)은 처음엔 자(字)가 원부(元夫)였는데, 내게 갈아주기를 청하였다. 이에 나는 말하였다.

"으뜸 원(元)자는 하늘의 덕(德)의 우두머리를 뜻하며 모든 선(善)을 아울러 가리키는 것이니, 공부를 시작하는 사람이 자처하기에는 알맞지 않은 것이다. '이정(頤正)'으로 고치는 게 좋을 것이니, 그러면 애써 스스로 힘쓴다는 뜻을 지니게 된다. 더욱이 그 가르치는 바를 따라서 반드시 목표하는 수준에 이르러야만 그만두겠다고 한다면 또한 '으뜸가는 사람'이란 원부(元夫)의 뜻도 잃지 않게 될 것이다. 나는 그래서 자를 짓는 글을 지어 주는 것이며, 아울러 자를 고친 뜻을 밝히려는 것이다."

하늘과 땅의 올바름을 온전히 타고난 것이 사람이다. 그 올바름이란 무엇을 말하는가? 의로움[義]과 어짊[仁]인 것이다. 어짊과 의로움의 근원은 지극히 선하고 지극히 참되어 물결이 일지 않는 물과도 같고 먼지 묻지 않은 거울과도 같은 것이다.

감정[情]이 일단 일을 하는 데 작용하게 되면 간혹 그 올바름을 잃게도 된다. 처음에는 약간의 차이가 날 뿐이지만 결과적으로는 성인과 광인(狂人)으로 갈리게 된다. 그러한 광인은 생각함이 없어서 행동함에 물건이나 다름없게 된다. 성인만이 생각할 줄 알아서 덕(德)은 하늘과 비등하게 된다. 성인과 광인의 구분은 한편은 게으르고 한편은 공경한다는 한 발자국의 차이에서 생긴다.

그대는 이미 큰 일과 간략한 일에 처하는 분별을 알고 있으니, 어찌 분명한 하늘의 명령을 돌아보지 않겠는가? 때에 알맞게 물러앉아 스스로를 길러 성실히 타고난 본성을 되찾아야 한다. 사악함을 막고 정성됨을 지니어 올바르게 마음의 충실을 기하여야 한다. 충실케 하는 극치에 이르면 호연(浩然)한 기운이 두드러지게 된다. 천하의 선을 걷어 자기 몸에 모두 지녀야 한다. 올바른 도(道)는 사람을 멀리하지 않는 것이어서, 성인은 공부하면 될 수가 있는 것이다.

공자의 마음을 닦는 학문[心學]을 송대 주돈이(周敦頤)와 정자(程子)가 계승하였다. 그리고 앞분들의 학문을 넓히어 후세 학자들에게 길을 열어준 공로는 주자(朱子)보다 더한 이가 없을 것이다. 여러 성인들의 사상을 계승 발전시키고 그 본말(本末)을 자세히 연구하였기 때문이다. 그의 학설은 근거없이 생겨나지 않았고, 경전(經典)을 근거로 하여 실천하였다. 학문의 목적을 분명히 제시하여 후세 사람들에게 보여주었다. 그이야말로 믿고 기댈 만한 분이니, 해나 별처럼 우러러 모셔야 할 것이다.

나는 그대의 원대한 재능으로써 그분을 본받으려 하고 있음을 알고 있다. 그 학문에 힘쓰고 몰두하여 그 뜻을 구하여야 한다. 모든 행동과 거지(居止)에 있어서 오직 주자를 보고 따라야만 한다. 그대가 이에 종사하여 덕이 날로 새로워지고 날로 발전하지 못한다면 곧 소인(小人)의 선비임을 면하기 어려울 것이다. 그대는 이에 힘써서 내게 부끄러움을 끼쳐 주는 일이 없기 바란다.

가정(嘉靖) 임인(壬寅)년[2] 사월 하순에 씀.


原文  朴頤正字詞 幷序

朴氏民獻은, 初字元夫러니, 請改於余라. 余曰 ; 元者天德之首요, 而衆善之總也니, 非初學所宜自居라, 不若改之以頤正이니, 則有用

力自勉之義라. 況沿其所訓하여, 必充所期之數而後已면, 則亦不失爲元夫矣리라. 余故로 撰字詞以示之하여, 而幷及改之之意云하노라.

天地之正을, 稟全者人이라. 其正伊何요? 曰; 義與仁이라. 仁義之源은, 至善至眞이니, 如水未波요, 如鏡未塵이니라.

情一用事면, 或失其正이라. 其始也幾差나, 其究也狂聖이라. 彼狂罔念하고, 蠢與物競이라. 惟聖克念하며, 德與天幷이라. 聖狂之分이, 一蹴怠敬이니라.

子旣知有事於博約이어늘, 盍顧於明命고? 宜時遵養하여, 敦復初性이니라. 閑邪存誠이라야, 正斯內充이니라. 充之之極이면, 浩然氣雄이라. 收天下善하여, 斂之厭躬하라. 道不遠人이니, 聖可學至니라.

洙泗心學은, 濂洛其嗣니라. 擴前啓後는, 莫盛乎子朱子니라. 紹述羣聖하고, 搜極源委하니라. 說不虛生하고, 擧經踐履하니라. 明揭學的하여, 以示來裔니라. 是可依歸니, 日星仰止니라.

吾知子之遠器로, 期與之擬凝이라. 務潛其學하여, 以求其志하라. 一動一靜에, 惟朱是規하라. 子之業之하여, 德不日新日進이면, 則小人之儒를, 難乎免矣리라. 子其勉之하여, 毋貽余恥하라.(嘉靖壬寅孟夏下澣)

---

註解

1) 박이정—앞의 '편지' 속에 여러번 보임.
2) 가정(嘉靖) 임인(壬寅)년—1542년. '가정'은 명(明)나라 세종(世宗)의 연호, 조선의 중종(中宗) 37년에 해당한다.

# 김사신[1]의 자를 짓는 글[金士伸字詞]

내 벗인 진사(進士) 김한걸(金漢傑)군의 자(字)가 손윗분의 자를 범했다[2]고 해서 내게 고쳐주기를 청하였다. 나는 사신(士伸)이라 그의 자를 지었다. '사신'이란 선비[士]로서 뻗어나감[伸]을 뜻한다. 뻗어나간다 함은 무엇이 뻗는 것인가? 그의 지닌 경륜을 뻗쳐 나감을 뜻한다.

선비란 옛날을 숭상하고 벗하는 것이니, 이윤(伊尹)[3]이나 부열(傅說)[4]의 일과 주공(周公)[5]이나 소공(召公)[6]의 한 일을 나도 마땅히 뻗쳐 나가야만 할 것이라고 목표로 삼는다면, 곧 뒷날에는 내가 뻗쳐나간 모든 것들이 한(漢)나라 때의 선비[7]들보다도 더하게 되어 공로나 명예 같은 것은 일부러 거두어들이지 않아도 될 것이다.

더욱이 지금은 밝은 임금에 훌륭한 신하들이 모여 있는 때인데, 그대는 훌륭한 재능을 지니고서도 굽혀있은 지가 오래되었으니, 곤(鯤)[8]처럼 뛰고 붕(鵬)[9]처럼 활개칠 때는 바로 이때인 듯하다. 나는 그대가 뻗칠 날이 있음을 알고 있으니, 굽힌 것은 펴지는 것이 자연스런 형세이다. 그대에게 옛사람들이 뜻하였던 일에 뜻을 두어야만 한다고 권면하는 것이 자를 짓는 글을 쓰는 뜻이다.

原文  金士伸字詞

吾友進士金君漢傑이, 以其字有犯年父라하여, 請改於余라. 余以士伸字之로다. 士伸者는, 士而伸者也니라. 所伸何事오? 伸其經綸之志也니라.

士尙友千古하여, 以伊傅之事와, 周召之業으로, 爲吾之所當伸者

而期之면, 則他日凡吾之所伸者이, 其軼兩漢之士하여, 而功名不足收矣리라.

況今明良際會에, 子之抱利器屈且久니, 鯤躍鵬博은, 此其秋矣니라. 吾知子之伸有日이니, 旣屈則伸이, 理之勢也니라. 勉吾子以當志於古人之所志로, 作字詞之意也니라.


箇解

1) 김사신(金士伸)—이름은 한걸(漢傑), 자세한 생평은 알 수 없으나 서경덕이 친구라 했으니 같은 때 사람임엔 틀림없다.

2) 손윗분의 자를 범했다—손윗분의 자와 자기의 자가 같거나 발음이나 뜻이 비슷함을 뜻한다.

3) 이윤(伊尹)—이름은 지(摯)이며, 상(商)나라 탕(湯)임금(B.C. 1766~B.C. 1754 재위)을 도와 하(夏)나라 걸(桀)임금을 쳐 천하를 통일케 하였고, 탕임금은 그를 높이어 아형(阿衡)이라 불렀다 한다. 뒤에 탕임금의 손자인 태갑(太甲, B.C. 1753~B.C. 1721 재위)과 태갑의 아들 옥정(沃丁, B.C. 1720~B.C. 1692 재위)에 이르기까지 임금들을 보좌하여 상나라의 기틀을 마련한 훌륭한 재상이다.

4) 부열(傅說)—상나라 무정(武丁, B.C. 1324~B.C. 1266) 임금 때의 어진 재상. 무정임금이 꿈에 어진 부열이 있는 곳을 알게 되어 등용하였는데, 그의 공로로 나라가 크게 다스려졌다.

5) 주공(周公)—성은 희(姬), 이름은 단(旦). 주(周)나라 무왕(武王, B.C. 1134~B.C. 1116 재위)의 아우이며 성왕(成王, B.C. 1115~B.C. 1079)의 숙부(叔父). 무왕이 죽은 뒤 어린 성왕(成王)을 대신하여 나랏일을 맡아보아, 여러 가지 어려움을 무릅쓰고 주나라의 터전을 굳건히 하였다. 후세의 모범이 된 주나라의 관제(官制)나 예제(禮制) 등 여러 가지 문물제도(文物制度)가 그에 의하여 갖추어졌다 한다.

6) 소공(召公)—이름은 석(奭), 주나라 문왕(文王)의 서자(庶子)이다. 성왕(成王) 때에 삼공(三公)이 되어 주공(周公)과 함께 섬주(陝州)를 나

누어 잘 다스렸다. 그리하여 소공의 덕치(德治)는 주공의 다스림과 함
께 아울러 일컬어진다.

7) 한(漢)나라 때의 선비―중국의 경학(經學) 연구는 한나라에 이르러 굳
건한 기초를 지니게 되었으므로, 특히 학문의 개척자로서 한나라의 선
비들이 높이 평가받는다.

8) 곤(鯤)―《장자(莊子)》 소요유(逍遙遊) 첫머리에 보이는 전설적인 물고
기 이름. 《장자》에 '북쪽 바다에 고기가 있는데 그 이름이 곤(鯤)이며,
곤의 크기는 몇천리나 되는지 알 수도 없다.'고 하였다.

9) 붕(鵬)―중국의 전설적인 새 이름. 《장자》에 의하면 '곤(鯤)이 변하여
새가 되면 그 이름을 붕(鵬)이라 하는데, 붕의 등은 몇천리나 되는지
알지도 못한다' 하였다. 그리고 붕새는 한번 날으려면 하늘로 삼만리
이상 솟구쳐 올라가 북극해로부터 남극해로 난다는 것이다.

# 서(序)[1]

## 심의[2] 교수를 송별하는 글[送沈敎授義序]

사람을 말로써 전송하는 것은 친함을 두터이하는 길인 것입니다. 나로 말하면 궁하여 주머니에 돈 한푼 없으니, '멈춤[止]'[3]에 대한 한 마디 말을 바치게 해주기 빕니다.

천하의 만물과 모든 일은 각기 모두 그 '멈춤'이 있는 것입니다. 하늘은 위에 멈춰 있음을 우리는 알고 있습니다. 땅은 아래에 멈춰 있음을 우리는 알고 있습니다. 산과 냇물이 솟아 있고 흐르고 있고, 새와 짐승이 날고 있고 기고 있는데, 그것은 각각 한 가지 그것들의 멈춤에서 어지럽혀지지 않고 있는 현상임을 우리는 알고 있습니다.

우리 사람에게 있어서는 더욱이 그 멈춤이 없을 수가 없으며, 또한 멈춤은 한 가지 발단(發端)만이 아닌 것이니 마땅히 각각 올바른 처지에 멈출 줄을 알아야 할 것입니다. 예를 들면 아버지와 아들은 은혜에 멈추게 되고, 임금과 신하는 의로움에 멈추게 되는 것 같은 것입니다. 이것들은 모두가 타고난 성품이며 만물의 법칙인 것입니다.

먹고 마시고 옷을 입는 일상(日常) 생활이나 보고 듣고 말하고 움직이는 행동에 있어서도, 어찌 멈춤에 그 알맞은 처소가 없겠습니까? 이치로 미루어 보면, 움직이는 것은 조용하게 되고, 수고로운 사람은 편안해지고, 뜨거운 것을 쥐면 식게 되고, 고단해지면 졸음이 오게 마련입니다. 움직임이나 수고로움이 조용함이나 편안함에 멈추지 않을 수가 없고, 뜨거움이나 고단함이 식힘이나 졸림에 멈추지 않을 수가 없는데, 이런 것들은 지혜있는 사람이 아니더라도 멈출 바를 알 수 있는 것들입니다.

군자(君子)들이 배움을 귀하게 여기는 것은 그것을 통하여 멈춤을 알 수 있기 때문입니다. 배우고도 멈춤을 알지 못한다면 배우지 않은 것과 무엇이 다르겠습니까? 글공부[文藝]도 역시 한 가지 배움인 것입니다. 마땅히 공부하는 과정을 엄격히 정해놓고 그의 역량(力量)을 다하여 반드시 자기가 바라는 목표에 도달하도록 하여야만 합니다. 그러면 마침내는 공부하는 글에 대하여 둔하던 게 날카로워지고 성과를 거두게 될 것이며, 모든 것을 지나쳐 버리거나 아무 일 없이 물러나 듣고만 있지 않게 됨을 보게 될 것입니다. 그러니 어찌 초연(超然)히 이른바 멈춤이란 것을 안 것이 아니겠습니까! 일에는 기율(紀律)과 법도가 있으니, 함부로 시작하고 끝맺는 순서도 없이 끌고 나가서는 안되는 것입니다.

대관선생[大觀子][4]께서는 시(詩)에 관한 공부를 함에 있어서 젊어서는 힘쓰고 늙어서도 끊임이 없어서, 지은 시들은 우아하고 힘있고도 착실하게 〈국풍(國風)〉[5]이나 〈이소(離騷)〉[6]의 작풍(作風)에 가깝습니다. 지금도 이미 초고(草稿)를 끝내셨다니 가히 부지런하다고 할 수 있을 것입니다. 벼슬을 하심에 있어서는 낮은 자리라고 창피하다 않으시고 재능을 다하여 하늘의 뜻을 따랐으며, 흰머리에 '낭(郞)'[7]이 되었으나 끝내 성내는 빛도 없었으니 가히 공손하다고 할 수 있을 것입니다.

또 개성(開城)에서 가르치심에 있어서 하루도 교육을 빼먹은 일이 없고, 학업을 교수하시면서 그들의 성취(成就)를 권하셨음을 알고 있습니다. 후진 젊은이들로 하여금 행동을 고치고 뜻을 뻗치어 들뛰도록 하신 것이니, 가히 수고로웠다고 할 수 있을 것입니다.

내가 보건대 나이 일흔에도 건강하시니, 오래 사셨다 말하지 않을 수가 없고, 벼슬은 하대부(下大夫)의 뒤[8]를 차지했으니 귀하지 않다 할 수가 없고, 또한 시를 잘 짓기로 유명하니 성취한 게 없다고 할 수가 없습니다. 오래 사시면서 귀히 되시고, 또 가르치는 여가에 훌륭한 글짓기에 종사하셨으니, 앞에서 말한 자기가 바라는 목표에 도달했다고 만족해도 된다고 할 수 있을 것 같습니다.

이제부터 앞으로는 선생께서 힘을 쓸 수 없을 것임을 나는 알고 있습니다. 그러하니 일없이 거니는 경지에 몸을 담고, 맑고 깨끗한 곳에 몸을 노닐도록 해야 할 때가 된 것이 아니겠습니까? 《역경》에 말하기를 '때가 멈춰야겠으면 멈추고, 때가 행하여야겠으면 행한다' 하였습니다. '때가 행하여야겠어서 행한다'는 것은 곧 행함에 멈추는 것이며, '때가 멈춰야겠어서 멈춘다'는 것은 곧 멈춤에 멈추는 것입니다.

이미 멈춤에 멈추어야 할 지경에 놓여 있다면, 곧 시는 애써 읊을 필요가 없으며, 벼슬을 위하여 반드시 부지런히 일할 필요가 없으며, 몸도 역시 힘을 내어 번거로이 움직일 필요가 없는 것입니다. 그런데도 새처럼 팔딱거리며 멈추지 않고 왔다갔다 해서야 되겠습니까?

공자는 노쇠(老衰)한 뒤로는 주공(周公)의 꿈[9]을 되풀이하지 않았으니, 그분은 멈춤에 멈출 줄을 알았던 것입니다. 소옹(邵雍)의 시에 '책을 읽지 않은 지 십이년이라' 읊었으니, 그는 읽음을 멈출 줄 알았던 것입니다. 또 말하기를 '한가하면서도 맑지 못한 것이 첫째 미혹된 일이고, 늙어서도 쉬지 않는 것이 둘째 미혹된 일이다'고 하였으니, 그는 한가함에는 마땅히 맑음에 멈춰야 되고, 늙어서는 마땅히 쉼[休]에 멈춰야 함을 알았던 것입니다. 한가하면서도 맑지 못하고, 늙었으면서도 쉬지 않는다면 미혹된 것이 아니고 또 무엇이겠습니까?

우리 선생님께서는 이미 늙으신 데다가 한가해지셨으니, 마침 모든 것을 잊고 앉아서 아무런 일도 하지 않으면서 몸과 마음을 모두 생각도 없고 하는 일도 없는 경지에 멈춰야만 할 때입니다. 이른바 생각도 없고 하는 일도 없다는 것은, 부처님의 '적멸(寂滅)'[10]이나, 노자(老子)[11]의 허무(虛無)나, 열자(列子)[12]의 지극한 처지에 잠기어 본다는 거나, 장주(莊周)[13]의 여섯 가지 기운[六氣][14]을 부리는 것이나, 위백양(魏伯陽)[15]의 연홍(鉛汞)[16]을 마시는 것과는 다른 것입니다.

그들은 비록 스스로 천하의 학문 가운데에는 자기네 학술보다 더 고상한 것은 없다고 여기고 있지마는, 그들이 하는 짓은 모두가 한 모퉁이에 멈추어져 있음을 면치 못하였다는 것을 쉽사리 고증(考證)할 수 있습니다. 어찌 우리 유학(儒學)처럼 크게 알맞고 지극히 바르며, 본체와 작용을 포괄(包括)하고 움직임과 고요함을 통일하며, 미세(微細)한 것을 드러냄에 여지(餘地)가 없는 도(道)와 같겠습니까? 우리가 마땅히 멈추어야만 할 곳은 여기에 있는 것이지 저쪽에 있는 것은 아닙니다.

그렇다면 어떻게 공부를 하면 생각도 없고 허물도 없는 지경에 멈출 수가 있겠습니까? 그것은 '공경함을 지니고, 이치를 보는 것'이 방법입니다. '공경함'이란 하나[一]를 위주로 하여 딴 곳으로 가지 않는 것을 말합니다. 한 물건을 접하게 되면 접한 것에 멈추고, 한 일에 대처하게 되면 대처하는 일에 멈추어 다른 여유가 없는 것입니다. 그리하여 마음은 한 번 일을 치르고 물건이 떠나가 버리게 되면 바로 거두어들일 수가 있어서, 맑기가 밝은 거울 같은 하늘처럼 되어야 하는 것입니다.

그러나 나를 반성해 볼 때, 공경함을 지니는 게 익숙하지 못하면 곧 그가 하나를 위주로 하고 있을 적에는 멈춤에 빠져버리지 않는 사람이 드물 것입니다. 멈춤에 빠져버린다면 역시 해가 되는 것입니다. 반드시 오랫동안 공경함을 지니어서, 고요함을 위주로 하여 밖에서 움직임을 제어하여, 멈춤에 빠져버리지 아니하여 안으로 정체(停滯) 됨이 없게 되면, 비로소 생각도 없고 하는 일도 없는 경지에 거의 이를 수 있게 되는 것입니다.

선생께서는 서재(書齋)에 '대관(大觀)'이란 액자를 달고 있는데, 이른바 '크게 봄[大觀]'에 있어서는 '멈춤에 멈추는 것[止止]'보다 더 큰 것은 없을 것입니다. 선생께서는 옛 훌륭한 분들의 풍모를 많이 지니어, 세상을 살아감에 있어서는 자기의 방정(方正)함을 무너뜨리고 아래로 여러 사람들과 어울리며, 세상 풍속과 다른 독특한 행동을 하지 않습니다. 진실로 이른바 '멈춤에 멈추는' 장소와 그 '멈춤에 멈추는' 때를 알아서 멈춘다면, 곧 대단찮은 사람과 나란히 달린다 하더라도 늦지는 않을 것입니다.

만약 성큼성큼 멀리 뛰어나가 이백(李白)이나 두보(杜甫) 같은 대시인(大詩人)들의 지위로 오르려고 애쓰면서 글짓는 버릇을 그대로 지니고 있다며는 서글픈 일이 아니겠습니까? 만약 시가 사람들의 성정(性情)을 즐겁게 할 수 있는 것이라면, 오직 그것은 그의 뜻을 잃지 않았을 때에 적용되는 말일 것입니다. 벼슬은 마땅히 의로움에 입각하여 목숨이 다할 때까지 지키겠다고 한다면 그건 또한 괜찮은 것입니다.

나는 막 《역경》을 읽다가 간(艮)[17]괘의 요사(繇辭)에서 '멈춤'이란 지(止)자를 얻어, 선생께서 떠나가심에 그 설(說)을 미루어 넓히어 선물로 삼으려는 것입니다.

原文 送沈敎授義序

送人以言은, 相厚之道也니라. 顧余窮而囊無一金하니, 請以止之一言獻也하노라.

夫天下之萬物庶事는, 莫不各有其止니라. 天吾知其止於上이오,

地吾知其止於下니라. 山川之流峙와, 鳥獸之飛伏은, 吾知其各一其
止而不亂이라.

其在吾人이, 尤不能無其止며, 而止且非一端이니, 當知各於其所
而止之니라. 如父子止於恩이오, 君臣之止於義니, 皆所性而物之則
也니라.

至於飮食衣服之用과, 視聽言動之施도, 豈止之無其所也리오? 推
以往之면, 動者之投靜하고, 勞者之抵逸하며, 執熱則就凉하고, 乘
困則打睡니라. 夫動勞之不得不止於靜逸과, 熱困之不得不止於凉
與睡는, 是則不待智者而後知所止也니라.

君子之所貴乎學은, 以其可以知止也니라. 學而不知止면, 與無學
何異오? 文藝其亦一學也니라. 當嚴立課程하고, 盡其力量하여, 必充
吾所期之數니라. 其究也視所攻之藝이, 利鈍收功과, 與不而一切放
下하고, 退聽於無事리니, 則豈非超然知所謂止者哉아! 事有紀極이
니, 不可漫無始率之序而引之也니라.

大觀子其於攻詩也에, 少而力老不輟하여, 其所著雅健著實하여,
薄於風騷니라. 今旣脫藁라하니, 可謂勤矣라. 其於仕也엔, 不卑小官
하고, 委質聽天하여, 白首爲郞이로되, 終無慍色이라하니, 可謂恭矣
니라.

及知開城敎엔, 無日不視學이오, 授其業엔, 勉其成하여, 使後進小
子이, 豹變蠖伸而鼓舞也니, 可謂勞矣니라.

以余觀之컨대, 七十康强이니, 不可謂不壽요; 官居下大夫之後하
니, 不可謂不貴요; 又以能詩聞也니, 不可謂無成이라. 旣壽且貴하
고, 又敎餘事垂於不朽하니, 則向所謂充吾期之數者를, 似可謂滿足
矣니라.

過此以往으론, 吾知先生之不能力也니라. 然則棲身於逍遙之地와,
遊身於澹泊之所이, 不其時乎아? 易曰; 時止則止요, 時行則行이라.

盖時行而行이면, 則行而止也요 ; 時止而止면, 則止而止也니라.

旣坐止止之域이면, 則詩不必苦吟이오, 仕不必馳騖이오, 形亦不必抖擻煩動이어늘, 而思烏可憧憧往來而不止乎잇가?

孔子旣衰矣엔, 則不復周夢하니, 知其止止也니라. 邵子之詩曰 ; 不讀書來十二年이라하니, 知其止讀也니라. 又曰 ; 閒而不淸是一惑이오, 老而不歇是二惑이라하니, 是知閒宜止於淸하고, 老宜止於休이니라. 閒不淸하고, 老不休면, 非惑而何오?

吾先生旣已抵老而投閒이니, 正可坐忘而不走作把來하고, 身心都止於無思無爲之地之時也니라. 所謂無思無爲者는, 異乎瞿曇之寂滅과, 老聃之虛無과, 禦冦之潛九觀과, 莊周之御六氣와, 伯陽之服鉛汞이니라.

彼雖自以爲天下之學이, 莫尙於吾術이나, 而夷考其所爲면, 則率未免滯止於一隅니라. 豈吾儒大中至正하여, 該體用하고, 一動靜하며, 顯微無間之道也오? 凡吾所當止者는, 在此而不在彼也니라.

然則如何用功하여, 而可止於無思無過之地也오? 曰 ; 持敬觀理이, 其方也니라. 敬者는, 主一無適之謂也니라. 接一物則止於所接하고, 應一事則止於所應하여, 無間以他也니라. 則心能一及하여, 事過物去而便收斂하여, 湛然當如明鑑之空也니라.

然而顧吾持敬未熟이면, 則方其主一之時에, 不爲泥止者鮮矣니라. 泥止則亦爲累爾니라. 必持敬之久하여, 而能主靜御動外하여, 不泥止而內無滯止면, 然後無思無爲者可幾也니라.

先生有齋扁以大觀이니, 所謂大觀은, 恐無大於止止也니라. 先生頗有古人之風하여, 其於處世에, 毁方而瓦合하여, 不爲崖異絶俗之行이라. 苟能知所謂止止之所와, 與其止止之時而止之면, 則可與衛武而並驅리니, 亦未晚也니라.

若乃長趨濶步하여, 窺躋於李杜之壇하여, 而覓句之癖猶在면, 則

殆不類於昭氏之鼓琴也哉아! 如曰詩可以娛情性은, 惟在勿喪其志니
라. 仕當安於義니, 命斃而後已云爾라도, 則其亦可也니라.
  余方讀易하고, 得止字於艮之繇辭하여, 於先生之行에, 推廣其說
以爲贐也하노라.

### 註解

1) 서(序)―본시 작자의 의취(意趣)를 서술한 문체의 일종. 따라서 사람
   들을 떠나보내는 뜻을 쓴 글도 '서(序)'라고 부른다.
2) 심의(沈義)―자는 의지(義之), 호는 대관재(大觀齋). 성종(成宗) 6년인
   1475년에 나서, 70이 넘도록 살았으나 어느 해 죽었는지는 분명치 않
   다. 1507년에 진사(進士)가 되어 개성부학(開城府學)의 교수(教授)를
   지냈으나, 후에는 바보로 자처하여 벼슬을 그만두었기 때문에 사화(士
   禍)를 면할 수 있었다.
3) 멈춤[止]―《역경》 간(艮)괘 단전(彖傳)에 '때가 멈춰야겠으면 멈추고,
   때가 행해야겠으면 행한다. 움직임과 고요함이 그 때를 잃지 아니하면,
   그 도가 빛나고 밝게 될 것이다[時止則止요, 時行則行이라. 動靜不失
   其時면, 其道光明이라]'고 한 말에서 따온 말이다. 그리고 《대학(大
   學)》의 첫머리에서 '지극한 선에 멈춘다[止於至善]'고 한 '지(止)'의
   뜻과도 통하여, 반드시 행동을 안하고 '멈추는 것' 뿐만 아니라 어떤
   경지에 '처신하고 있는 것'까지를 포함한다. 따라서 '멈춤'보다 '머묾'으
   로 해석함이 적절할 경우가 많다.
4) 대관선생[大觀子]―'대관'은 심의(沈義)의 호임.
5) 국풍(國風)―《시경》의 일부. 《시경》은 국풍·소아(小雅)·대아(大雅)·
   송(頌)으로 크게 나뉘어지며 국풍에는 열다섯 나라의 민간 가요들이
   실려있다.
6) 이소(離騷)―초사(楚辭)의 대표적인 작가 굴원(屈原, B.C. 343~B.C.
   290 전후)의 대표작. 간사한 신하들의 모함 때문에 조정으로부터 쫓겨
   난 굴원이, 마음에 서린 우국(憂國)의 참된 정을 글로 노래한 것이 이
   작품이라 한다. 〈이소〉는 〈국풍〉과 함께 옛날부터 중국 서정시의 이대

종(二大宗)으로 떠받든다.

7) 낭(郎)－벼슬 이름. 중국에서 본시 각부(部)의 시랑(侍郎)·낭중(郎中) 벼슬에 있는 사람들을 통틀어 말했다. 조선의 관제(官制)에서는 '낭'은 정5품(正五品) 이하의 벼슬에 해당한다. 개성부학(開城府學)의 교수라면 종6품(從六品) 정도에 해당하므로 '낭'이라 부른 것이다. 그리고 한(漢)나라 때에 늙어서 '낭'의 벼슬을 지낸 훌륭한 사람이 있었으므로, 그에게 비유하는 뜻을 겸한 것이다.

8) 하대부(下大夫)의 뒤－중국에서는 옛날에 대부를 상대부(上大夫)·중대부(中大夫)·하대부(下大夫)로 구분하였는데, 조선시대의 관제를 보면 종4품(從四品) 정도까지가 대부란 명칭을 붙였으므로(고려에선 종5품) 종6품(從六品)에 속하는 교수(敎授)란 벼슬을 '하대부의 뒤'라 표현한 것이다.

9) 주공(周公)의 꿈－공자는 주공(周公)이 성왕(成王)을 보좌하여 나라를 잘 다스리고 여러 가지 제도를 마련하던 일을 이상으로 생각하였다. 그러나 공자는 만년에 이르러서도 자신의 뜻을 제대로 이루지 못하게 되자 "주공을 꿈꾸지도 않게 되었다."고 한탄하고 있다(《논어》).

10) 적멸(寂滅)－불교의 대표적인 사상의 한가지. 범어(梵語) 열반(涅槃)의 의역(義譯)으로서, 본체(本體)는 적정(寂靜)한 것이어서 일체의 모든 상(相)을 떠난 것이라는 개념의 말이다.

11) 노자(老子)－중국의 춘추시대 철학가. 도가의 창시자로서 그는 허무주의 사상을 제창하였다.

12) 열자(列子)－전국시대(戰國時代) 도가(道家)에 속하는 철인(哲人) 중의 한 사람, 이름이 어구(禦寇)라고도 한다. 저서로 《열자(列子)》 8권이 있다.

13) 장주(莊周)－전국(戰國)시대 송(宋)나라 사람, 노자(老子)와 함께 도가(道家)의 창건자(創建者)로 치며, 저서로 《장자(莊子)》 52편이 있다.

14) 여섯 가지 기운[六氣]－《장자》 소요유(逍遙遊)편에 지극한 사람[至人]은 '하늘과 땅의 올바름을 타고, 여섯 가지 기운[六氣]의 변화를 부리어 무궁(無窮)함에 노닌다'하였는데, 사마표(司馬彪)는 '여섯 가지

기운이란 흐림·햇볕·바람·비·어둠·밝음이라'고 설명하였다.

15) 위백양(魏伯陽)—한(漢)나라 때 사람. 도술(道術)을 닦고 산으로 들어
    가 불로장생(不老長生)하는 연단(鍊丹)을 만드는 데 성공하였다 한다.
    저서로 《참동계(參同契)》·《오행상류(五行相類)》가 있다.

16) 연홍(鉛汞)—도사(道士)들이 불로장생하는 약으로서 납[鉛]과 수은
    [汞]을 솥에 넣고 고아서 만든 것. 이것을 연단(鍊丹)이라고도 부른다.

17) 앞의 주해 3) 참조.

# 명문(銘文)

## 줄없는 거문고에 새긴 글[無絃琴銘]

[一]

거문고에 줄이 없는 것은 본체[體]는 놓아두고 작용[用]을 뺀 것이다. 정말로 작용을 뺀 것이 아니라 고요함[靜]에 움직임[動]을 함유하고 있는 것이다. 그것을 소리를 통하여 듣는 것은 그것을 소리 없음에서 듣는 것만 못하며, 그것을 형체를 통하여 즐기는 것은 그것을 형체 없음에서 즐기는 것만 못하다. 형체가 없음에서 그것을 즐기므로 그 오묘함을 체득하게 되며, 소리 없음에서 그것을 들음으로써 그 미묘함을 체득하게 된다. 밖으로는 있음[有]에서 체득하지만, 안으로는 없음[無]에서 깨닫게 된다. 그 가운데에서 흥취(興趣)를 얻는다는 것을 생각할 때 어찌 줄[絃]에 대한 노력을 기울이게 되겠는가?

[二]

그 줄[絃]은 쓰지 않고, 그 줄의 줄 소리 밖의 가락을 쓴다. 나는 그 본연(本然)을 체득하고 소리로써 그것을 즐긴다. 그 소리를 즐긴다지만, 소리는 귀로써 듣는 것이 아니요, 마음으로 듣는 것이다. 그러한 것을 지표(指標)로 삼고 있거늘 어찌 내 거문고를 귀로 들으리?

[原文]  無絃琴銘

〔一〕

琴而無絃은, 存體去用이라. 非誠去用이오, 靜其含動이니라. 聽之
聲上은, 不若聽之於無聲이오 ; 樂之形上은, 不若樂之於無形이니라.
樂之於無形이니, 乃得其徼요 ; 聽之於無聲이니, 乃得其妙니라. 外得
於有하고, 內會於無니라. 顧得趣乎其中이면, 奚有事於絃上工夫리오?

〔二〕

不用其絃하고, 用其絃絃律外宮商이라. 吾得其天하고, 樂之以音이
라. 樂其音이나, 音非聽之以耳요, 聽之以心이라. 彼哉子期어늘, 曷
耳吾琴이리오?


## 거문고에 새긴 글[琴銘]


〔一〕

그대의 가락을 뜯으며 내 마음을 즐겁게 하고, 여러 가지 곡조를
고르되 밖으로 지나치진 않는다. 장단으로써 조화시키어 날이 가고
사철이 바뀌듯하며, 통달함으로써 조화시키어 봉황새1)도 법도를 따라
춤추게 한다.

〔二〕

그것을 뜯어 조화시킴으로써 요순(堯舜)시대2)로 돌아가며, 사악함
을 씻어냄으로써 자연과 융화되는 사람이 된다. 높다란 소리와 넓은
소리3)를 타지마는 그 누가 귀담아 듣겠는가? 번거롭기도 하거니와 간
략한 데 뒷맛이 있거늘.

[原文]  琴 銘

〔一〕

鼓爾律하고, 樂吾心兮면 ; 諧五操로되, 毌外淫兮로다. 和以節하여,
天其時兮며 ; 和以達하여, 鳳其儀兮로다.

〔二〕

鼓之和하여, 回唐虞兮하고 ; 滌之邪하여, 天與徒兮로다. 操峩洋이
로되, 人孰耳兮리오? 繁而簡하니, 有餘味兮로다.

[註解]

1) 봉황새─《서경(書經)》의 익직(益稷)편에 '소소(簫韶, 순임금의 음악)
   아홉 편을 연주하니 봉황새도 날아와 법식을 따라 춤추었다〔簫韶九成
   에, 鳳凰來儀로다〕'고 한 말에서 따온 표현이다.

2) 요순(堯舜)시대─기원전 20여세기경에 중국을 다스렸던 요임금과 순
   임금의 시대. 유가(儒家)들은 그 시대를 가장 이상적인 정치가 행하여
   졌던 때라고 받든다. 따라서 '요순시대로 돌아간다'는 말은 지극한 마
   음의 평화를 얻음을 뜻한다.

3) 높다란 소리와 넓은 소리〔峩洋〕─《열자(列子)》 탕문(湯問)편에 '백아
   (伯牙)가 금(琴)을 타는 데 뜻을 높은 산에 두면, 그 친구 종자기(鍾
   子期)가 "높다랗기〔峩峩然〕 태산(泰山)과 같다'고 하고, 뜻을 흐르는
   물에 두면 '넓다랗기〔洋洋然〕 강물과 같다"고 하였다 한다'는 얘기가
   있다. 여기서 '높다란 소리와 넓은 소리를 탄다'고 한 것은 자기의 거
   문고 타는 흥취를 백아(伯牙)에 비유한 것이다.

# 부록(附錄)  1


## 연  보(年譜)


*성종대왕 20년(己酉, 弘治 2년, 1489)

　2월 17일 송경(松京) 화정리(禾井里)에서 태어나다. (어머니 한씨(韓氏)가 꿈에 공자묘(孔子廟)에 들어갔는데 그 뒤로 태기가 있어 마침내 선생을 낳았다.)

*21년 경술(庚戌)

*22년 신해(辛亥)

*23년 임자(壬子)

*24년 계축(癸丑)

*25년 갑인(甲寅)

*연산군 원년(乙卯, 1495)

　선생 7세. 총명하고 영특하며 과단성이 있고 강인하고 정직하여 윗사람들의 말을 공경하고 따랐다.

*2년 병진(丙辰)

*3년 정사(丁巳)

*4년 무오(戊午)

*5년 기미(己未)

*6년 경신(庚申)

*7년 신유(辛酉)

*8년 임술(壬戌)

　선생 14세. 송경(松京)에 글을 가르치는 사람이 있어 선생은 그를
좇아 《상서(尙書)》를 공부하였는데 1년이 지나자 가르치던 사람이 더
이상 가르치려 하지 않았다. 그리고 말하기를 "이것에 대하여는 온 세
상에 잘 아는 이가 드물다."고 하였다. 선생은 괴이하게 여겨 물러나
15일을 깊이 생각하여 꿰뚫고는, 책은 생각함으로써 깨달을 수 있는
것이라는 것을 알았다.

*9년 계해(癸亥)

*10년 갑자(甲子)

*11년 을축(乙丑)

*중종대왕 원년(丙寅, 正德 원년, 1506)

　선생 18세. 《대학》을 읽다가 '치지재격물(致知在格物)' 구절에 이르
러 크게 탄식하면서 말하기를 "학문을 하면서 먼저 사물의 원리를 궁
구(窮究)하지 못한다면 독서가 무슨 소용이 있겠는가"고 하였다. 그리
고는 천지만물(天地萬物)의 이름을 모두 벽에다 써 붙이고 날마다 몸
소 궁구하는 것으로 일과를 삼았다.

*2년 정묘(丁卯)

　선생 19세. 태안 이씨(泰安李氏)에게 장가들다.

　(선교랑(宣敎郞) 계종(繼從)의 여식이다. 연조(年條)는 미상이나 여
기에 첨부해 둔다.)

*3년 무진(戊辰)

　선생 20세. 일찍이 말하기를 "내 20세 때부터는 결코 같은 허물을
두 번 범하지는 않겠다"고 하였다.

*4년 기사(己巳)

　선생 21세. 방안에 꼿꼿이 앉아 너무 고심하며 사색하여 음식을 먹
어도 그 맛을 가리지 못했고, 또 여러 날 잠도 자지 않으면서 3년을
그렇게 지냈다. 마침내 병이 들어 사색하지 않으려고 했지만 그러지

못하였다.

*5년 경오(庚午)

*6년 신미(辛未)

*7년 임신(壬申)

*8년 계유(癸酉)

*9년 갑술(甲戌)

*10년 을해(乙亥)

*11년 병자(丙子)

*12년 정축(丁丑)

*13년 무인(戊寅)

*14년 기묘(己卯)

선생 31세. 이때 조정(朝廷)에서 천거과(薦擧科)를 설치하여 천거된 사람이 120명이었는데, 선생이 수석이었지만 사양하고 나아가지 않았다.

*15년 경진(庚辰)

*16년 신사(辛巳)

*17년 임오(壬午, 嘉靖 원년, 1522)

선생 34세. 여름에 속리산·지리산 등 여러 산을 유람하였다.(기행시(紀行詩)들이 있다.)

*18년 계미(癸未)

*19년 갑신(甲申)

*20년 을유(乙酉)

*21년 병술(丙戌)

*22년 정해(丁亥)

*23년 무자(戊子)

*24년 기축(己丑)

*25년 경인(庚寅)

*26년 신묘(辛卯)

　선생 43세. 선생은 본래 과거 공부는 좋아하지 않았는데, 이때에 모부인(母夫人)의 명령으로 과거를 보러 가서 생원시(生員試)에 합격하였다. 함께 합격한 조언수(趙彦秀)가 말하기를, "나의 방목(榜目)에 서모(徐某)가 함께 있으니 영광스런 일이라 하겠다"고 하였다.

*27년 임진(壬辰)

*28년 계사(癸巳)

*29년 갑오(甲午)

*30년 을미(乙未)

*31년 병신(丙申)

*32년 정유(丁酉)

*33년 무술(戊戌)

*34년 기해(己亥)

*35년 경자(庚子)

　선생 52세. 대제학(大提學) 김안국(金安國)이 선생을 조정(朝廷)에 천거하였다.

*36년 신축(辛丑)

*37년 임인(壬寅)

*38년 계묘(癸卯)

*39년 갑진(甲辰)

　선생 56세. 후릉참봉(厚陵參奉)을 제수받았지만 취임하지 않았다.

　겨울에 중종대왕이 승하하다. 나라의 제도에 유생(儒生)은 상복(喪服)이 없이 다만 흰 의관(衣冠)을 3년 착용하기로 되어있었다. 선생은 임금과 부모의 상을 당하여 어찌 상복이 없을 수 있겠는가 하면서, 고례(古禮)에 의거하여 자최(齊衰)를 3개월간 입었다.

　선생은 병이 오래 가자 "성현의 말에는 이미 선유(先儒)들의 주석이 있으니 반드시 말을 더 보탤 필요는 없지만, 아직도 설파하지 못한 문제에 대하여는 저서를 하고 싶다. 지금 병이 이처럼 중하다 하더라도 경에 대한 해설이 없을 수 없다”하고, 이에 〈원이기(原理氣)〉·〈이기설(理氣說)〉·〈태허설(太虛說)〉·〈귀신사생론(鬼神死生論)〉 네 편을 지었다.

＊인종대왕 원년(乙巳, 1545)

  선생 57세. 당시 대상(大喪)의 복제(服制)는 최벽(衰辟)의 법(法)을 쓰지 않고 졸곡(卒哭) 후에는 모두 검은 관을 쓰고 일을 보는 것이었다. 선생은 고제(古制)와 합치되지 않는다고 여기고 《예경(禮經)》의 설을 인용하여 소(疏)를 지어 개정할 것을 극론하였다. 그것을 요약하기로 한다. “성인(聖人)은 하늘에서 형상(形象)을 취하고, 땅의 법도를 관찰, 위아래 옷의 법도를 제정하였으므로, 상옷은 그의 등 뒤로 늘어뜨리는 베조각의 수가 알맞도록 말랐으며, 상옷을 통하여 슬픔을 지닌 모습을 표현케 하였으니 모두 깊은 뜻이 있는 것입니다. 지금은 모두 이것들을 쓸어 버리고 다만 장의(長衣)만을 쓰고 있으니, 서민들의 상복의 법도와 비슷합니다. 졸곡(卒哭)을 마치자마자 임금과 신하가 검은 관을 쓰고 업무를 보는 것은 상례(喪禮)로서 처신하는 게 못됩니다. 무엇을 생각하고 무엇을 염려하십니까? 성인(聖人)의 가르침을 좇고 성왕(聖王)의 법을 준수하면 그뿐입니다. 초상을 당하면 흰 갓에 베띠를 두르며, 상옷이 만들어지고 나면 참최(斬衰) 석새[三升]의 베로 만들고 관을 여섯새[六升]이며, 졸곡(卒哭)하고 나면 여섯새의 천으로 만든 상옷과 일곱새[七升]의 관을 쓰며, 칡베 띠를 두르고 일을 본다 했습니다. 그러니 임금과 신하가 흰 갓에 베띠를 이와 같이 두르는 것이 어찌 순조로운 일이 아니겠습니까?”

  또 이렇게도 말하였다. “성인(聖人)이 오복(五服)을 제정할 때에 사(士) 이상의 여러 신하들은 3년 동안 참최복(斬衰服)을 입어야 하고, 서인(庶人)들과 서인으로서 벼슬자리에 있는 사람들은 응당 자최(齊衰)를 석 달 동안 입은 다음에 벗어야 할 것입니다. 그런데 지금은 자최의 무거운 상복을 내리어 흰 옷으로 조복(弔服)을 입게 하고, 대신 석 달 지키면 될 가벼운 상기(喪期)를 끌어다가 3년이란 오랜 기간으로 대치하고 있습니다. 모두 인정(人情)과 겉차림의 가볍고 무거운 법도를 헤아리지 않은 때문입니다."

말미에 또 산릉(山陵)의 일을 논하여, 소(疏)를 지었지만 올리지는 못하였다.

7월에 인종대왕이 승하하다. 자최(齊衰)를 입고 3개월 동안 복상(服喪)했다.

(세상에 전해지기를, 인종(仁宗)은 일찍이 선생과 북창(北窓) 정렴(鄭磏)의 이름을 병풍 사이에다 써놓고, 장차 재상(宰相) 자리에 뽑아 앉히려 하였으나 뜻을 이루지 못하였다 한다)

*명종대왕 원년(丙午, 1546)

선생 58세. 7월 7일 화담의 서재에서 별세하다. 선생은 갑진년 겨울부터 계속 자리에 누워 있다가 이날 병이 조금 나아지자 시자(侍者)를 시켜 자신을 부축케 하여 연못에 나가 목욕을 한 뒤 돌아와 얼마 후 돌아가셨다. 임종 때 한 문생이 묻기를 "선생님의 지금 마음이 어떠하십니까?"하니 선생은 "죽음과 삶의 이치를 내 안 지 이미 오래되었으니 마음이 편안하구나."라 하셨다.

8월에 화담 뒤 언덕에 안장되었다.

*21년 병인(丙寅)

월정(月汀) 윤근수(尹根壽)가 일로 경사(京師)에 갔는데 육광조(陸光祖)가 국자학정(國子學正)으로 있었다. 그가 묻기를 "본국에 공자와 맹자(孟子)의 심법(心法)과 기자(箕子)의 주수(疇數)를 아는 이가 있는가?"하니, 윤공은 선생과 한훤(寒暄) 김굉필(金宏弼) 및 정암(靜庵) 조광조(趙光祖)가 있다고 대답하였다. 그리고 선생님에게 대하여 말하기를, "선생은 곧 서모(徐某)로 개성부(開城府) 사람인데 화담에 숨어 살면서 성리(性理)의 학문을 연구하여 밝혔고 특히 수학에 정통했다.

임금이 여러 번 불렀으나 나가지 않고 집에서 종신(終身)하였다."고
말했다.

선조(宣祖) 초에 조사(詔使) 허국(許國)과 위시량(魏時亮)이 동방
(東方)에 공맹의 심학(心學)을 아는 이가 있느냐고 묻자, 문순공(文純
公) 이황(李滉)은 선생과 한훤(寒暄) 김굉필(金宏弼)·일두(一蠹) 정
여창(鄭汝昌)·정암(靜庵) 조광조·모재(慕齋) 김안국(金安國)이 있다
고 대답하였다. 다음해 구희직(歐希稷)이 와서 또 정자(程子)와 주자
(朱子)와 같은 이가 있느냐고 물었는데, 미암(眉巖) 유희춘(柳希春)과
고봉(高峰) 기대승(奇大升)도 앞의 이황이 말한 것과 같이 답변하였다.

*선조대왕 5년(壬申, 1572) 융경(隆慶) 6년

9월 경연신(經筵臣) 조정기(趙廷機)가 임금에게 아뢰기를, "서경덕
은 학행과 교인(敎人)으로 세상에 이름난 명유(名儒)인데, 명종조(明
宗朝)에 벼슬을 추증(追贈)할 때 담당관리가 다만 그가 살았을 때 구
품참봉(九品參奉)을 했다는 사실에만 근거하여 좌랑(佐郎)을 추증하였
으니 사람들 생각이 미흡하다 여기고 있습니다."라 하였다. 임금은 말
하기를, "그의 덕행은 논하지 않고 역임한 관직의 높고 낮음에 얽매인
다는 것은 진실로 가당치 않다."고 하였다.

*6년 계유(癸酉)

5월 지중추(知中樞) 홍섬(洪暹)과 지경연(知經筵) 정종영(鄭宗榮),
특진관(特進官) 윤현(尹鉉), 우윤(右尹) 윤근수(尹根壽)가 임금에게
아뢰었다. "서경덕이 비록 학문은 수(數)를 중심으로 하였지만 그 덕
의(德義)와 입언(立言)은 옛 선비들보다도 높이 뛰어났는데 고작 좌랑
(佐郎)을 추증했습니다. 다시 추증하기를 주청합니다."

유희춘은 "서경덕의 학술은 수(數)를 위주로 하여, 소옹(邵雍)과 채
원정(蔡元定)의 정자와 주자에 대한 관계와 같습니다. 때문에 이황(李
滉)도 그 적절치 못함을 말하며, 도덕실천이라면 서경덕이 지녔다고
논했던 것입니다."라 하였다.

개성유수(開成留守) 남응운(南應雲)과 경력(經歷) 성숙익(成壽益)은 정몽주(鄭夢周)의 구택(舊宅)에 사당을 세우고 제사지내며, 선생을 배향하였다.

＊8년 을해(乙亥)

5월에 조정의 신하들이 선생께 벼슬을 추증하도록 청하였다. 임금은 말하기를, "서경덕이 지은 저서는 주로 기(氣)와 수(數)를 논하고 있고, 수신(修身)에 관련된 일은 논하지 않고 있으니, 그것은 다만 수학(數學)이 아닌가? 또한 그의 공부에는 의심스러운 곳도 많다."고 하였다. 그러자 이이(李珥)가 아뢰었다. "서경덕의 공부는 결코 초학자가 본받을 만한 것이 아니지만, 그의 학문은 장재(張載)에게서 나왔고, 그 저서들이 성현(聖賢)의 취지와 일치한다고 말할 수 있을런지는 신도 모르겠습니다. 단지 세상의 소위 학자라는 이들은 다만 선유(先儒)의 이론을 흉내내어 자기 말인양 하지만 심중(心中)에는 얻은 것이 아무것도 없습니다. 서경덕은 생각을 깊고 멀리하여 스스로 터득한 묘한 것이 많으니, 실로 언어와 문자의 학문이 아닌 것입니다." 이에 임금은 추증을 허락하고 〈대광보국 숭록대부 의정부우의정 겸영경연감 춘추관사(大匡輔國崇祿大夫議政府右議政兼領經筵監春秋館事)〉를 추증하고 시호(諡號)는 문강(文康)이라 하라고 명하였다.

(도덕이 있고 아는 것이 많은 것을 〈文〉이라 하고, 연원이 깊고 두루 통하는 것을 〈康〉이라 한다)

＊18년 을유(乙酉)

신도비(神道碑)를 묘소 앞에 세웠다.

(上護軍 朴民獻이 撰하고 別提 韓濩가 썼으며 同知 南應雲이 세웠다)

＊38년 을사(乙巳)

선생이 별세한 뒤 문인인 박민헌(朴民獻)과 허엽(許曄)이 시문(詩文)을 수집하여 그것을 간행하였다. 그후 병란중에 망실되어, 뒤에 은

산현감(殷山縣監) 홍방(洪霧)이 다시 수집하여 간행하였다.

＊광해군 원년(己酉, 1609)

　선생의 부모의 묘소가 용암산(湧巖山) 아래 있는데 선생이 살아 있을 때 서재를 지어놓고 왕래하다가 그곳에서 쉬기도 하였다. 학자들이 모두 와 여기서 배웠는데 그곳이 이른바 화담이다. 뒤에 유수(留守) 홍이상(洪履祥)이 고을의 여러 선비와 더불어 그 장소에다 사당을 짓고 제사를 지내면서, 사암(思庵) 박순(朴淳)과 초당(草堂) 허엽(許曄), 습정(習靜) 민순(閔純)을 배향하니 모두 선생의 문인들이다.

＊6년 갑인(甲寅)

　화곡서원(花谷書院)에 사액(賜額)하다.

　경기 지방의 유생(儒生)인 김담(金樟) 등이 상소하여 문묘(文廟)에 종사(從祀)하기를 청했다. 대신 이항복(李恒福)에게 논의를 수합하라 명하니, 이항복은 오현(五賢)을 종사(從祀)할 것을 건의하면서 그때 아울러 거론하지 않았는데, 제대로 이해하지 못한 때문이다. 그 일은 마침내 없던 일로 되고 말았다.

　(이 일은 연대가 상세하지 않지만 여기에 부기하여 둔다)

＊숙종대왕 19년(癸酉, 1633)

　임금이 송도에 와 머물면서 예관(禮官)을 보내 화곡서원에 제사지내었다.

＊영종대왕 16년(庚辰, 1680)

　임금이 송도에 와 머물면서 예관을 보내 화곡서원에 제사지내었다.

[花潭先生文集卷之三  薄錄一]

# 年　譜

成宗大王二十年　己酉　弘治二年

　　二月十七日.　先生生于松京禾井里라.　妣韓氏이,　嘗夢入夫子廟하고,
　遂有娠生先生이라.

二十一年　庚戌

二十二年　辛亥

二十三年　壬子

二十四年　癸丑

二十五年　甲寅

燕山君元年　乙卯

　　先生七歲.　聰明英果하고,　剛毅正直하고,　敬信長者之言하다.

二年　丙辰

三年　丁巳

四年　戊午

五年　己未

六年　庚申

七年　辛酉

八年　壬戌

　　先生十四歲.　松京有一講書者러니,　先生從而受尙書라.　至朞三百하여,
　講書者不肯授曰；此擧世鮮曉者라하니,　先生怃之하고,　退而精思十五日
　하여,　通之라.　乃知書之可以思得也라.

九年 癸亥

十年 甲子

十一年 乙丑

中宗大王元年 丙寅 正德 元年

先生十八歲. 讀大學에, 至致知在格物하여, 慨然歎曰 ; 爲學而不先格
物이면, 讀書安用고? 於是에 乃盡書天地萬物之名하여, 糊於壁上하고,
日以窮格爲事라.

二年 丁卯

先生十九歲. 聘泰安李氏라. 宣敎郎繼從之女로되, 年條未詳이오, 姑
附于此하노라.

三年 戊辰

先生二十歲. 嘗曰, 吾二十에 便欲不貳過라 하니라.

四年 己巳

先生二十一歲. 危坐一室하여, 思索太苦하여, 臨食不辨其味하고, 或
累日不睡라. 如是三年에, 遂至成疾하여, 雖欲不爲思索이로되, 亦不得
也러라.

五年 庚午

六年 辛未

七年 壬申

八年 癸酉

九年 甲戌

十年 乙亥

十一年 丙子

十二年 丁丑

十三年 戊寅

十四年 己卯

先生三十一歲. 時朝廷設薦擧科하여, 被薦者一百二十八이오, 先生

爲首러니, 辭不就라.

十五年　庚辰

十六年　辛巳

十七年　壬午　嘉靖　元年

　　先生三十四歲. 夏에, 遊俗離·智異諸山이라. 有紀行諸詩니라.

十八年　癸未

十九年　甲申

二十年　乙酉

二十一年　丙戌

二十二年　丁亥

二十三年　戊子

二十四年　己丑

二十五年　庚寅

二十六年　辛卯

　　先生四十三歲. 先生雅不喜擧業이나, 至是에, 以母夫人命赴擧하니,
　中生員試라. 同年趙公彦秀曰；吾榜有徐某하니, 可謂榮矣라하니라.

二十七年　壬辰

二十八年　癸巳

二十九年　甲午

三十年　乙未

三十一年　丙申

三十二年　丁酉

三十三年　戊戌

三十四年　己亥

三十五年　庚子

　　先生五十二歲. 大提學金公安國이, 薦先生于朝라.

三十六年　辛丑

三十七年 壬寅

三十八年 癸卯

三十九年 甲辰

先生五十六歲. 除厚陵參奉이나, 不就라. ○冬에, 中宗大王昇遐라. 國制에, 儒生無眠이오, 只白衣冠三年이라. 先生曰 ; 君父之喪에, 安可無服이리오? 乃依古禮하여, 服齊衰三月이라. ○先生寢疾久하여 乃曰 ; 聖賢之言은 已經先儒註釋者니 不必更爲疊床之語라. 其未說破者를, 欲爲之著書라. 今病丞如是로되, 不可無傳이라하고, 乃草原理氣·理氣·太虛說·鬼神死生論等四篇하니라.

仁宗大王元年 乙巳

先生五十七歲. 時大喪服制에 不用衰辟之法라. 卒哭後에, 又皆玄冠視事하니, 先生以爲不合古制라. 乃引禮經之說하여 草疏極論하고, 請加釐正이라. 其略曰 ; 聖人이, 取象於天하고, 觀法於地하여, 制上下衣裳之度하여 裁衰適負版之數하고, 寓哀摧斬絶之容이라. 皆有深意어늘, 傘皆墀之하고, 只用長布之衣하니, 有同庶人喪服之規라. 又曰 ; 卒哭纔過에, 君臣皆玄冠視事하니, 是不以喪禮自處也라. 夫何思何慮오? 從聖人之訓하고, 遵聖王之法하여, 如斯而已矣니라. 初終에 素弁経成하고, 服은 斬衰三升冠六升이오, 旣卒哭엔 成布六升冠七升이라. 服葛経視事則君臣素弁環経이라. 如此하니, 豈非順乎아? 又曰 ; 聖人制五眠하여, 自士以上羣臣은, 服斬衰三年이오, 庶人及庶人在官者는, 應服齊衰三月이나, 而傘降齊衰之重하고, 而爲吊服白衣라. 引三月之輕하여, 置之三年之久하니, 皆不揣情文輕重之倫이라. 未又論山陵事로되, 疏成不果上이라. ○七月에, 仁宗大王昇遐하니, 服齊衰三月이라. 世傳하되, 仁廟嘗書先生及鄭北窓磏名于屛間하고, 將擢置台鼎而不果云이라하니라.

明宗大王元年 丙午

先生五十八歲. 七月七日에 易簀于花潭書齋라. 先生自甲辰冬으로, 連在床褥이라. 是日病革하니, 令侍者昇出潭上하여, 澡浴而還하고, 食頃

乃卒이라. 臨終에 有一門生問曰 ; 先生傘日意思何如잇가? 先生曰 ; 死
生之理를, 知之已久하니, 意思安矣로라. ○八月에 葬于花潭後岡이라.

二十一年 丙寅

尹月汀根壽奉使如京師라. 時陸公光祖爲國子學正이러니, 問本國有
能知孔孟心法箕子疇數者乎아? 尹公乃以先生及寒暄·靜菴諸先生對
라. 其論述先生則曰 ; 徐某開城府人으로, 隱居花潭하여, 講明性理之學
而數學尤精이오, 恭僖王屢召不至하고, 終於家云이라. ○宣廟初에, 詔
使許公國·魏公時亮問東方有知孔孟心學者오하니, 李文純公滉이, 以
先生及寒暄·一蠹·靜菴·慕齋爲對라. 明年에 歐公希稷至하여, 又問
有如程朱者오하니, 眉巖柳希春高峯奇大升이, 議對如前이라.

宣祖大王五年 壬申 隆慶 六年

九月에, 筵臣趙廷機啓曰 ; 徐敬德學行敎人이 爲世名儒로되, 而明
廟朝追贈時에, 有司只據生時參奉九品而贈佐郎하니, 人情未洽이니이
다. 上曰 ; 不論其德行하고, 而惟以踐歷之官爲高卑니, 此誠不可라하니라.

六年 癸酉 萬曆 元年

五月에, 知中樞洪暹·知經筵鄭宗榮·特進官尹鉉·右尹尹根壽啓曰 ;
徐敬德雖學主於數나, 然其德義立言이, 高出前儒로되, 只贈佐郎이니,
請更贈하시이다. 柳希春曰 ; 敬德學術主敎나 若邵康節·蔡元定之於程
朱니 故로 李滉論其不的이니이다. 然道德踐履則有之니이다. ○開城留
守南應雲·經歷成壽益이, 卽鄭文忠舊宅하여, 立祠祀之하고, 以先生配
享하니라.

七年 乙亥

五月에 朝臣請加贈先生職하니, 上曰 ; 敬德所著書는, 多論氣數요, 而
不及於修身之事니, 無乃是數學耶아? 且其工夫多有可疑處라하니라. 副
提學李珥啓 ; 敬德工夫는 固非初學所可法이나, 其學出於橫渠요, 其所
著書는, 若謂之脗合聖賢之旨則臣不知也니이다. 但世之所謂學者는, 只
倣先儒之說以爲言이나, 而心中無所得이니이다. 敬德則深思達詣로, 多

有自得之妙하니, 實非言語文字之學也이니이다. 於是上許之하고, 命贈
大匡輔國崇祿大夫와, 議政府右議政兼領經筵·監春秋館事하고, 賜諡
曰文康이라하니라. (道德博聞曰文이오, 淵源流通曰康이라.)

十七年 乙酉

立神道碑于墓前이라. 上護軍朴民獻撰하고, 別提韓濩書하고, 同知南
應雲築하니라.

三十七年 乙巳

先生歿後에 門人朴公民獻·許公曄이 蒐集詩文하여 刊行於世라. 其
後亡失於兵燹이러니, 至是에, 殷山縣監洪霈이, 復蒐集入梓라.

光海君 元年 己酉

先生父母墓在湧巖山下러니, 先生在世時作書齋하고, 往來居息하여,
學者皆從學于此하니, 卽所謂花潭也라. 至是에 留守洪公履祥與一鄉多
士이 卽其地立祠以祀하고, 配以朴思菴淳·許草堂曄閔習靜純하니, 皆
先生門人也라.

六年 甲寅

賜額花谷書院이라. ○京圻儒生金樿等이, 上疏請從祀文廟러니, 命牧
議于大臣이라. 李相恒福獻議以五賢從祀時不爲並擧하니, 爲未解하고,
事遂寢하니라. 此事는, 年條未詳이라. 姑附于此하노라.

肅宗大王 十九年 癸酉

上駕次松都하여, 遣禮官賜祭于花谷書院하니라.

英宗大王 十六年 庚申

上駕次松都하여, 遣禮官賜祭于花谷書院하니라.

# 신도비명 병서(神道碑銘并序)/

## 슬간(瑟偋) 박민헌(朴民獻) 찬(撰)

성인(聖人)은 백세의 스승이다. 그러나 같은 때에 태어나지 못하니, 비록 그분을 드러낼 수는 있어도 몸소 배울 수는 없는 것이다. 족적(足跡)이 일찍이 문하에 미치지 못했다면 비록 같은 시대에 살았다 해도 군자의 가르침은 또한 얻어들을 수가 없었을 것이다. 이 두 경우는 모두 성인을 스승으로 삼을 수 없었지만 그분의 도를 추구하지 않아도 괜찮겠는가?

맹자가 조교(曹交)에게 말하기를, "도는 큰 길과 같은 것이다. 어찌 알기 어렵겠는가? 사람들이 이를 추구하지 않는 것이 병폐일 따름이다. 그대는 돌아가 추구하라. 다른 스승이 또 있을 것이다"고 하였다. 이른바 다른 스승이라는 것은 성(性)을 지적하여 말한 것이다. 대개 일성(一性)이 혼연하여 만물이 다 갖추어지면 그것이 드러나기도 전에 공경히 받들게 되는 것이니, 그것이 드러나는 것을 좇으면 스승으로 삼을 수 없는 경우란 없다. 순조로운 운행을 그대로 받아들인다면, 사물(事物)에 대하여 느끼는 데 있어서, 천하의 사도(師道) 중 이보다 더 큰 것이 무엇이 있겠는가?

그러나 스스로 명민하고 지혜로우우며 절세(絶世)의 자질을 지니고 있지 않다면 누가 우리 성(性)이야말로 진실로 스승으로 삼을 만하다는 것을 알겠는가? 선생이 태어난 나라는 바로 기자(箕子)의 나라이다. 그러나 지금 세상은 매우 먼 후세여서, 그 도는 모두 사라지고 전하는 것이 없다. 또 선생이 받은 성(性)은 바로 요순(堯舜)의 성이다. 때문에 능히 그 실마리가 보이는 것을 근거로 하여 스승을 삼을 수가 있어서, 마침내 우리의 도를 얻어들을 수 있는 것이다.

선생의 성은 서씨(徐氏)요 이름은 경덕(敬德)이며, 자는 가구(可久)이고 호는 복재(復齋) 또는 화담(花潭)이라 하였으며, 당성(唐城) 사람이다. 증조할아버지는 선비로서 이름은 득부(得富)이며, 할아버지는 진용교위(進勇校尉) 부사용(副司勇)으로 이름은 순경(順卿)이다. 아버지는 수의부위(修義副尉)로 이름은 호번(好蕃)이며, 어머니는 보안 한씨(保安韓氏)이다. 할아버지 때부터 줄곧 풍덕(豊德)에서 살았는데, 아버지가 송도에서 한씨를 부인으로 맞은 뒤부터 송도에서 살게 되었다. 할아버지는 가난하여 남의 땅을 빌려 농사짓고 살았는데, 곡식을 나누는 것이 대단히 공평하여 땅주인이 신임했지만 스스로 자기 몫을 차지하지는 않았다.

정덕(正德) 병자년(1516)에 송도에 화재가 나 불길이 원근을 가리지 않고 번지니 다들 천화(天火)라 하였다. 불길이 초가지붕인 수의공(修義公)의 집 창고에까지 번졌다. 수의공은 향불을 피우고 하늘에 빌었다. "제 평생 감히 불의한 일을 하지 않았습니다." 그러자 갑자기 바람이 일어 초가지붕의 이엉을 거두어 버렸다. 사람들은 여러 세대 동안의 적덕(積德)이 감응한 것이라고 하였다. 어머니 한씨가 일찍이 공자묘(孔子廟)에 들어가는 꿈을 꾸고, 홍치(弘治) 기유년(己酉年, 1489) 2월 17일 선생을 화정리(禾井里)에서 낳았다. 어릴 때부터 총명하고 영특하며 과단성이 있었고 꿋꿋하고 정직했으며, 윗사람들의 말을 공경하고 믿어, 서라면 서고 앉으라면 앉았다.

15세 가까이 되자 비로소 독서를 시작했다. 마침 송도에 글을 가르치는 사람이 한 사람 있어 선생은 그에게 가서 《상서(尚書)》를 공부하였다. 만 1년이 되자 글방선생은 더이상 가르치려 하지 않고 "이는 나도 배우지 못했을 뿐만 아니라 온 세상에 잘 아는 사람도 드물다"
고 말하였다. 선생은 이를 괴이하게 여기고, 돌아와 보름 동안 깊이
생각한 끝에 거기에 통달하고는, 책은 생각하여 터득할 수 있음을 알
게 되었다.

나이 18세에 《대학(大學)》을 읽다가 '치지재격물(致知在格物)'이란
말에 이르러 크게 탄식하며, "배움에 있어 먼저 사물에 대하여 연구
하지 않는다면 공부가 무슨 소용이 있겠는가."고 하였다. 이에 벽에다
천지만물의 이름을 써서 붙여놓고는 날마다 사물에 대하여 연구하는
것으로 일을 삼았다. 한 가지 사물을 연구하여 깨우치고 난 다음에야
다시 한 가지 사물을 연구하였는데, 때로 연구가 제대로 되지 못하면
음식을 대하여 그 맛을 분간하지 못했고, 길을 걸어도 가는 곳을 알
지 못했으며, 변소를 가서도 볼일보는 것도 잊고 곧 일어났다. 혹은
여러날 잠도 자지 않았으며, 때로는 눈을 감고 있다가 꿈속에서 그간
깨우치지 못했던 이치를 깨닫기도 하였다. 비록 옛사람들이 공부를
열심히 하면서 겨울에는 화로를 모르고 보내고 여름에는 부채를 모르
고 지냈다 하나, 선생보다 더한 것은 아니었다.

나이 20여세에 밤낮을 가리지 않고, 더위와 추위를 불문하고, 3년
이나 방안에 꼿꼿이 앉아 있었다. 타고난 기운이 비록 강인하였지만
사색이 너무 지나쳐 마침내 병이 들었다. 바깥출입도 못하면서도 사
색하지 않으려 했지만 뜻대로 되지 않았다. 이렇게 3년을 보내니 병
세가 약간 호전되었다. 전후 6년 동안 사물에 대하여 깨치지 못한 것
이 없었다. 오직 이치의 본원은 매우 가까운 거리에 있었던 것이다.
이에 이르러 모든 것을 통달하게 되었는데, 겨우 24, 5세 때였다.

대개 옛사람들의 사물에 대한 연구는 《대학》의 가르침을 근거로 하
고 있으나 선생의 사물에 대한 연구는 본성의 오묘함을 근거로 하고
있다. 밖으로부터 볼 적에는 비록 같지 않은 듯하지만, 그 도달한

바를 요약해 보면 깊숙히 같은 곳에 귀착(歸着)하고 있다. 그것은 어째서인가? 이치가 같은 까닭이다. 선생은 스스로 자신을 가진 다음에야 《사서(四書)》와 《육경(六經)》·《성리대전(性理大全)》 등 의 책을 읽었는데, 전날 사물에 대한 연구에서 터득한 사실과 혼연히 서로 일치하였다.

선생은 말하였다. "나는 일찍이 이치를 깨닫지 못하고 있던 것들을 독서를 통해 깨친 것이 많다. 그 사이의 미묘한 표현과 오묘한 뜻은 옛 선비들의 이른바 '도에 대하여 아는 사람이 아니라면 누가 그것을 알 수 있겠느냐?'고 한 것 같은 것들도, 나는 많은 시간을 허비하지 않고도 이해한 것들이 있다." 또 이런 말도 하였다. "만약 꼿꼿이 앉지 않으면 생각이 통일되지 않고, 생각이 통일되지 않으면 연구를 제대로 할 수가 없다." 또 이런 말도 하였다. "옛사람이 말하기를, '생각하고 생각하면 귀신도 통할 수 있다'라 했는데, 귀신이 통하는 것이 아니라 마음이 스스로 통하게 되는 것이다." 또 이런 말도 하였다. "당연한 가운데로 나아간다면 그렇게 된 이치를 볼 수 있을 것이다." 또 이런 말도 하였다. "이치가 뒤섞여 있는 문제는 수(數)를 통해 가려 이해할 수 있다." 또 이런 말도 하였다. "사람들은 외상(外象)과 외수(外數)는 알 수 있다는 것을 알고 있지만 내상(內象)과 내수(內數)는 알기 어렵다는 것을 알지 못하고 있다."

대저 격물치지(格物致知)라는 것은 성(性)을 알고 하늘을 아는 일이다. 선생은 나이 서른 이전에 사물에 대하여 이미 연구하여 지식은 이미 지극했던 것이다. 또 이렇게 말하였다. "내 오십 이후에는 뜻이 정성되게 되어서 공부과정에 순서 있기가 이와 같았다." 또 말하였다. "내 어려서는 현명한 스승을 만나지 못해 공부함에 헛된 시간을 많이 보냈다. 배우는 자라면 나와 같은 공부방법을 본받아서는 안될 것이다." 또 말하였다. "어진 자는 비록 행실을 매우 높은 수준으로 제어

한다 하더라도 드러나는 것이 만약 깨끗하지 않다면 끝까지 괜찮은 사람이 될 따름이지, 뒷걸음질을 면할 수는 없음을 알아야 할 것이다." 또 말하였다. "내가 스무 살이 되어서는 허물을 두 번 거듭하지 않고자 하였다." 부모의 상을 당하여 예를 따름에 있어서, 처음 돌아가셨을 적에는 어쩔 줄 모르는 듯한 모습이 마치 구하여야 할 것이 있는데 구하지 못하는 듯하였다. 입관(入棺)한 뒤에는 무엇을 바라면서 좇고 있는데도 따르지 못하는 듯하였다. 장사를 지내고 나서는 슬픈 모습이 되돌아오지 못하고 쉬게 된 것처럼 여기는 듯 거듭거듭 눈물을 흘리지 않는 적이 없었다. 형제들에게는 은애(恩愛)가 두터웠고, 처첩에게도 교화를 행하였으며, 자제 중에 허물이 있으면 단지 따뜻하게 깨우쳐주되 엄한 말로 꾸짖지는 않았다. 평생 이상한 행동을 미워했으며, 고을사람들과 더불어 종일 담소할 때에도 이상한 태도는 보이지 않았다.

집안이 지극히 가난하여 때로 여러날 끼니를 잇지 못하고 지낸 적도 있지만 항상 평안하였다. 후학을 이끌어 줄 때에도 그들이 학문에 진척이 있으면 얼굴에 기쁜 빛을 드러냈다. 산림에 자취를 숨기고 산 것이 마치 세상사에 뜻이 없는 듯 보였지만, 정치가 잘못된 일들을 들으면 곧 탄식하였으니, 일찍이 세상을 잊은 적은 없었던 것이다.

선생은 말년에 덕이 더욱 성해져서 얼굴에 드러나고 몸에도 배어 있어 바라만 보아도 도가 있는 사람임을 알게 된다. 고을과 이웃도 그의 덕에 교화되어 다투고 따져야 할 일이 있으면 관아에 가지 않고 선생을 찾아와 물어보고 판결하였다.

정덕(正德) 기묘년(己卯年, 1519)에 천거과(薦擧科)가 개설되자 송도에서는 선생을 추천하였지만 사양하고 나아가지 않았다. 가정(嘉靖) 신묘년(辛卯年, 1531)에 대부인(大夫人)의 명령으로 경사(京師)에 가서 사마시(司馬試)를 보아 급제하고 돌아왔다. 갑진년(甲辰年, 1544)

에 대제학(大提學) 고(故) 김안국(金安國)과 성균관 유생(儒生)들이 서경덕을 후릉참봉(厚陵參奉)으로 추천하였지만 나가지 않았다.

그 해 겨울 인종(仁宗)이 세상을 떠났는데, 나라의 제도에 따라 유생들은 상복을 입지 않고 다만 흰옷과 관을 3년 동안 착용하도록 되어 있었다. 선생은 "임금과 부모의 상에 어찌 상복이 없겠는가?"고 하면서, 자최(齊衰)를 3개월 동안 입었다. 이 해에 병이 들었는데 거의 회복될 기미가 안 보이자 선생이 말하였다. "성현의 말은 이미 선유(先儒)들이 주석한 것이 있어 다시 덧붙여 해설할 필요가 없지만, 그중 아직 설파하지 않은 문제는 책으로 쓰고자 했는데, 지금 병이 이렇게 심하니 해설을 쓰지 않을 수 없다." 그리고는 〈원이기(原理氣)〉, 〈이기설(理氣說)〉, 〈태허설(太虛說)〉을 베개에 기대어 썼다. 모두 문집 속에 들어 있다.

다시 병에 차도가 있자 을사년(乙巳年, 1545) 봄에 소(疏)를 지어 상제(喪制)의 잘못을 극론(極論)하였다. 그 상소문은 다 짓고도 올리지 못했는데, 무엇 때문이었는지 알 수 없다. 어떤 이는 말하기를 인종(仁宗)께서는 그때 마침 상중에 계셨는데, 지나치게 슬퍼하시어, 예측 못할 불행이 일어날까 걱정했기 때문이라고도 한다. 7월에 인종이 승하했는데 상제(喪制)는 앞에 말한 것과 같았다.

선생은 갑진년(甲辰年, 1544) 겨울부터 계속 병상에 누워 있다가 병오년(丙午年, 1546) 7월 7일 이른 새벽에 화담의 서재에서 별세하였다. 향년 58세였다. 죽음에 임하여 한 문생이 물었다. "선생님께서는 오늘 마음이 어떻습니까?" 선생은 "삶과 죽음의 이치를 안 지 벌써 오래이니 마음이 평안하다."고 하였다. 송도의 유생과 백성들이 이 소식을 듣고는 곡을 하며 찾아오는 이들이 길가에 끊이지 않고 이어졌다. 그해 8월 12일 화담의 언덕 선친의 묘소 옆에 안장하니, 선생의 뜻을 따른 것이었다.

선생이 서거한 지 30년 되는 오늘은 금상(今上, 宣宗)의 재위 8년 (1574)이다. 일찍이 명종조(明宗朝)에 선생에게 육품(六品) 관직을 추증했는데, 오늘에 이르러 대간(臺諫)이 모두 더 높은 관직으로 추증할 것과 또 시호(諡號)를 내릴 것도 건의하였다. 임금은 대신들에게 논의할 것을 명하여 우의정을 추증하고, 시호는 문강(文康)이라 하였다. '문(文)'은 도덕박문(道德博聞)의 뜻이고, '강(康)'은 연원유통 (淵源流通)의 뜻이다.

아아! 사도(師道)가 전해지지 않은 지 오래되었다. 도에 뜻을 둔 사람들이 비록 좋은 재주와 아름다운 자질을 가지고 있어도, 모두 말하기를 어진 스승을 구하기가 어려워 마침내 모두 취생몽사(醉生夢死)하게 된다고 한다. 선생은 스스로 분발하여 성(性)에 대하여 터득함으로써 우뚝히 자립하였으며, 학자들로 하여금 비록 스승의 가르침이 없다 해도 배움에 이를 수 있음을 알게 하였다. 그리고 맹자의 말을 천 년 뒤에 징험하였으니, 선생이 후학에게 끼친 공은 크기만 하다. 위로는 기자(箕子)의 전통을 이어받고 아래로는 도학(道學)의 전통을 열었다고 할 수 있다.

태안 이씨(泰安李氏) 선교랑(宣教郎) 계종(繼從)의 딸과 결혼했는데 신유년(辛酉年, 1501) 정월 7일 별세하니 역시 화담에 장사지냈고, 선생과 같은 묘역이지만 봉분은 다르다. 1남 1녀를 낳았는데, 아들 응기(應麒)는 장예원사의(掌隷院司議)가 되었고, 딸은 사인(士人) 유경담(柳景湛)에게 출가하였다. 측실(側室)의 자식으로는 응봉(應鳳)과 응귀(應龜) 2인이 있다.

응기는 1남 4녀를 낳았는데 장남은 우신(佑申)으로 아직 어리며, 장녀는 장성하여 임련(任鍊)에게 출가하였고, 차녀는 이응우(李應祐)에게 출가했으며 나머지는 아직 어리다. 경담은 1남 2녀를 낳았는데 장남 익(益)은 강이원습독(講肄院習讀)이 되었고, 장녀는 충의위(忠

義衛) 윤복(尹福)에게 출가했으며, 차녀는 강호선(康好善)에게 출가
하였다. 응봉(應鳳)은 아들만 둘 두었는데, 장남의 이름은 춘학(春鶴)
이고 차남은 운학(雲鶴)이다.
　명(銘)을 짓는다.


　　　세 성인이 서로 이어
　　　다 같이 한 근원에서 나왔네.
　　　요는 한 마디 말로써 한 것을
　　　순은 세 마디를 덧붙였지.
　　　공문의 3천 제자 중에,
　　　도를 이은 것은 몇 사람뿐.
　　　안자는 사물(四勿)을 섬겼고,
　　　증자는 일유(一唯)로 대답했지.
　　　성현이 이를 이어받는데도
　　　성실하게 하여 왔으나,
　　　도는 사라지고 가르침은 없어져
　　　전해지는 것이 없거늘 무엇에 의지할 건가?
　　　아아! 선생은
　　　스스로 스승을 얻었으니,
　　　남이 가르쳐 주는 것을 기다리지 않고
　　　스스로 성(性)을 추리(推理)하였네.
　　　마음은 신명(神明)하여
　　　이치는 그 안에 들어있으니,
　　　내 마음 다하지 않으면
　　　이치도 끝이 없게 된다네.
　　　그 이치 추궁할 수 있다면

그것이 바로 성(性)을 아는 것이라네.
이리하여 도가 있어서
생각이 성인답게 되셨다네.
선생은 용감하게 나아가
구명(究明)하고 또 사색하여,
모든 이치가 드러나게 되니
마치 누군가가 도와주는 듯,
사물을 이치를 연구하지 않은 게 없고
이치를 알게 된 뒤에는 지극해졌네.
진실과 망령됨이 분명해지니
스스로 뜻이 정성되게 되었으며,
마음을 바르게 하는 것과 몸을 닦는 그 다음에 일도
도에 있어서는 본래 일치하는 것.
처음부터 끝까지
용납되는 것도 없고 또 다른 것도 없다네.
선생의 학문은
위로 전해준 이가 없으나,
공자 맹자의 가르침과
부절(符節)처럼 딱 들어맞는다네.
한두 편 남은 글들은
대의가 빛나고 있고,
깊은 뜻 열어 보여주셨으니
뒷사람들의 행복일세.
상(象)과 수(數)의 오묘한 경지는
더욱 정미(精微)하였는데,
하늘은 어찌 수명에 인색하여

선생으로 하여금 더욱 연구하지 못하게 했는가?
그 지역은 치우치고 황폐하며
그 시대는 말세였는데,
선생의 공은
옛사람들보다도 배나 크다네.
죽은 후 칭송하고 벼슬 추증(追贈)하였지만
감히 바라던 일 아니었으니,
선생과는 아무 관련 없고
시대와의 연관만이 있는 것이네.
화담에 비석을 세우노니
바라보면 하늘인 듯하네.
사람들이 어찌 공경치 않으리오?
우리 동방의 사종(師宗)일세.

原文 **神道碑銘** 序幷 瑟僩朴民獻撰

聖人은 百世之師也니라. 然而生不與同時니, 雖可以興起라도, 而不可以親炙之也니라. 足跡未嘗及門이면, 則雖與之同時라도, 君子之敎를 亦不可得以聞之也니라. 二者皆不得聖人而爲師로되, 將不求其道可乎아?

孟子謂曹交曰; 夫道若大路然이니, 豈難知哉아? 人病不求耳니라. 子歸而求之면, 有餘師리라. 所謂有餘師者는, 指性而言也니라. 盖一性渾然이면, 萬理畢備니, 恭敬奉持於未發之前하고, 隨其所發하면, 無不可師니라. 承受順行於感物之際면, 天下之師道이, 孰大於是리오?

然自非明睿絶世之資면, 孰知吾性之眞可師哉아? 先生所生之國은 卽箕子之國也라. 然而世之相後旣遠하여, 其道皆湮沒而無傳矣이

라. 先生所受之性은, 卽堯舜之性也라. 故能因其端緒之見而師之면, 終得與聞乎吾道者也니라.

先生姓徐氏요, 諱敬德이요, 字可久며, 自號復齋요, 又號花潭이라. 唐城人으로, 曾祖는, 學生諱得富요, 祖는 進勇校尉副司勇諱順卿이요, 考는 修義副尉諱好蕃이오, 妣는 保安韓氏니라. 自祖以上은, 世居豐德이러니, 修義公娶韓氏于松京하고, 因家焉이라. 副司勇公家貧하여, 耕人之田而分粟甚均하니, 田主信之로되, 不自苞分이라.

正德丙子에, 松京火하여, 延燒無遠近하니, 名曰天火라. 火及修義公家廐이러니, 草盖也라. 修義公焚香祝天曰; 平生不敢爲非義로라하니, 忽有風起하여, 卷草盖以去라. 人謂累世積德所感이라.

妣韓氏이, 嘗夢入夫子廟하고, 以弘治己酉二月十七日에 生先生于禾井里라. 自幼聰明英果하고, 剛毅正直하여, 敬信長者之言하여, 立云則立이오, 坐云則坐러라.

年近志學하여, 始知讀書라. 松京有一講書者러니, 先生從而受尙書라. 至朞三百에, 講書者不肯授曰; 此非但吾所不學이오, 擧世鮮曉者라하니, 先生怪之하고, 退而精思十五日하여, 通之하니, 乃知書之可以思得也니라.

年十八에 讀大學할새, 至致知在格物하여, 慨然嘆曰; 爲學而不先格物이면, 讀書安用이리요 하고, 於是에 乃盡書天地萬物之名하여, 糊於壁上하고, 日以窮格爲事라. 究一物旣通이면, 然後又究一物이라. 方其未窮也에, 臨食不辨其味하고, 行路不知所趨하며, 至如溷溷에, 忘其便旋而起라. 或累日不睡러니, 有時闔眼則夢中에, 通其所未窮之理라. 雖古人三年不窺園하여, 冬不爐하고, 夏不扇이라하나, 無以過也니라.

時年二十餘러니, 盖不論晝夜하고, 不問寒暑하며, 危坐一室者三年이라. 稟氣雖剛이로되, 思索太過하여, 至於成疾하니, 不能出戶라.

雖欲不爲思索이로되, 亦不得也러라. 如是者又三年에, 病乃稍愈라. 前後六年에, 無物不格이라. 惟理之本原이, 猶隔一膜이라. 至是皆通之하니, 年可二十四五러라.

盖古人之格致는 由大學之敎로되, 先生之格致는 由本性之妙라. 考之於外면, 雖似不同이나, 要其所至면, 泬然同歸는 何也오? 理一故也니라. 先生有以自信하고, 然後乃取四書·六經·性理大全等書讀之하니, 與前日所得於格致者와, 怳然相契라.

先生曰; 吾未嘗理會者를, 讀書省悟者多矣라. 其間微詞奧義로, 先儒所謂非知道者면, 孰能識之等處를, 吾向也有不費多工夫而曉解者라. 又曰; 若不危坐면, 思慮不一이오, 思慮不一이면 不能窮格이라. 又曰; 古人云, 思之思之면 鬼神其通之라하니, 非鬼神通之요, 心自通耳니라. 又曰; 就所當然之中이면, 可見所以然之理니라. 又曰; 理之錯綜處를, 在數上分曉라. 又曰; 人知外象外數之可知로되, 不知內象內數之難知라.

夫物格知至者는, 知性知天之事也니라. 先生年未三十에, 物已格矣요, 知已至矣니라. 又曰; 吾五十而後意誠하여, 功程之有序如此라. 又曰; 吾少也에, 不得賢師하여, 枉費工夫니, 學者不可效某工夫라. 又曰; 賢者雖制行甚高로되, 見處若不灑然이면, 終爲可人而已요, 且不免退步니, 不可不知也니라. 又曰; 吾二十에 便欲不貳過라.

天性至孝하여, 其居憂讀禮에, 至始死엔, 皇皇焉如有求而不得이라. 旣殯엔, 望望焉如有從而不及이라. 旣葬엔, 慨然如不及其返而息하며, 未嘗不三復流涕러라.

恩篤於兄弟하고, 化行於妻妾이라. 子弟有過면, 只溫諭하고, 不以嚴辭責之라. 平生惡崖異之行하여, 與鄕人處에, 終日言笑라도, 不見有異也러라.

家至貧하여, 或連日不炊나, 而常晏如라. 接引後學에, 見其長進하

면, 喜形於色이라. 觀其晦跡山林이면, 若無意於世나 聞時政闕失하면, 輒發嘆하니, 盖未嘗忘世也러라.

先生季年에, 德益盛하여, 粹面盎背하니, 望之而可知有道者也니라. 鄕隣化其德하여, 有爭辨則或不至官府而來咨決焉이라.

正德己卯에, 設薦擧科할새, 松京以先生名薦之로되, 辭不赴라. 嘉靖辛卯에, 以大夫人命到京師하여, 得司馬而歸라. 甲辰에, 以故大提學金安國及館中儒生薦으로, 除厚陵參奉이로되, 不起라.

其冬에, 靖陵賓天하시니라. 國制로, 儒士無服이오, 只白衣冠三年이라. 先生曰 ; 君父之喪에, 安可無服고하고, 乃服齊衰三月이라. 是年得病하여, 幾致不救러니, 先生曰 ; 聖賢之言已經先儒註釋者니, 不必更爲疊床之說이나, 其未說破者는, 欲爲之著書라. 今病亟如是니, 不可無傳이라하고, 乃草原理氣·理氣說·太虛說하되, 倚枕而書之라. 皆在集中이라.

已而病間하니, 乙巳春에 草疏하여, 極論喪制之失이나, 疏成而不果上이니, 莫意라. 或言 孝陵方在諒闇過哀하여, 將有叵測之禍也라. 七月에, 孝陵昇遐하시니, 喪制亦如之라.

先生自甲辰冬으로, 連在床褥이라가, 丙午七月七日昧爽에, 卒于花潭書齋하니, 享年五十八이라. 臨易簀에, 有一門生問曰 ; 先生今日意思何如잇가? 先生曰 ; 死生之理를, 知之已久니, 意思安矣라. 松京士庶聞之하고, 來哭者相續於道라. 以其年八月十二日에, 葬于花潭之岡先墓之側하니, 從其志也라.

先生歿後三十年이, 今上八年也라. 先是明廟朝에, 已贈先生六品官이러니, 至是에, 臺諫並乞贈以高秩하고, 臺諫又乞贈謚라. 上命議大臣하여, 贈右議政하고, 謚曰文康이라. 道德博聞曰文이요, 淵源流通曰康이라.

嗟乎라! 師道之不傳也久矣로다. 有志於道者이, 雖有良材美質이

라도, 皆曰賢師難得이니, 終至於醉生夢死者皆是라. 先生能自奮發하여, 得於性上하고, 卓然自立하여, 使學者皆知雖無師傳이라도, 可以學至라. 而孟子之言을, 盃驗於千載之後하니, 先生有功於後學大矣라. 可謂上接箕子之統하여, 下啓道學之傳也로라.

配泰安李氏宣敎郎繼從之女러니, 辛酉正月七日卒하여, 亦葬于花潭하니, 同兆異穴이라. 生一男一女하니, 男應麒는 掌隷院司議요, 女適士人柳景湛이라. 側室子二人이니, 應鳳·應龜라.

應麒生一男四女하니, 男佑申은 幼하고, 女長適任鍊이오, 次適李應祐하고, 餘幼라. 景湛生一男二女하니 男盒은 講肄院習讀이오, 女長適忠義衛尹福하고, 次適康好善이라. 應鳳生二男하니, 長春鶴이오, 次雲鶴이라.

銘曰 ;

三聖相承하여, 同出一原이라.

堯以一語요, 舜盒三言이라.

孔門三千이나, 終傳數子라.

顔事四勿하고, 曾對一唯라.

聖賢授受이 猶待諄諄이라.

道喪言湮하니, 無傳曷因고?

嗚呼라 先生은 能自得師하여,

不由人傳하고, 乃自性推라.

心爲神明하여, 理涵其中하니,

吾心不盡이면, 於理未窮이라.

能窮其理면, 是曰知性이라.

爲此有道하여, 思作睿聖이라.

先生勇詣하여, 是究是思하니,

厥理躍如하여, 若或相之라.

物無不格이오, 知然後至라.
眞妄旣分하니, 自能誠意하고,
正脩以下로, 道本一致니,
自始至終으로, 不容不二라.
先生之學은, 上無所傳이나,
鄒孟之言이  如合符然이라.
二三遺篇은, 大義炳炳하고,
開示幽賾하니, 後人之幸이라.
象數之窟은, 尤極精微어늘,
天胡嗇壽하여, 俾不發揮오?
偏荒其地요, 叔季其辰이니,
先生之功은, 有倍古人이라.
歿後襃贈이나, 非所敢期니,
無與於己요, 有關於時라.
碑于花潭하니, 望之有穹이라.
人盍敬之오?  大東師宗이로다.

# 부록(附錄)  2

## 1. 서화담 선생을 기리는 시

### 서화담 선생을 방문하여/홍인우(洪仁祐)

화담은 군자가 사는 곳이라 옛날에 듣고,
고상한 풍취를 여러 해 이야기하려 했네.
부슬비 속에 바람 불고 있지만 소나무 문 고요하니,
주인의 심사는 어떻소 하고 묻게 되네.

### 訪花潭徐處士

舊聞花潭君子居하고,　　欲談高趣數年餘라
細雨東風松戶寂하니,　　主人心事問何如오.

### 화담 시의 운을 따라 시를 지어 보냄/조욱(趙昱)

온갖 꽃 만발한 연못에 낚시 드리우고,
숲과 샘물에 의지하여 살아가니 가난하진 않네.
책을 펼쳐 읽으면 마음은 거울 같고,
풍월을 읊조리면 붓에는 신이 내린 듯.
소매 속에 한가히 세상 다스릴 솜씨 버려두고,

사물 밖에 초연(超然)하니 몸은 거칠 것 없네.
전원의 생활 찾아 나 떠나가려니
좋은 경치 좇아 노닌다는데 어찌 함께할 사람 없겠는가?


### 次韻寄可久

百花潭上坐垂綸하고,　　據有林泉亦未貧이라.
披閱圖書心似鏡이오,　　品題風月筆如神이라.
袖中閒却陶甄手요,　　物外超然快活身이라.
問舍求田吾欲去하니,　　勝遊追逐可無人고?


## 화담에게 보내는 시/조욱(趙昱)

### 1

매번 글 써서 초당에 부치고자 해왔는데,
바람에 고개 돌려 보니 뜻만 공연히 오래 풀어왔구려.
한때의 아름다운 명성은 취할 게 못되나니
천고의 깊은 미혹에서 다시 풀려나야만 하네.
사물 밖으로 편안한 마음 지니고 뜻맞는 사람 찾아가면서
세상의 떠들썩한 말 웃음으로 날리네.
떠도는 이 몸 나그네 같아 가련하기만 하니,
올바른 도 추구하려 하는데 어떻게 고향으로 돌아간단 말인가?


### 寄贈可久

每欲裁書寄草堂이러니,　　臨風回首意空長이라.
一時美譽無多取니,　　千古沈迷合更張이라.

物外安心忘適適하니,　　人間騰口笑凉凉이라.
却憐飄泊身如客하니,　　問道何從返故鄕고?


### 2

한가한 몸 거두어 초당에 누워 있으니,
사시(四時)의 운행 따라 흥취 더욱 오래 가네.
봄 깊은 꽃길에 노을빛은 찬란하고,
가을 되면 단풍 물드는 바위산은 비단장막을 친 듯하네.
눈오는 밤이면 연단(鍊丹) 화로 때문에 언제나 절로 따스하고,
더운 여름이면 물과 바위가 또한 서늘함을 일으켜 주네.
만물의 변화를 고요히 보며 말도 잊고 있으니
뉘와 더불어 도덕향(道德鄕)으로 돌아갈꺼나?


收取閒身臥草堂하니,　　四時流轉興偏長이라.
春深花逕霞光爛이오,　　秋入楓巖錦帳張이라.
雪夜丹爐常自煖이오,　　炎天水石却生凉이라.
靜觀物化忘言處니,　　誰與分歸道德鄕고?


### 3

일찍이 베 이불 갖고 가 한가한 집에 머물면서
당신을 직접 접하며 알게 되어 도를 즐기는 맛 오래 가고 있네.
들으니 정원은 모두 황폐해졌다 하니,
시내와 산도 응당 손질이 부족한 것을 한하리라.
오래 전부터 먼지와 지저분한 것을 싫어해 마음을 따뜻이 지녔었으니,
문득 솔바람에 온갖 심사 시원해지던 일 생각나네.
또 생각해 보면 연못가엔 꽃이 피려 할 것이니,

다시 어디서 선향(仙鄕)을 찾을 수 있겠는가?

曾携布被宿閒堂하여,　　目擊知君道味長이라.
園圃似聞多曠廢니,　　溪山應恨少鋪張이라.
久嫌塵濁薰心熱이러니,　却憶松風滿意凉이라.
仍想潭邊花欲發하니　　更於何處訪仙鄕고?

### 4

당신의 학문은 의심할 것 없는 경지에 이르렀고,
또 공자(孔子)의 이순(耳順) 나이의 경지에 가까워졌음을 알고 있네.
예악(禮樂)을 진실로 제작해 달라고 부탁할 만한 성인의 경지에 이
르렀으니,
명성은 오래 전부터 이미 유전(流傳)되고 있었네.
스스로 연구함에 있어 좇아갈 수 없음이 부끄러워,
감히 구름 헤치고 하늘 같은 당신 다시 만나기를 바라게 된 것이네.
오묘한 도 지금까지 적지않게 터득하였으니
재주는 안자(顔子) 같은데도 힘써 공부한 때문이네.

知君學到無疑處요,　　又近宣尼耳順年이라.
禮樂固應歸制作이니,　聲名久已屬流傳이라.
自慙摘埴難追步하여,　敢望披雲更見天이라.
道妙從來非少得이나,　才如顔子費鑽硏이라.


## 서경덕의 화담집 뒤에 씀/이황(李滉)

### 1

말세라도 하늘은 바뀌어지지 않는 법이어서,

우리 동방에 성인이 와서 살려 하네.
공자의 학풍도 바뀌어질 수가 있지만,
기자의 교훈이야 어찌 끝내 헛되리오?
앞의 선배들은 문장이 뛰어났는데,
지금 사람들은 공부에 소홀하네.
누가 스스로 떨치고 일어나
몸소 경서(經書)를 향하여 나아갈 것인가?

## 書徐處士花潭集後

末世天無改니,　　吾東聖欲居라.
魯風猶可變이나,　箕訓詎終虛리오?
前輩文華勝이나,　今人術業疎라.
有誰能自奮하여,　躬道向經書리오?


**2**

화담 노인이 한탄스러우니,
이제는 영영 우리를 떠났구나!
몸을 떨쳐 성철(聖哲)에 의지하고,
만물을 살피며 자연의 변화를 즐기셨네.
관의 먼저 떠는 데 손 빌리지 않기늘
어찌 달빛 아래 김매는 일 버리겠는가?
살아계실 적에 만약 만났더라면
10년 책 읽은 것보다 나을 것을!

歎息花潭老하니,　于今永我疎라.
抗身依聖哲하고,　觀物樂鳶魚라.

不藉彈冠手어늘　　寧抛帶月鋤리오?
當年如得見이면,　勝讀十年書리라.


### 3

홀로 탁한 물결 헤치며 성현의 물가로 헤엄쳐 갔고,
자연 속에 즐겁게 살아가니 귀신인들 어이하리?
억만세(億萬世)를 거듭 추궁하여 손바닥 보듯 알게 되었고,
학문은 천년을 거슬러 올라가 일가를 이루게 되었네.
동중서(董仲舒) 비슷한 처지였지만 장막 치고 글을 읽고,
증점(曾點) 같았지만 예에 어긋나는 지나친 짓은 하지 않았네.
내 살아 이런 사람 보지 못하였으니
평생을 헛되이 보내게 될까 스스로 두렵기만 하네.


獨厲頹波泳聖涯하고,　林居如得鬼誰何오?
數窮億世猶看掌하고　學沠千年欲擅家라.
似董潛猶下帷讀이오,　如曾狂不倚門歌라.
吾生又未斯人見이니,　自恐平生虛擲過라.


## 서화담이 살던 옛집/이황(李滉)

서화담은 지금 학을 타고 다니는 신선된 몸이니,
학문을 하던 유적은 모두 티끌 되어 버렸네.
어떤 이가 이제 화담의 구택(舊宅)을 찾을 건가?
마음속의 생각 서로 전할 이 그 몇이겠는가?

### 徐處士花潭舊居

徐老今爲鶴背身이니,　　藏修遺迹總成塵이라.
何人爲尋花潭院고?　　心緒相傳更幾人고?


## 시를 읊어 여러 사람에게 보임/김인후(金麟厚)

진귀하고 소중한 서화담의 말은
천년을 두고 전해오는 선비들에게 연원이 있네.
그것을 옮겨적으면 깊은 경계 삼을 수 있게 되니,
한편 말라 떨어지듯 형편없게 됨을 면하게 되리라.

### 吟示諸君

珍重花潭語는,　　淵源千載儒라.
謄來深有警이니,　　免落一邊枯라.


## 화담에 놀러갔다 시를 지어 서시우(이름은 應麒, 선생의 아들)에게 줌/이이(李珥)

지극한 사람이 자연의 조화를 살핀 뒤에
손과 함께 빗속에 노닐고 있네.
도가 있으니 바위와 언덕도 윤기가 나고,
구름 피어오르니 들길은 그윽하네.

돌이끼는 뜻을 따라 푸르고,
산개울물은 정을 다하며 흘러가네.
그대를 만나 선친의 자취 물어보고,
모범이 남아 있음 아니 더욱 기쁘구나!


### 遊花潭贈徐時遇(應麒先生子)

至人觀化後에,　　有客雨中遊라.
道在巖阿潤이오,　雲生野逕幽라.
石苔隨意綠하고,　山澗盡情流라.
逢君問先跡하고,　更喜典刑留라.


### 화담을 찾아가서 / 윤두수(尹斗壽)

봄이 가니 꽃은 다 져 버렸고,
모래둑 무너지니 화담 또한 매몰되고 있네.
아름다운 명성이란 진정 무엇인가?
세상사 과연 누가 진실한 것인가?
옛집을 공연히 이리저리 거니는데,
앞 밭두둑 풀은 새로 솟아나고 있네.
왔다갔다 거닐며 떠나지 못하고 있으니,
산비에 윤건만 달라붙네.


### 過花潭有感

春去花無在요,　　沙崩潭又湮이라.
佳名定何物고?　　世事果誰眞고?

舊戶履空散이오,　前阡草自新이라.
徘徊不能去하니,　山雨墊綸巾이라.


## 송도 태수로 가는 최천건을 보내며/윤근수(尹根壽)

화담 가에 꽃이 피어 계곡이 향기롭고,
철인(哲人)이 일찍이 날마다 이곳을 산책하였네.
황폐해진 무덤 적막하나 정령(精靈)은 계실 것이니,
가을 국화 핀 찬 샘물가에서 술잔을 올려 보네.

### 送崔汝以天健出守松都

潭面花開磵谷香이오,　哲人曾此日相羊이라.
荒墳寂寞精靈在니,　秋菊寒泉試薦觴이라.


## 선생님 묘에 절하면서/홍이상(洪履祥)

평생을 꿈에 생각하다가 이제야 참배하러 와보니,
산은 둘러세운 병풍 같고 물은 쪽빛이구나.
옛날의 참된 즐거움의 고장 알고자 하는데,
하늘의 차가운 달만이 텅 빈 화담을 비추고 있네.

### 拜先生墓下有感

平生夢想始來參하니,　山似圍屛水似藍이라.
欲識當年眞樂地러니,　一天寒月照空潭이라.

## 화  담/최립(崔岦)

선생은 옛날 명산 자락에 거처했으나,
선생은 뵐 수 없어 옛 자취나 찾게 되네.
응당 신선들과 함께 즐기며 쉬고 계실 터인데,
어찌 못된 귀신을 번거로이 내칠 필요가 있겠는가?
만물이 이루어진 뒤의 묘한 원리 배우고 나서,
세상을 다스릴 책 이룬 것은 만물을 관찰한 결과일세.
산신령도 진실로 이 일을 알고 있을 것이어늘,
어찌 나그네로 하여금 공연히 머뭇거리게 하는가?

## 花  潭

先生昔傍名山居러니,　　不見先生尋故墟라.
合有神仙共宴息이리니,　何曾厲鬼煩驅除오?
後天學了弄丸處에,　　　經世書成觀物餘라.
山靈倘亦記此事어늘,　　豈令客子空躑躅오?

## 화  담/유근(柳根)

어느 곳인들 봄빛 없겠는가?
그러나 화담만은 잊을 수 없네!
온갖 꽃 가득히 피어 있어서
언제나 향기가 그윽하네.

## 花　潭

何處無春色고?　花潭不可忘이라.
千紅與萬紫이　長得帶芬芳이라.


### 화담/신응시(辛應時)

오관산(五冠山) 아래 화담 가에서
평생을 거친밥 먹으면서도 나의 가난을 즐겼네.
학문의 도를 전함에 있어 앞서 깨우친 분이었으나,
맑은 시절 불행히도 백성으로 숨어 살았네.
옛 도성 그 당시엔 고아한 선비 모였으니,
저승에도 어느 해인들 덕인(德人)이 끊겼겠는가?
들으니 유명(幽明) 사이에도 포장(褒獎)은 널리 행해진다 하더니,
뼈는 썩었어도 성은이 내림을 선 채로 보게 되네.


## 花　潭

五冠山下花潭上에,　　簞食平生樂我貧이라.
斯道有傳先有覺이나,　清時不幸逸爲民이라.
故都當日斂高士하니,　黃壤何年閟德人고?
報道幽明褒獎遍하니,　佇看朽骨聖恩淪이라.


### 화담/차천로(車天輅)

하얀 바윗돌 문에는 언제나 푸른 이끼 끼어있고,

산천은 의구한데 새가 날다 돌아오네.
문앞의 늙은 나무는 선생께서 심은 버드나무요,
담장 아래 지고 있는 꽃은 화담께서 아끼던 매화일세.
어디로 신선 되어 학을 타고 갔는가?
지금은 소나무 사이로 달빛만이 사람을 비추네.
골짜기 가운데엔 아직도 맑은 물 담겨 있으니,
선생의 깨끗한 마음 한 구석이 열려있는 것 보는 듯.


## 花　潭

白石巖扉長碧苔요,　　山川依舊鳥飛回라.
門前樹老先生柳요,　　籬下花殘處士梅라.
何處神仙乘鶴去오?　　至今松月照人來라.
洞心猶有淸潭水하니　　想見氷壺一片開라.


### 화담/이익상(李翊相)

신선의 산을 다 다닌 뒤 개울가에 닿으니,
사당(祠堂)은 우뚝하고 지경은 절로 깊네.
좋은 경치 대하고 앉아서 구름 이는 봉우리 보고,
화려한 풍경에서도 비단으로 꾸민 듯한 숲을 기대하네.
세월은 이미 멀어져 미치기는 어렵지만,
행적은 남았으니 또한 찾아다닐 만하네.
참배한 뒤 석양 아래 자리를 옮기니,
마치 공자의 제자들이 기수(沂水)에서 읊조리며 돌아오는 소리 들
　　리는 듯하네.

## 花　潭

偓山踏盡到溪潯하니，　祠屋嵬然境自深이라.
勝景坐看雲起嶂하고，　繁華留待錦粧林이라.
光陰已遠雖難及이나，　軌躅猶存此可尋이라.
拜罷夕陽移几席하니，　怳聞沂水詠歸吟이라.


## 화담/남용익(南龍翼)

우뚝한 사당은 시냇가에 서있고
뜨락에서 재배(再拜)하니 경모하는 정 깊어지네.
달과 하늘을 손과 발로 여긴 것은 진실로 소옹(邵雍)이나,
매화와 학으로 처자를 삼은 것이 어찌 임포(林逋)뿐이겠는가?
산을 보면 어진이의 즐거움 떠오르고,
도를 공부하려면 마땅히 한가한 날 찾아와야 하리라.
이기설(理氣說)과 성음론(聲音論)은 귀신 같은 이론이니,
다만 여러 선비들 좇아 한 수 길게 읊어보네.


## 花　潭

巍然祠宇壓溪潯하니，　再拜庭前敬慕深이라.
手足月天眞是邵나，　妻兒梅鶴豈徒林고?
看山可想仁人樂이오，　講道偏宜暇日尋이라.
理氣聲音神鬼說이니，　聊從多士一長吟이라.

### 화담/김광욱(金光煜)

늙어서야 하던 일 놓고 다행히 참배하니,
지금도 시냇물은 그대로 여전히 푸르구나!
물가에 집 지은 뜻 그대 아는가 모르는가?
자기의 마음을 이 연못물로 씻어내려는 것이었다네.

### 花　潭

頭白分司幸得參하니,　　至今溪水尙接藍이라.
臨流卜築君知否아?　　要把靈臺洗此潭이라.

### 화담/홍처량(洪處亮)

1

화담에 떨어지는 꽃잎은 연못 물가에 떨어지고,
공부하던 방은 조용한데 골짜기는 깊구나.
개울가 일대에는 큰 나무가 많고,
천년 이어 향불을 선비들이 피워 왔네.
벗들과 더불어 노니니 진실로 즐겁고,
장군도 일이 없어 함께 찾아왔네.
늙은이 이곳에서 절로 흥에 겨워,
해 져도 돌아갈 줄 모르고 홀로 앉아 읊조리네.

### 花　潭

花落花潭潭水潯이오,　　講室寥寂洞門深이라.

川源一帶多喬木하고,　　香火千年有士林이라.
僚友與遊眞可樂이오,　　將軍無事亦相尋이라.
老夫於此偏乘興하니,　　日暮忘歸坐獨吟이라.


### 2

예전에 선비가 머물러 도를 닦던 곳에서,
사람들은 지금 그 전범(典範)을 생각하네.
묘당엔 길이길이 제사지내게 될 것이요,
이 묘당은 9년에 걸쳐 이루어졌다네.
샘물소리의 울림은 허리에 찬 옥고리 부딪치는 소리 같고,
산 경치는 마치 비단 병풍을 대하고 있는 듯하네.
여러 선비 다투어 술잔 권하고 있으나,
늙은이는 이 정취 지키며 정을 기울이네.


士昔藏修地에,　　人今想典刑이라.
廟焉千載饗이오,　　堂以九秋成이라.
泉響聽環佩이고,　　山光對錦屏이라.
諸君爭侑酒나,　　老守此傾情이라.


## 화담/신임(申銋)

예로부터 화담의 빼어난 경치 흠모하다가,
이제야 죽장 짚고 노닐게 되었네.
높은 산은 그래도 우러러 볼 수 있으나,
흐르는 물은 전혀 머물지 않는구나!
암벽은 층층이 끝없이 쌓여있고,

숲과 언덕은 굽이굽이 그윽하네.
석양에 쇠피리 비껴들고 부니,
맑은 소리로 수많은 가을 산봉우리에 울리네.


## 花　潭

夙慕花潭勝이라가,　　今成竹杖遊라.
高山猶自仰이나,　　逝水不曾留라.
石壁層層盡이오,　　林丘曲曲幽라.
斜陽橫鐵笛하니　　寥亮萬峰秋라.


## 화담/김창협(金昌協)

맑은 계곡 물은 발원한 곳이 깊어,
구불구불 산자락을 지나게 되네.
푸른 물이 고여 마침내 연못을 이루니,
흰 돌들이 주변에 옥돌처럼 깨끗하네.
위에는 창석대(蒼石臺)가 있는데,
모양이 상을 벌여놓은 듯하네.
들으니 옛날 서선생은
이곳에서 너울너울 춤추었다 하네.
심원하고 위대한 조화를 묵묵히 바라보노라니,
참된 즐거움 어찌할 수 없게 되네.
바람이나 번개도 한 개의 구슬을 희롱하는 듯하고,
쇠와 돌도 호탕한 노래 내뿜는 듯하네.
가난한 생활 날마다 이어지지만,

마음은 스스로 하늘과 조화되었네.
마침내 동방의 선비들로 하여금
북송의 학풍을 숭상하고 표방토록 하였네.
마음속에 품은대로 숨어사는 즐거움 노래하고,
영원히 미인이 사모하던 마음 가슴속에만 품었네.
안개 낀 숲속에서는 새들이 놀고있고,
구름 낀 절벽에는 봄 댕댕이덩굴이 뻗어있네.
증점(曾點)처럼 슬(瑟)은 비록 뜯지 않는다 해도,
어른과 아이들이 함께 어울려 읊조리네.
아직 도를 깨닫지 못해 부끄러운데,
다시 찾아오니 머리카락 이미 희어졌네.
숭앙(崇仰)하는 마음 어디에다 기탁해야 하나?
오관산만이 높다랗게 우뚝 솟아있네.


## 花　潭

| | |
|---|---|
| 淸溪發源深하니, | 百折度山阿라. |
| 綠淳遂成潭하니, | 白石旁瑳瑳라. |
| 上有蒼石臺니, | 狀几若陳羅라. |
| 聞昔徐夫子이, | 於此舞婆娑라. |
| 冥觀洞元化하니, | 眞樂不奈何라. |
| 風霆弄一丸하고 | 金石發浩歌라. |
| 甄塵雖日積이나 | 靈府自天和라. |
| 遂令東韓士로, | 尙標西洛窩라. |
| 睠言歌考槃하고 | 永懷碩人薖라. |
| 烟林弄好鳥하고, | 雲壁蔓春蘿라. |
| 點瑟雖未鼓나, | 冠童且互哦라. |

所愧未聞道나,     再來髮已皤리라.
仰止寄何處오?     五冠高嵯峨라.


### 화담/김창흡(金昌翕)

동방 우리나라는 실로 거칠고 미개하였는데,
문득 빼어나고 영특한 선비가 나왔네.
어릴 때부터 오묘한 이치에 통하여
복희(伏羲)와 소옹(邵雍)의 뜻을 잘 이해하게 되었네.
온갖 좋은 곳 두루 다니다가
한 고장에 자리잡고 들어앉게 되었네.
깊은 자질 지니고 비로소 편안히 지내게 되니,
굶주림도 잊고 숲과 물을 즐기게 되었네.
천마산의 긴 자락이 뻗어있고,
작은 산등성이들이 아기자기하네.
금빛 연못은 맑고 푸른 물이 넘치고,
들빛은 여기서 끝나고 있네.
이곳이 숨어 살며 즐기는 곳 되었으니,
호연(浩然)히 사시다 즐겁게 가셨네.
서당과 옛 터전은 여전하니,
찾아와 문득 우러러 보게 되네.
서리 날리는 하늘은 내 옷깃 여미게 하고,
바위는 삐죽삐죽하고 늙은 단풍은 자줏빛이 되고 있네.
냇가에서 쓸쓸한 생애 생각하고,
그늘진 언덕에서 그윽한 흔적 쓰다듬네.
봉분은 흰 구름 위로 높게 솟아있고

비석은 오래되어 푸른 댕댕이덩굴 사이에 있네.
왔다갔다 하며 하고픈 말 다하지 못한 채
작은 바위 위에 서서 자주 발돋움하네.
맑고 공허하여 담담히 아무런 조짐도 없고,
맑은 물과 물소리가 눈과 귀를 집중시키네.
서사정(逝斯亭)에서 만날 약속을 하여,
객도 또한 천리 밖에서 왔다네.
연못 속의 물고기 수를 고요히 세노니,
내가 그대 아닌데 즐거움이야 어찌 알았는가?
선생께선 멀리 가 계시나니,
완상(玩賞)하며 지내시던 일 바로 이 이치이겠지!

## 花 潭

東方實鹵莽이러니,　　一有英邁士라.
玄通自髫齡하여,　　妙契羲邵旨라.
周遊六六宮하고,　　斂以一榻跪라.
資深始居安하니,　　忘飢卽林水라.
天磨有餘麓이오,　　窈窕小山峙라.
金潭匯澄碧하니,　　野色限於此라.
玆爲考槃所니,　　浩然以樂死라.
黌院舊窩仍하니,　　有過輒仰止라.
霜天肅余衿하고,　　石瘦老楓紫라.
臨川想寒瓢하고,　　蔭丘撫幽履라.
墳高白雲上하고,　　碑古綠蘿裏라.
低徊未云已에,　　小磯累臨趾라.
淸虛澹無睇이나,　　瀯泠會眼耳라.

存期逝斯亭하니,　　　有客亦千里라.
靜數潭中魚하니,　　　寧知我非子리오?
先生其緬矣이나,　　　餘玩則斯理라.


### 화담/유창(兪瑒)

내 마음은 원래 이 냇물과 같아서,
굽이굽이 흐르다가는 통하게 되네.
흐름을 막아 거슬러 어찌 북쪽으로 향하게 하겠는가?
흐름에 순행하여 날마다 동으로 가리라.
도도히 바다로 흘러가는 것을 어찌 멈추겠는가?
콸콸 근원이 되는 샘물이 솟아 마른 적이 없다네!
화담 노인의 모범은 지금도 생각하고 따를 수 있으니,
가을달처럼 밝게 하늘 위를 왔다갔다 하고 있네.


### 花　潭

我心元與是川同하여,　　百折千回逝卽通이라.
激以溯之寧向北고?　　順其流也日趨東이라.
滔滔赴海何曾舍오?　　混混原泉自不窮이라.
潭老典刑今可想이니,　　皎如秋月上遙空이라.


### 화담/오광운(吳光運)

봄산의 좋은 홍취 고금이 같으니,
바람에 패옥 소리 달랑달랑 끊임없이 울리네.

제자들은 와서 어조계(魚鳥契)를 하는데,
선생은 일찍이 수정궁에서 사셨네.
바람 없는 연못은 고요하나 움직임을 근원에 품고 있으니,
달빛이 허명(虛明)해도 어찌 공연한 것이겠는가?
크게 흐르는 천기(天機)는 자연스럽게 흘러가고,
고요한 슬(瑟) 소리가 흰 구름 속에서 들리는 듯.


## 花　潭

春山佳興古今同이니,　　風佩泠泠響不窮이라.
小子來修魚鳥契요,　　先生曾住水晶宮이라.
無風淳靜元含動하니,　　得月虛明豈是空고?
滾滾天機他自去하고,　　一聲希瑟白雲中이라.


### 화담/오수채(吳遂采)

한 굽이 푸른 산은 도기(道氣)로 감싸이고,
공무(公務)의 틈을 탄 작은 무리가 숲속에 들어섰네.
연못의 빛깔이 천 길 깊이로 푸른 것 너무 좋으니,
세속의 높다란 붉은 먼지에 어이 물들겠는가?
사물을 관찰하던 옛 자취는 있으되, 사람은 이미 가버렸으니
기수(沂水) 가에서 목욕하고 읊조리던 높은 흥취 내 누구와 함께하리?
백 년 묵은 옛집에는 복숭아꽃 나무 늙었으니,
나는 한 길로 통하는 곳으로 이사하여 살고 싶네.

## 花　潭

一曲靑山道氣籠하고,　　公餘小隊入林中이라.
酷憐潭色千尋碧이니　　那染城塵十丈紅이리오?
觀物遺墟人已去니,　　浴沂高興我誰同고?
百年故宅桃花老니,　　吾欲移家一逕通이라.


### 화담/이의철(李宜哲)

진리의 터득은 진정 정자(程子)와 같고,
공부 방법은 소옹(邵雍)과 흡사하네.
녹음 속을 새 울며 위아래로 날아다니는데,
선생의 만물의 원리 공부하던 모습 보는 듯하네.

## 花　潭

妙契眞同明誠子요,　　法門恐似康節翁이라.
綠陰啼鳥飛上下하니,　　想見先生翫物功이라.


### 화담/윤득관(尹得觀)

영지동(靈芝洞) 입구를 잠시 돌아다녀 보니,
화곡원(花谷院)은 깊고 안개만이 뒤덮여 있네.
후학이 지금 와서 물과 돌을 구경하는데,
선생은 여기서 자연의 변화를 완상(翫賞)하셨네.

도연명(陶淵明)에게는 후손 있다는 말 들은 적 없었고,
소옹(邵雍)은 그의 도통(道統)이 전해지지 않고 있네.
유적(遺跡) 있는 곳들 멀어 지팡이에 의지하여 올라갈 생각 말지니,
뜨락에 가득한 낙엽이 더욱 처연해지게 하네.

### 花　潭

靈芝洞口暫翩躚하니,　　花谷院深但鎖烟이라.
後學來今觀水石하니,　　先生於此翫魚鳶이라.
淵明未有雲仍聞이오,　　康節還無道統傳이라.
几杖莫攀遺跡遠하니,　　滿庭黃葉一悽然이라.


### 화담/원인손(元仁孫)

산은 오랜 친구인듯 평평한 언덕까지 마중나와 주고,
문득 풍비(豐碑)를 보게 되자 일어서서 도포 깃을 여미네.
제자 세 사람 함께 향불 피우니,
책 보던 서원에는 별과 달이 높이 떠있네.
구름 사이에 공중 누각이 떠오르듯한데,
봄 가면 누가 오묘한 이치를 거둬들일 것인가?
갈림길에서 배회하다 도를 듣는 것만 늦어졌는데,
큰 소나무 아래에 시냇물만 가늘게 흐르네.


### 花　潭

山如舊識迓平皐하고,　　忽得豐碑起斂袍라.
弟子三人香火倂하니,　　圖書一院月星高라.

雲虛想見空中閣하니,    春去誰收妙理醪리오?
岐路徘徊聞道晚이어늘,    長松之下澗流毛라.


## 화담/홍명한(洪名漢)

### 1

땅이 영험하여 인걸과 서로 함께하게 되고,
물은 구슬 같고 산은 모여 푸르네.
조용히 조대(釣臺)에 앉으니 바람 소리만 울리고,
선생의 바다 같은 가슴 깊고 넓게 느껴지네.

### 花 潭

地靈人傑與之參하고,    水似明珠山簇藍이라.
靜坐釣臺天籟響하니    先生胸海想潭潭이라.


### 2

선생은 이곳에서 옛날에 숨어 공부를 하셨는데,
정자는 낡고 연못은 비었으니 몇 해가 지났는가?
이룩되고 무너지는 것은 때가 있는 것이라며 서원과 사당을 바라보니,
거문고와 책 읽는 소리 끊기어 풍류도 멀어졌네.
학문을 하고자 선인의 발자취 잇고자 하여,
도가 끊긴 것 상관않고 한가한 날에 노니네.
산 빛깔 물소리에 온갖 생각 떠올라
해가 저물어 떠나려 하나 또다시 머뭇거리게 되네.

先生此地昔藏修러니,　　亭古潭空度幾秋오?
成毀有時瞻院宇하니,　　琴書岡缺緬風流라.
肯堂思繼先人躅하여,　　塗隴非關暇日遊라.
山色水聲添百感하니,　　斜陽欲去且遲留라.


### 화담/윤숙(尹塾)

#### 1

맑은 냇물 근원이 깊어 쉬지 않고 줄줄 흘러
밤낮 동쪽으로 옛부터 지금까지 흐르고 있네.
오직 서사정(逝斯亭) 위 저 달만이
밝은 거울인 것처럼 화담을 비치고 있네.


### 花　潭

清川滾滾發源深하여,　　日夜東流度古今이라.
惟有逝斯亭上月이,　　尙如明鏡照潭心이라.


#### 2

꽃가지 곁의 난간 이끼 긴 돌 즐기며 늦도록 배회하니,
물은 흘러가고 구름도 떠나가지만 옛 낚시터만 그대로이네.
옛날 베개 아래 여울물을 원망하고 있었는데,
소나기가 내리기 전에 상암(商巖)에 오게 되었네.


花欄苔石晚徘徊하니,　　水逝雲空舊釣臺라.
剛恨當時枕下瀨러니,　　不成霖雨商巖來라.

### 3

그윽한 꽃 향기로운 풀 우거지고 개울물엔 누각(樓閣)이 비치고 있고,
하루종일 빈산에는 물만 다급히 흐르고 있네.
일찍이 선생이 숨어 지낸 곳이니,
지금도 우리 도는 이 그윽한 고장에 있다네.


幽花芳草暎溪樓하고,    盡日空山水急流라.
曾是先生棲隱地니,    至今吾道在滄洲라.


## 화담/성덕조(成德朝)

스승의 가르침 받지 않고도 홀로 스스로 깨달았으니,
여러 사람들 어찌 감히 명성을 다투겠는가?
소옹(邵雍)처럼 하늘의 변화를 한가히 추구하였고,
장재(張載)처럼 청허(淸虛)한 이치를 밝히기도 하였네.
예로부터 영웅들 모두 자취조차 없어졌지만,
지금까지도 명철한 선비들이 향기로운 명성 우러르네.
비석을 닦아내며 다 읽고 나니 봄날 이미 저물었고,
기운 좇아 나는 새들은 도의 정미(精微)함 증명하고 있네.


## 花 潭

不係師承獨自覺하니,    紛紛餘子敢爭名고?
堯夫天月閒來往이오,    子厚淸虛有發明이라.
從古英雄皆浪跡이나,    至今儒哲仰芳聲이라.
刊碑讀罷韶光晏이오,    逐氣飛禽驗道精이라.

## 2. 문인록(門人錄)


* 민순(閔純) : 자는 경초(景初), 호는 행촌(杏村)으로 여흥(驪興) 사람이다. 유일(遺逸)에서 천거되어, 관직은 지평(持平)에 이르렀다. 어릴 적에는 낙봉(駱峰) 신광한(申光漢)을 좇아 배우다가, 뒤에 선생을 섬겼다. 선생의 주정설(主情說)을 듣고 그 뜻을 좋아하여, 자신의 서재 이름을 습정재(習靜齋)라 하였다. 화곡서원(花谷書院)에 배향(配享)되었다.


* 박순(朴淳) : 자는 화숙(和叔), 호는 사암(思庵)으로 충주(忠州) 사람이다. 문과에 급제하여 영의정에까지 올랐고, 시호는 문충(文忠)이다. 선생에게 수학하여 성리(性理)의 이론을 배웠고, 특히 역학(易學)에 조예가 깊었다. 퇴계(退溪)도 일찍이 그를 칭송하여 이렇게 말하였다. "박순을 대하면 밝기가 한조각 얼음 같아, 정신과 영혼이 문득 시원해진다." 문집이 전하고 있으며, 화곡서원에 배향되었다.


* 허엽(許曄) : 자는 태휘(太輝), 호는 초당(草堂)으로 양천(陽川) 사람이다. 문과에 급제하여 관직은 경상도 관찰사에 이르렀다. 처음에는 진천(鎭川) 이여(李畲)를 좇아 《주역(周易)》을 배운 뒤, 화담으로 와서 선생을 섬겼다. 선생의 병환이 위독해지자 원이기(原理氣) 등 네 편의 글을 구술(口述)하여 그에게 남겨주었다. 문집과 '전언왕행록(前言往行錄)'이 남아 있고, 화곡서원에 배향되었다.


* 박민헌(朴民獻) : 자는 원부(元夫)였는데 선생이 이정(頤正)으로 고

쳐주었다. 호는 슬간(瑟僩)이고, 함양(咸陽) 사람이다. 문과에 급제하여 관직은 함경도 관찰사에 이르렀다. 선생을 사사(師事)하여 체득한 것이 깊어 선생의 신도비(神道碑)를 지었다. 문집이 남아 있다.

* **이지함(李之菡)** : 자는 형중(馨仲)이고, 토정(土亭)이라 스스로 호를 지었으며, 한산(韓山) 사람이다. 탁행(卓行)으로 천거되어, 관직은 현감에 이르렀다. 젊었을 때 선생에게서 《주역》을 배웠다. 이웃집에 묵고 있을 때 주인 여자가 밤에 와서 통간(通姦)하려 했는데, 그는 조리를 따지며 크게 꾸짖은 적이 있다. 선생이 이 말을 듣고 칭찬하기를 마지않으시며, "그는 나의 스승이지 나의 벗이 아니다."고 하였다. 하물며 공부하는 데 있어서야 어떠했겠는가?

* **홍인우(洪仁祐)** : 자는 응길(應吉)이고, 호는 치재(恥齋)이며, 당성(唐城) 사람이다. 생원(生員)으로, 몸을 바로 다스리고 행동을 함에 있어서 한결같이 《소학(小學)》을 준수하였다. 경전의 뜻을 강론(講論)하고 해석하는 것이 정확하고 분명하였다. 선생이 일찍이 말하기를, "많이 보고 학문에 뜻을 둔 사람으로 가히 발전할 수 있는 사람은 홍인우 한 사람이라."하였다. 문집이 남아 있다.

* **박지화(朴枝華)** : 자는 군실(君實)이고, 호는 수암(守庵)으로 정선(旌善) 사람이다. 일찍이 이문학관(吏文學官)으로 있다가 곧 벼슬을 버렸다. 학행(學行)이 뛰어났고, 예로써 몸을 규율하였으며, 많은 책을 널리 읽어 견해가 정확하였다. 문집과 《사례집설(四禮集說)》, 《선생유답론례(先生有答論禮)》 등의 책이 남아 전한다.

* **종성령구(鍾城令球)** : 자는 숙옥(叔玉)이고, 호는 연방(蓮坊)이다.

엄용공(嚴用恭)과 선비인 윤정(尹鼎)에게서 수업하였으나, 마침내
는 선생의 문하에서 공부를 끝마치었다. 부지런히 공부에 힘써 죽은
뒤에야 그만두려는 자세였다.

* **남언경(南彦經)** : 자는 시보(時甫)이고, 호는 동강(東崗)이며, 의령
(宜寧) 사람이다. 경명행수(經明行修)로 천거되어 관직은 부윤(府
尹)에 이르렀다.

* **최력(崔櫟)** : 자는 대수(大樹)이고, 완산(完山) 사람이다. 항상 《근
사록(近思錄)》과 《성리대전(性理大全)》을 애독하였다. 처음 선생에
게 공부를 배우면서 시를 지었는데 "밤새도록 달을 봄은 경치를 탐
해서가 아니요, 하루종일 낚시를 드리워도 고기에 뜻이 있는 것이
아니다〔終宵對月非耽景이오, 盡日投竿不在魚라〕"고 하였다. 선생이
찬탄하면서 말하기를, "이는 진실로 도를 체득한 사람의 노래이다"
고 하였다.

* **김혜손(金惠孫)** : 자는 언순(彦順)이고, 경주(慶州) 사람이다. 관직
은 군수(郡守)에 이르렀었다. 일찍부터 선생을 섬겨 학업의 뜻을 더
욱 가다듬었고, 만년에는 특히 《주역》 읽기를 즐겨하였다.

* **마희경(馬羲慶)** : 자는 중적(仲積)이고, 호는 죽계(竹溪)이며, 목천
(木川) 사람이다. 생원으로서 선생을 사사했는데 경학(經學)에 뜻을
두었다. 특히 《주역》과 《성리대전》 등의 책을 좋아하였다. 율곡이
동전(東銓)으로 있으면서 효렴(孝廉)으로 천거하여 참봉(參奉)을
제수했지만 사은(謝恩)하고는 돌아가 벼슬하지 않았다.

* **신역**(申湙) : 자는 문원(文源)이고, 고령(高靈) 사람이다. 문간공(文簡公) 광한(光漢)의 아들로, 사마시(司馬試)에 급제하여 벼슬하기를 권했지만 불응하였다. 선생에게서 《주역》을 공부하였다.

* **박여헌**(朴黎獻) : 자는 희명(希明)이고, 박민헌(朴民獻)의 아우이다. 관직은 사옹원치장(司饔院直長)에 그쳤다. 어려서부터 준수하고 뛰어났으며 재기(才氣)가 남달랐다. 열다섯 살이 되기도 전에 화담으로 선생을 찾아뵙고는, 문하의 선비로 좇아 공부하였다. 하여야 할 바를 잘 알고, 성격이 소탈하고 호탕했으며 과거시험 공부를 일삼지 않았다.

* **차식**(車軾) : 자는 경숙(敬叔)이고, 호는 이재(頤齋)이며, 연안(延安) 사람이다. 문과에 급제하여 관직은 군수에 이르렀다. 선생에게서 공부를 배워 경전과 역사를 두루 꿰뚫었고, 또 아름다운 글재주가 있어서 같은 친구들보다 아주 뛰어났었다.

* **이균**(李均), 황원손(黃元孫) : 모두 서인(庶人)이다. 선생의 문하에서 공부하면서 선비의 행실이 있었다. 선생에게 〈이균과 황원손 두 사람이 옷을 보내준 데 감사드림[謝二生贈衣]〉이란 시가 있다.

* **김한걸**(金漢傑) : 자는 사신(士伸)이고, 개성(開城) 사람이다. 문과에 급제하여 관직은 부사에 이르렀다. 선생이 그를 위해 자사(字詞)를 지어 주었다.

* **최자양**(崔自陽) : 통천(通川) 사람으로 진사(進士)로 있었다.

* **정지연**(鄭芝衍) : 자는 연지(衍之)이고, 호는 남봉(南峰)이며, 동래(東萊) 사람이다. 문과에 급제하여 관직은 우의정에 이르렀다.

* **윤염수**(尹聃壽) : 자는 천노(天老)이고, 해평(海平) 사람이다. 일찍이 선생의 문하에서 공부하여, 사류(士類)들에게 추중(推重)을 받았다.

* **강문우**(姜文佑) : 자는 여익(汝翼)이고, 진주(晉州) 사람이다. 문과에 급제하여 교리(校理)를 지냈으나 서인(庶人)이었다. 일찍이 화담으로 선생을 찾아뵌 적이 있다.

* **이중호**(李仲虎) : 자는 풍후(風后)이고, 호는 이소재(履素齋)이며, 효령대군(孝寧大君)의 후손이다. 사도(師道)를 자기가 지켜야 할 도리로 삼았는데, 옷 앞자락을 잡고 달려와 수업받는 이가 날마다 수백명에 이르렀다. 선생이 일찍이 그와 며칠을 예에 대하여 논하였는데, 찬탄하며 "나는 못 미치겠다."고 하였다.

* **김근공**(金謹恭) : 자는 경숙(敬叔)이고, 호는 척암(惕庵)이다. 문하에 제자들을 받아들여 가르치고 있었는데, 화담의 학문을 계승하였다.

* **장가순**(張可順) : 자는 자순(字順)이고, 호는 사재(思齋)로 결성(結城) 사람이다. 일찍이 선생의 문하에서 공부하면서 힘써 배우고 도를 추구했는데 실천이 독실하였다. 육경(六經)과 제자(諸子)에 박식하고 능통하지 않음이 없었고, 특히 《주역》에 대하여 깊이 연구하기를 좋아하였다. 저서에 《인사심서목(人事尋緖目)》이 있다.

[原文]  門人錄

閔純. 字는 景初요, 號는 杏村이며, 驪興人이라. 擧遺逸하여, 官至持平이라. 少從駱峯申公光漢學이라가, 後事先生이라. 聞主靜

之說而味之하고, 名其齋曰習靜이라. 配享花谷書院이라.

朴淳. 字는 和叔이요, 號는 思庵이며, 忠州人이라. 文科로, 官至領議政하고, 諡文忠이라. 受學於先生하여 得聞性理之說하고, 尤邃於易이라. 退溪嘗稱之曰；與朴某相對면, 炯如一條淸氷하여, 神魂頓爽이라하니라. 有文集하고, 配享花谷書院이라.

許曄. 字는 太輝요 號는 草堂이며 陽川人이라. 文科로, 官至慶尙道觀察使라. 初從鎭川李公舍受易이라가, 後事先生于花潭이라. 先生疾革하니, 口占原理氣等四篇以遺之라. 有文集과 前言往行錄하고, 配享花谷書院이라.

朴民獻. 字는 元夫러니, 先生爲改頤正이라. 號는 瑟僴이오, 咸陽人이라. 文科로 官至咸鏡道觀察使라. 師事先生하여 深有所得하니, 撰先生神道碑銘이라. 有文集이라.

李之菡. 字는 馨仲이오, 自號士亭이라하고, 韓山人이라. 擧卓行하여 官至縣監이라. 妙歲에 受易於先生이라. 僑寓隣舍러니, 主人婦乘夜欲亂之로되, 公據理呵責이라. 先生聞之로, 稱謝不已曰；公敬德之師요, 非敬德之友也라하니라. 而況受業耶아?

洪仁祐. 字는 應吉이오, 號는 恥齋며 唐城人이라. 生員으로, 律身制行으로 一遵小學이라. 講論經義와 辨釋이 精明하니, 先生嘗云；多閱志學之人으로, 可與進步者는 惟洪某一人이라하니라. 有文集이라.

朴枝華. 字는 君實이오 號는 守菴이며, 旌善人이라. 嘗爲吏文學官이러니, 旋棄之라. 有學行하고, 以禮律身하며, 博極羣書하여, 所見精確이라. 有遺集四禮集說과 先生有答論禮諸書라.

鍾城令球. 字는 叔玉이오, 號는 蓮坊이라. 受業於嚴用恭과 儒士尹鼎이라가, 竟卒業於先生이라. 勉焉孜孜하여, 死而後已라.

南彦經. 字는 時甫요 號는 東崗이며, 宣寧人이라. 擧經明行修하여,

官至府尹이라.

崔櫟. 字는 大樹요, 完山人이라. 常愛近思錄과 性理大全이라. 初受業於先生할새, 有詩曰 ; 終宵對月非耽景이요, 盡日投竿不在魚라하니 先生歎曰 ; 此眞道體之吟也라하니라.

金惠孫. 字는 彦順이요, 慶州人으로, 官至郡守라. 早事先生이러니, 礪志學業하고, 晩年尤喜讀易이라.

馬義慶. 字는 仲積이요, 號는 竹溪이며, 木川人이라. 生員으로, 師事先生하여 潛心經學이라. 尤好周易과 性理大全等書라. 栗谷在東銓할새, 擧孝廉하여, 除參奉이나 謝恩卽歸하고 不仕라.

申淡. 字는 文源이요, 高靈人이라. 文簡公光漢之子로, 中司馬하여, 或勸之仕로되 不應이라. 受易於先生이라.

朴黎獻. 字는 希明이요, 民獻之弟라. 官止司饔院直長이라. 自少俊偉하고, 才氣不凡이라. 年未志學謁花潭先生하고, 從遊於門下之士라. 能知趣向하고, 性疎蕩하여, 不事擧子之業이라.

車軾. 字는 敬叔이요 號는 頤齋이며 延安人이라. 文科로 官至郡守라. 受學於先生하여 貫穿寧經史라. 又能美詞翰하여 絶異倫類라.

李均·黃元孫. 皆庶人也라. 從遊先生之門하여, 有士行이라. 先生有謝二生贈衣詩라.

金漢傑. 字는 士伸이요 開城人이라. 文科로 官至府使라. 先生爲作字詞라.

崔自陽. 通川人으로 進士라.

鄭芝衍. 字는 衍之요 號는 南峯이며 東萊人이라. 文科로 官至右議政이라.

尹聃壽. 字는 天老로 海平人이라. 嘗遊先生之門하여, 爲士類所推

重이라.

姜文佑. 字는 汝翼이오 晉州人이라. 文科로, 校理로되 乃庶類也라.
嘗謁先生于潭上이라.

李仲虎. 字는 風后요 號는 履素齋로 孝寧大君之後라. 以師道自任
이러니, 摳衣受業者日數百人이라.　先生嘗與論禮數日이러니,
歎曰 ; 不可及也라하니라.

金謹恭. 字는 敬叔이오 號는 愓庵이라. 開門授徒러니, 祖述花潭이
라.

張可順. 字는 子順이오 號는 思齋로 結城人이라. 嘗遊先生之門하
여, 力學求道하고, 踐履篤實하니, 六經諸子를, 靡不博洽이라.
而於周易에, 尤喜硏索이라. 所著書曰, 人事尋緖目이라.

# 화담선생문집발(花潭先生文集跋)/윤효선(尹孝先)

아아! 선생의 성은 서씨(徐氏)요, 이름은 경덕(敬德)이며, 자는 가구(可久)다. 오관산(五冠山) 속에 살았는데, 화담(花潭)이라는 연못이 있었고, 화암(花巖)이라는 바위가 있었다. 연못과 바위를 따라 호를 정했는데, 이 때문에 학자들은 화담선생이라 부른다. 복재(復齋)는 또 그 스스로가 지은 호이다.

그의 선조는 당성(唐城) 사람이고, 아버지의 이름은 호번(好蕃)이며 어머니는 한씨(韓氏)이다. 일찍이 어머니 한씨가 공자묘(孔子廟)에 들어간 꿈을 꾸고 임신을 한 뒤, 홍치(弘治) 기유년(己酉年, 1489) 2월 17일에 선생을 송도(松都) 화정리(禾井里)의 집에서 낳으셨다.

이른 나이에 초야에 묻혀 벼슬을 준다 해도 나가지 않았다. 기묘년(己卯年, 1519)에 현명하고 훌륭한 사람을 조정에서 구하여, 여러 뛰어난 사람들과 함께 천거되었지만 또한 나아가려 하지 않았다. 한 번 상사(上舍)의 과거에 급제한 적이 있지만 어머니의 뜻에 따르기 위한 것일 뿐이었다.

중종(中宗)과 인종(仁宗)의 상(喪)을 치르면서 모두 제도에 의거하여 자최(齊衰)의 상복을 3개월간 입었다.

가정(嘉靖) 병오년(丙午年, 1546) 7월 7일 이른 새벽에 화담의 정사(精舍)에서 서거하였다. 향년 58세였다. 그후 조정에서 의정부(議政府) 우의정(右議政)을 추증하였다. 시호는 도덕박문(道德博聞)의 문(文)과 연원유통(淵源流通)의 강(康)을 합쳐 문강(文康)이라 하였다.

아아! 인종 임금은 우리 동방의 대성(大聖)의 군주였다. 선생은 대현(大賢)의 자질을 지니고 마침 인종의 치세(治世)에 사시었다. 인종은 일찍이 삼공(三公)의 지위가 비어 있을 때, 거의 꿈으로 점을 쳐 마땅한 사람을 구하고자 하였다. 인종은 즉위한 지 1년이 된 을사년(乙巳年, 1545)에 별세했다. 선생은 그때 나이 예순이 안 되었는데, 을사년 다음해에 세상을 등졌던 것이다. 하늘이 위대한 현명한 사람을 낳는다는 것은 위대한 성인이신 임금이 큰일을 하게 하기 위함인 것이다. 그러나 위대한 현명한 사람과 위대한 성인이 끝내 각기 자기 뜻을 이루지 못하고, 이처럼 한때에 사라져 버렸으니, 진실로 헤아릴 수 없는 것이 하늘의 뜻이라 할 것이다.

아아! 선생의 학문은 성(誠)에 한결같고, 경(敬)을 위주로 하였으며, 또한 격치(格致)를 위선으로 삼았다. 만약 한 글자라도 뜻을 알지 못하면 또 다른 뜻을 생각하였다. 그러나 끝내 알 수 없다면 그 알고 있는 것들을 끝까지 밀고나가, 그가 알고 있는 뜻을 힘써 실천하였다. 공부하는 과정을 엄격하게 정해놓아, 끊임없이 발전을 거듭하였다.

그의 학문연구가 이루어지자 곧 옛 성인(聖人)의 도를 따라서 목적한 곳에 속히 이르렀다. 안으로는 굳건한 뜻을 세우고, 밖으로는 순수한 모습이 드러났으며, 중화(中和)로서 자신의 근본을 삼고, 《시경(詩經)》과 《서경(書經)》으로 그의 몸을 다스렸다.

가난과 굶주림 때문에 그의 마음이 움직이지 않았으며, 위세와 이익 때문에 그의 뜻이 흔들리지 않았다. 일생을 숲속에 묻혀 지내면서 고금의 일을 공부하였다.

세상에서 어렵고 뜻이 깊은 책이라 하더라도 한 번 읽고는 모두 깨우쳤으니, 그 뛰어난 식견(識見)은 거의 견줄 곳이 없었다. 특히 복희의 글인 《대역(大易)》, 《황극경세서(皇極經世書)》 등의 책에 조예가 깊어, 일을 미리 아는 오묘함은 천년을 두고도 들어보기 어려운 일이다.

아아! 선생께서는 자부(自負)하여 말하기를 "여러 성인(聖人)들이 다 전해주지도 않은 경지를 발견하였다."고 하였다. 그리고 우리나라 사람이 다시 말하기를 "선생의 학문은 장재(張載)에 뒤지지 않고, 수리(數理)에 있어서는 소옹(邵雍)만 못하지 않다."고도 하였다. 기특한 일이다!

고려 5백 년간의 도읍인 송도의 곡령(鵠嶺)에서, 또 정기를 기르고 빼어남을 잉태하여 이와같이 세상에 명망이 있는 인걸(人傑)을 내릴 수가 있었던 것이다. 성대한 일이다! 해외의 비천한 오랑캐의 나라에서 이와같이 다시없는 위대한 선비를 낳은 것이다. 비록 말세(末世)의 세상이어서 우리 도가 크게 무너지고 그의 학문을 배우지 않으며, 그분이 저며놓은 고기를 먹지 않으니, 누가 진실로 선생의 고귀함을 안다고 하겠는가?

아아! 나는 습재(習齋) 민순(閔純)의 문하에서 공부했는데, 그는 바로 선생에게서 수업을 받은 분이었다. 민공(閔公)께서 선생님으로부터 배운 이론들을 대강 배웠으니, 곧 선생님은 나의 할아버지뻘 스승이시다. 선생님의 도덕과 문장을 존중히 여기는 마음이 다른 사람들보다 더욱 절실한 까닭이다.

병란(兵亂)의 와중에 서적이 모두 흩어지고 없어져 마음속으로 선생의 저술을 얻어볼 수 없는 것을 통한으로 여겨왔다. 그러는 중에 사자(嗣子)인 용담공(龍潭公)에게 유고(遺稿)를 구했더니 책 한 권을 보여주었다. 시(詩)와 문(文)은 문하생인 박이정(朴頤正)과 허태휘(許太輝)가 모아 편집한 것이었다. 용담공은 너무 일찍 아버지를 여의어 유실되어 수습하지 못한 것이 많다하니 또한 애석하기 짝이 없는 일이 아니겠는가? 이미 지나간 일이야 돌이킬 수 없다 해도 후일을 다시 기약하며 마침내 민유청(閔惟淸)에게 뜻을 함께할 것을 요청하여, 전사(傳寫)하여 가지고, 애송하며 공경히 잘 갈무리하여 우리 유학

(儒學)의 큰 보배라 여기고 있다.

아아! 옛날에 죽은 친구 유여건(柳汝建)이 말하기를, "화담선생의 2권으로 된 문집은 다른 선비의 수십 권의 책보다 훌륭하다."고 했는데 그 말이 사실이다. 이 2권의 책은 진실로 소유(小儒)들이라면 그 오묘함과 은미함을 엿볼 수 없는 것이니, 학자라면 종신토록 읽는다고 해도 다할 수가 없는 책인 것이다.

만력(萬曆) 신축년(辛丑年, 1601) 여름 무인(戊寅)일에 후학 기천(沂川) 윤효선(尹孝先)이 삼가 뒤편에 씀.

[原文] 花潭先生文集跋

嗚呼라! 先生은 姓徐氏요, 諱敬德이오, 字可久라. 卜居五冠山中이러니, 有潭曰花潭이오, 有巖曰花巖하여, 而用潭巖爲號하여, 以是學者稱花潭先生이라. 復齋又其自號也라.

其先唐城人이요, 考諱好蕃이오, 妣韓氏라. 韓氏嘗夢入夫子廟而有身하여, 以弘治己酉二月十有七日에 降先生于松都禾井里第라.

從夙齡入林徵不起라. 己卯賢良之擧에 俊傑彙征이로되 而亦不肯就라. 一中上舍之科나, 遵毋志也니라.

恭僖 榮靖兩朝之喪에 皆依制持齊衰三月服이라.

嘉靖丙午七月七日昧爽에 卒于潭舍享年五十有八이라. 厥後 贈以議政府右議政이오, 諡以道德博聞之文과 淵源流通之康하여, 曰文康이라.

嗚呼라! 榮靖은 我東大聖之主也라. 先生以大賢之資로, 其生適丁榮靖之朝라. 榮靖嘗虛台鼎之位할새, 而庶幾夢卜之求라. 榮靖卽位一年에 而賓天於乙巳라. 先生年未耳順이나 而觀化於乙巳之明年이라. 天之生大賢也이, 若有爲大聖이라. 而大聖大賢이, 竟不能各遂其志乃如是冥漠於一時하니, 誠未可測者天意也라.

嗚呼라, 先生之學은, 一於誠하고  主於敬하여  且以格致爲先이라. 有一字不窮이면, 更思他義라. 不得이면, 知之之至하고, 力行其所知之志라. 嚴立課程하니, 進進無已라.

及其有成則用夏不變하여,  快造所期라.  陽剛立於內하고  粹容著於外하며,  中和立其本하고,  詩書飭其躬이라.  不以貧餓動其心이오, 不以威利撓其志라.  一生林下하여,  俯仰今古이라.  凡天下艱深之書를,  一閱輒曉하니,  而卓爾之識이,  殆無等倫이라.  尤邃於義文大易과 皇極經世等書라.  而前知之妙는,  千載罕聞이라.

嗚呼라!  先先之自許則曰;  見到千聖不盡傳之地頭라하니라.  東人復有言曰, 先生學不下橫渠요,  數不讓康節이라.  奇哉로다.

高麗氏五百年立都之鵠嶺이,   又能毓精孕秀而降如此名世之人豪也라.  盛矣로다.  海外鄙夷之邦에  生如此續不傳之大儒也로라.  雖然이나,  叔季之世에,  吾道大剝이어늘,  不學其學하고,  不嗜其㪍하니, 孰有眞知先生之貴者哉아?

嗚呼라!  小子足及於習齋閔氏之門이라.  閔是受業于先生者也라. 粗聞閔氏之所得於先生之緒論하니,  則先生寔我祖師로다.  其景慕先生之道德文章이,  彌有切於他人者矣라.

兵火之餘에  書籍散亡하여,  竊以不獲見先生著述爲痛恨이라.  間求遺稿於嗣子龍潭公하니,  則出示一冊이라.  詩與文乃其門下朴公頤正과 許公太輝所裒集이라.  而龍潭之早孤也로,  亦多有遺失不收者云하니,  可勝惜哉로다!  悼旣往之不追하고,  圖服膺於來日하여,  遂請同志閔公惟淸而傳寫之라.  愛誦而敬藏之하고,  以爲斯文之大寶焉이라.

嗚呼라!  昔者亡友柳汝健言;  花潭先生一部兩卷書는  勝如他儒數十卷書라하니,  誠哉斯言也로다.  此兩卷書는  實非小儒所可窺覬其微奧니라.  而學者終身用之라도,  有不能盡者焉爾니라.

萬曆辛丑季夏戊寅에  後學沂川尹孝先이  謹識于後하노라.

# 화담선생문집중간발(花潭先生文集重刊跋)/홍방(洪霧)

아아! 선생은 도덕과 문장을 가지고도 자연 속에 자취를 감추고 숨어 살았다. 그가 쓴 〈원이기(原理氣)〉·〈이기(理氣)〉·〈태허(太虛)〉와 같은 논설(論說)과 〈황극경세수해(皇極經世數解)〉 등은 이전의 성인(聖人)들이 밝혀내지 못한 뜻을 상수(象數)의 오묘함을 미루어 계산하여 심오한 뜻을 천명하였고, 숨겨있는 이치를 드러내 보인 것이니, 후학들에게 커다란 공이 있다고 해야 할 것이며, 그것은 진실로 없어져 버리어 후세에 전하지 않게 되어서는 안되는 것이다.

예전에 문집이 세상에 간행되어, 비록 내가 뒤늦게 태어난 외롭고 고루한 자여서 당시에 친히 문하에서 배우지 못하였지만, 역시 우리 동방이 낳은 위대한 현인임을 잘 알고 있다. 불행히도 병란의 와중에 서적들이 산실되어, 마음속으로 다시 이 문집을 볼 수 없게 되었음을 통한으로 여기고 있었다.

여러 선비와 벗들에게 두루 물어 이 유고를 얻게 되었다. 공금(公金)을 출연토록 한 뒤 공쟁이 몇 명을 모아 이를 간각(刊刻)하여 오래도록 전하여 질 수 있게 되었다. 선생의 심학(心學)의 바름과 사물의 이치 추구의 극치를 논한다면, 소생과 같은 시원찮은 학자가 배워서 그 한계를 엿볼 수 있는 것이 아니다.

명(明)나라 만력(萬曆) 33년 을사년(乙巳年, 1605) 늦가을에 조산대부(朝散大夫) 은산현감(殷山縣監) 홍방(洪霧)이 삼가 뒤편에 씀.

原文  花潭先生文集重刊跋

嗚呼라, 先生은 以道德文章으로, 晦迹於林泉之下라. 其所著述若原理氣·理氣·太虛等說及皇極經世數解는,  發前聖所未發之旨하여, 推演象數之妙하고, 闡明奧義하여, 開示幽蹟하니, 大有功於後學이라. 誠不可以泯沒이나, 而無傳也니라.

在昔文集刊行于世하여, 雖以小子之晚生孤陋로, 不得親炙於當時나,  而亦知吾東方生此大賢也러라.  不幸兵燹之餘에, 書籍散亡하여, 竊以不得復見是集爲痛恨이라.

遍求於士友間하여,  得此遺稿라. 捐公廩하고,  募聚工匠若干手하여, 登之梓以壽其傳이라. 若論其先生心學之正과, 窮格之極致면, 則非鯫生末學所可得以窺其涯涘也니라.

時皇明萬曆紀元之三十三年乙巳暮秋에,  朝散大夫  行殷山縣監洪霔이, 謹識于後하노라.

# 화담선생문집발(花潭先生文集跋)/김용겸(金用謙)


화담 서선생은 자질과 바탕이 영민하고 뛰어나며, 학문은 하늘과 사람을 연구하였으니 진실로 우리 동방의 소옹(邵雍)이라 할 수 있다. 그리고 남긴 저술이 많지는 않고 문집 한 책이 세상에 통행하고 있다. 그러나 이처럼 엉성한 글들로는 선생을 온전히 알 수가 없다. 그리고 그 편차도 고르지 못하며 판본도 심하게 문드러져 모습을 그대로 갖추고 있지 않으니 더욱 애석한 일이다.

나는 스스로의 능력도 헤아리지 못하고, 편차를 고치고 바로잡아 한 부를 베껴 가지고 읽고 완상(玩賞)하며 맛을 즐기는 바탕으로 삼았다. 그리고 조만간에 혹 능력이 생기면, 장차 이를 판각하여 세상에 널리 펴고자 하였다.

아아! 세상의 선비들이 흔히 선생의 학문이 상수(象數) 한쪽으로 편중되어 있는 점을 병폐로 여겨 순수한 자로 선생을 대우하지 않고 있다. 그러나 그것은 선생이 스승의 가르침도 없이 도(道)의 은미(隱微)함을 탐구하여 일반적인 방법으로 공부한 사람들로서는 미칠 수가 없는 것임을 알지 못하기 때문이다. 세상의 선비들은 고루하니 그들이 어찌 선생의 오묘한 경지를 살펴 알 수가 있겠는가?

을묘년(乙卯年, 1735)에 나는 서쪽으로 고려의 수도였던 송도(松都)를 유람하다가 화담(花潭) 가에 이르러 고아한 풍모에 읍(揖)하고 남아있는 사당을 참배하였는데, 왔다갔다 하면서 오래도록 떠나지 못했다. 지금 이 일을 하면서, 거듭 추억과 감흥(感興)이 일고 있다.

영조(英祖) 28년(1752) 임신년(壬申年) 양지(陽至) 이틀 전에 후학 안동(安東) 김용겸은 손을 씻고 삼가 씀.

原文  花潭先生文集跋

花潭徐先生은 資稟英睿하고, 學究天人하니, 寔我東之邵堯夫也니라. 第其著述不多요, 只有文集一冊行于世라. 惟此零星文字론, 非可以盡知先生者라. 而又其編次無倫脊하고, 板本甚漫漶하며 不成規模하니 尤可惜也라.

用謙竊不自揆하고 改整編次하여 手抄一本하여, 以爲覽玩諷味之資라. 且擬早晚或得事力이면, 則將剞劂而布于世焉이라.

嗚呼라, 世儒多病先生之學偏於象數一邊이라하고, 不以醇儒待之나, 而不知先生不由師承하고, 探賾道微하니 有非循常依樣者所可及이라. 世儒固陋하니 其安能窺闚先生之閫奧也리오?

歲乙卯에 用謙西遊舊都하여 至于花潭之上이라. 挹高風而拜遺祠하고, 盖徘徊躑躅하여, 久而不能去러라. 今於斯役에 重爲之追憶興感也니라.

上之二十八年壬申의 陽至前二日에 後學安東金用謙이 盥手謹書하노라.

# 화담선생문집중간발(花潭先生文集重刊跋) /

윤득관(尹得觀)


기자(箕子)의 홍범(洪範)이란 글은 하늘과 사람의 도(道)를 서술하여 성인(聖人)이 되는 법(法)을 드러내 보여준 것이다. 그 취지를 요약하면 사(思)자 하나로 귀착될 것이다. 앞에서는 요(堯)가 순(舜)에게 "중정(中正)함을 잡으라[執中]." 일러주었고, 뒤에는 공자께서 안자(顔子)에게 "자기를 이겨내라[克己]."고 가르쳤는데, 모두 사(思)자와 관련된 공부를 하는 것이어서, 기자의 홍범과 표리를 이루고 있다. 주자(朱子)의 〈대학문(大學問)〉에 있어서도 경전의 주석이 학문의 계승과 발전에 뜻을 두고 있으니, 이와같이 된 이유를 추구해보면 역시 사(思)에 근거를 두고 있는 것이다.

그는 산속에서 밤중에도 사색을 하고, 두견새의 괴로운 소리를 들으며, 그가 도를 추구하기 시작할 적에 그의 마음의 힘을 얼마나 썼겠는가? 공자가 말한 "밤새도록 생각하는 것은 공부하는 것만 같지 못하다[終夜以思, 不如學]"는 것은, 생각만 하고 공부는 하지 않는 경우를 말한 것이다. 공자는 또 "공부하고 생각지 않는다면 곧 멍청해진다[學而不思則罔]."고 말했다.

맹자는 "군자가 도(道)로서 깊이 연구하는 것은 스스로 터득하고자 하는 것[君子深造之以道, 欲其自得之也]"이라 하였다. 스스로 터득한다는 것은 마음으로 터득한다는 말이다. 마음이 생각을 관장하니, 생각하면 도에 대해 터득하고, 생각하지 않으면 도에 대하여 터득하지 못하게 되는 것이다. 이른바 〈경을 위주로 한다[主敬]〉는 것도 또한 생각을 한결같이 하는 것을 위주로 함을 말하는 것이니, 생각함이 없다면 〈경〉은 어디에다 쓰겠는가? 이것이 기자의 홍범의 본 뜻이다.

우리 동방의 학자로서는 정암(靜庵) 조광조(趙光祖)와 퇴계(退溪) 이황(李滉) 두 선생을 으뜸으로 치지만, 그 사이에 화담(花潭) 서선생(徐先生)이 생존하시었다. 세 선생의 성리설(性理說)의 서로 득실이 있는 데 대하여는, 문성공(文成公) 율곡(栗谷) 이이(李珥)가 논한 바가 있다. 그러나 스스로 터득한 일에 있어서는 선생과 정암을 내세웠으니, 거기에는 추존(推尊)하는 뜻이 담기어 있었던 것이다.

나의 조부 월정(月汀) 윤근수(尹根壽)께서 일찍이 명나라에 사신으로 갔었는데 명나라의 학자들이 기자의 홍범구주(洪範九疇)와 공맹(孔孟)의 심법(心法)이 전해지고 있느냐고 물었다. 이에 정암 등 제현과 선생을 들어 대답하면서, "서경덕은 성리의 학문을 연구하여 밝혔는데, 특히 수학에 조예가 깊었다."고 대답하였다. 이는 대개 당시에 퇴계에게서 이론이 정해진 것이었다. 퇴계는 나중에 선생에게 더욱 심하게 경도(傾倒)되었으니, 그의 시에 읊고 있는 것을 통해서도 알 수 있는 일이다. 세상의 선비들이 혹 선생의 학문은 수(數)에 편중되어 있다 하여 가볍게 여겼으나, 이는 제대로 알지 못하는 것이다.

수는 이치이다. 공부하면서 이치를 알지 못한다면, 어찌 학문이라 말할 수가 있겠는가? 공자(孔子)의 《주역》 계사전(繫辭傳)의 이론은 바로 수(數)이다. 만약 공자께서 시(詩)를 산정(刪定)한 일도, 예(禮)를 논술한 일도 없고, 다만 《주역》 계사전만을 썼다면 곧 수를 공부했다고 하여 공자를 가볍게 여길 수가 있겠는가?

선생은 일찍부터 1년을 두고 생각을 깊게 하여 한 번 보면 저절로 통달하고 훤해져 마침내 책은 가히 생각을 통해서도 터득할 수 있음을 알게 되었던 것이다. 벽에다 천지만물의 이름을 써 놓고 거기에 대하여 생각하느라 잠자고 밥 먹는 것도 잊었다가 마침내 뜻을 꿰뚫게 되었다. 주자가 일찍이 말하기를 "학자는 먼저 글자의 뜻을 안 연후에야 이를 기반으로 하여 의리를 탐구할 수 있다."고 했는데, 선생을 두고 보면 정말 그러하다. 지금 문집에 있는 〈원이기(原理氣)〉 등의 이론은 모두 선생께서 생각을 통해 터득한 말인 것이다.

그 전에 인종(仁宗)에게 상소문을 올려 상제(喪制)가 옛날과 같지 않은 실책을 논하고 삼대(三代)의 예로 되돌아갈 것을 요청한 것은, 말뜻이 간절하여 사람들로 하여금 감탄케 한다. 선생의 학문이 어찌 일찍이 수에 편중되어 있었겠는가? 만약 선생으로 하여금 당시에 정치를 하게 하였다면, 그 아름다운 말과 지극한 이론을 임금에게 올리어 세교(世敎)에 이익을 준 것이 반드시 적지 않았을 것이고, 아마도 우리 백성들이 그 복을 받았을 것이다. 아쉽도다, 그리되지 못했음이여!

선생의 유집(遺集)은 예전부터 판본이 서원에 있었는데 지금은 모두 헐고 없어지고 하여, 그 때문에 송도의 여러 선비들이 중간을 도모하게 되었다. 진사 한명상(韓命相)이 그 일을 주관하였다. 한명상은 여러 선비들의 뜻을 모아 내가 평소 선생에 대하여 잘 알고 존경하고 사모하고 있으니 제발(題跋)을 부탁한다 하였다. 사양하였지만 그러지 못하여 이 글을 써서 권말(卷末)에 붙인다. 사람들로 하여금 선생의 학문이 바로 기자(箕子)의 학문임을 알게 하고, 학자들도 선생의 학문방법을 추구하여 공부한다면 곧 거의 성인이 되는 길로 접어들 수 있을 것이라 믿는 바이다.

을사년(乙巳年, 1605) 7월 그믐날 해평(海平) 윤득관(尹得觀)이 삼가 씀.

原文  花潭先生文集重刊跋

我箕子洪範一書는  敍天人之道하여,  揭示作聖之法이나,  而要其

歸는, 在一思字라. 由前而堯授舜曰, 執中하라하고, 在後則孔詔顔曰, 克己하라하니, 皆關思字上用工夫로, 表裏箕範이라. 至於朱子大學問하여는, 箋註經傳에, 功存繼開나, 究其所以致此면, 則亦只是原於思라.

想其山夜思索에 杜鵑聲苦하고, 其求道之始에 用心之力何如也오? 若孔子所言終夜以思는 不如學이라함은, 是爲思而不學者言이라. 孔子旣曰, 學而不思則罔이라하니라.

孟子曰, 君子深造之以道는 欲其自得之也라하니라. 自得之也者는 心得之謂也니라. 心之官思요, 思則得於道나 不思則不得於道라. 所謂主敬도 亦以思之主一而名言이라. 不有思焉이면 則敬安所用哉아? 此箕範之本旨也니라.

我東學者는 推靜退二先生爲首요, 花潭徐先生生於其間이라. 三先生理氣說之互有得失은 有栗谷文成公之論이라. 而其所自得則歸之先生與靜菴이니, 盖亦推許之意在其中也니라.

吾祖月汀公嘗朝天이러니, 天朝學士有問傳箕子疇數와 孔孟心法者라. 則以靜菴諸賢與先生爲對而曰 ; 徐某講明性理之學而數學尤精이라하니라. 此盖當時講定於退溪者나, 而退溪他日엔 傾嚮先生甚하니, 其著於吟詠者可見이라. 則世儒之或以先生之學偏於數而少之나 是不知也니라.

數者理也니라. 學焉而不知理면 則烏足謂學고? 孔夫子繫易之辭는, 是數也라. 設夫子無刪詩述禮之事하고, 而只易繫見傳이면, 則其可以學數而少夫子耶아?

先生早時에, 精思朞三百하고 一望自通曉하여, 遂知書之可以思得이라. 壁書天地萬物之名하고, 思之忘寢食하여 以至貫徹이라. 朱子嘗說, 學者先識得字義하고, 然後因從此尋箇義理라하니, 觀於先生이면, 信然이라. 令集中原理氣等說은 皆先生思得之言也니라.

其上孝陵擬疏에, 論喪制不古之失하고, 要復三代之禮者는, 辭旨懇惻하여, 令人感歎이라. 先生之學이, 亦何嘗偏於數也오? 如使先生致用於當世면 則其嘉言至論之上陳於黈纊하여, 裨益於世敎者必不小하고, 而庶幾斯民蒙其福矣리라. 惜乎其未也로다.

先生遺集은 舊有板本在書院이러니, 今皆刓缺이라. 舊都多士圖所以重刊하여, 進士韓命相幹其事라. 韓君致多士之意하여, 謂余平日知尊慕先生이라하고, 屬以題跋이라. 旣辭不得하니, 則輒書是說하여 附之卷末하여, 俾知先生之學卽箕子之學이오, 而學者求所以爲先生者而學焉이면, 則庶其有得於作聖之門路云爾니라.

龍集上章攝提格七月朔日乙巳에, 海平尹得觀이 謹書하노라.

# 화담선생문집중간발(花潭先生文集重刊跋) /
## 채위하(蔡緯夏)


문집의 간행은 그것이 오래 전해지도록 하기 위해서인데, 간행한 것이 정확하고 상세하지 않으면 그것은 오래 전하여지지 않을 것이니, 간행하지 않은 것과 무엇이 다르겠는가? 송경(松京)에는 옛날부터 《화담집(花潭集)》의 판본(板本)이 있었는데, 편차(偏次)가 순서를 잃고 자행(字行)도 완정(完整)하지 못하고, 거기에다 오랜 세월이 지나면서 먹물이 흐려져 글자를 알아보기 어렵고 또 유실(遺失)된 부분도 있어서 글을 다 싣지 못한 것이니, 이 어찌 학계에서 가슴 아파할 일이 아니겠는가!

내가 좌부(佐府)로 와서 이를 슬퍼하여 새로이 이를 간행할 생각을 하였다. 마침 김성시(金聲始)가 교교재(嘐嘐齋) 김용겸(金用謙)이 편집한 문집 한 부를 가져와 보여주었다. 내가 받아서 읽어 보니 서차(序次)가 바르고 범례도 잘 갖추어져 있어 진실로 나의 마음을 먼저 안 것이라 하겠다. 마침내 부(府)의 여러 선비들과 판각할 것을 의논하고, 다시 후현(後賢)들이 숭상하고 논의한 말들을 유사(遺事) 중에 모두 실었다. 그리고 따로 연보(年譜)와 문인록(門人錄)을 편찬하여 부록으로 합치어 모두 3편이 되었다. 그 또한 정확하고 상세하게 함으로써 오래오래 전해지도록 하려는 뜻이었다. 일을 다 마치고, 진사(進士) 한명상(韓命相)과 마지광(馬之光)이 나에게 그 전말을 쓰라는 요청을 하여왔다. 나는 사양을 하지 못하고 대강 이와 같이 쓰게 된 것이다. 선생의 성대한 덕과 깊은 학문은 나와 같은 만학(晩學)의 선비가 살피고 헤아릴 수 있는 일이 못되어, 여기서는 감히 참람되이 논하지 않는 것이다.

영조(英祖) 46년 경인년(庚寅年, 1770) 윤달 하순에 후학 평강(平康) 채위하(蔡緯夏)가 삼가 씀.

## 原文 花潭先生文集重刊跋

文集之刊은 所以壽其傳이니, 刊之而不精不詳이면, 則其傳不壽니, 與不刊奚異哉오? 松京舊有花潭集板本이나, 而編次失序하고, 字行欠精하며, 加以歲久黕昧하고, 又有遺失而未及盡載者니, 豈非斯文之所可恨者耶아?

余來佐府하여 慨然思有以新其刻矣라. 會金生聲始得嘐嘐齋金公用謙氏所編一本來示하여, 余受而讀之하니, 則序次得正하고, 凡例儘好하니, 眞可謂先獲我心矣라. 遂與府之多士로 謀以付剞劂하고, 更取後賢尙論之語하여, 添載遺事中이라. 又別爲年譜及門人錄以附之하니, 合爲三編이라. 其亦庶乎致精詳而壽其傳者歟아!

工告訖하고, 進士韓命相과 馬之光이, 要余識其顚末이라. 余辭不獲하여, 略敍如右라. 若先生之盛德邃學은, 有非晩生所可窺測이니, 今不敢僭論云이라.

上之四十六年庚寅의 閏月下澣에, 後學平康蔡緯夏이 謹識하노라.

# 색 인(索引)

## [ㅂ]

## [ㅇ]

## [ㅎ]

徐花潭文集

| | | | |
|---|---|---|---|
| 改訂 增補版 印刷 ● 2002年 | 12月 | 26日 |
| 改訂 增補版 發行 ● 2003年 | 1月 | 2日 |

譯　者 ● 金 學 主

發行者 ● 金 東 求

發行處 ● 明 文 堂
서울특별시 종로구 안국동 17~8
대체　010041-31-001194
전화　(영) 733-3039, 734-4798
　　　(편) 733-4748
FAX 734-9209
Homepage www.myungmundang.net
E-mail mmdbook1@myungmundang.net
등록　1977. 11. 19. 제1~148호

● 낙장 및 파본은 교환해 드립니다.
● 불허복제.

값　25,000원
ISBN 89-7270-712-0　03810

# 中國學 東洋思想文學 代表選集

공자의 생애와 사상 金學主 著 신국판
공자와 맹자의 철학사상 安吉煥 編著 신국판
老子와 道家思想 金學主 著 신국판
自然의 흐름에 거역하지 말라 莊子 安吉煥 編譯 신국판
仁과 中庸이 멀리에만 있는 것이드냐 孔子傳 김전원 編著
백성을 섬기기가 그토록 어렵더냐 孟子傳 安吉煥 編著
영원한 신선들의 이야기 神仙傳 葛洪稚川 著 李民樹 譯
中國現代詩研究 許世旭 著 신국판 양장
白樂天詩研究 金在乘 著 신국판
中國人이 쓴 文學槪論 王夢鷗 著 李章佑 譯
中國詩學 劉若愚 著 李章佑 譯 신국판 양장
中國의 文學理論 劉若愚 著 李章佑 譯
梁啓超 毛以亨 著 宋恒龍 譯 신국판 값 4000원
동양인의 哲學的 思考와 그 삶의 세계 宋恒龍 著
東西洋의 사상과 종교를 찾아서 林語堂 著·金學主 譯
中國의 茶道 金明培 譯著 신국판
老莊의 哲學思想 金星元 編著 신국판
原文對譯 史記列傳精解 司馬遷 著 成元慶 編譯
新譯 史記講讀 司馬遷 著 진기환 譯 신국판
新完譯 淮南子(上,中,下) 劉安 編著 安吉煥 編譯 신국판
論語新講義 金星元 譯著 신국판 양장
人間孔子 李長之 著 김전원 譯

改訂增補版 新完譯 論語 張基槿 譯著 신국판
中國古典漢詩人選❶ 改訂增補版 新譯 李太白 張基槿 譯著
中國古典漢詩人選❷ 改訂增補版 新譯 陶淵明 張基槿 譯著
개정증보판 中國 古代의 歌舞戲 金學主 著 신국판 양장
중국고전희곡선 元雜劇選 (사)한국출판인회의 이달의 책 선정도서(2002.1·2월호) 金學主 編譯 신국판 양장 값 20,000원
修訂增補 樂府詩選 金學主 著 신국판 양장
修訂新版 漢代의 文人과 詩 金學主 著 신국판 양장
漢代의 文學과 賦 金學主 著 신국판 양장
改訂增補 新譯 陶淵明 金學主 譯 신국판 양장
改訂增補版 新完譯 書經 金學主 譯著 신국판
改訂增補版 新完譯 詩經 金學主 譯著 신국판
修訂增補 墨子, 그 생애·사상과 墨家 金學主 著 신국판 양장
중국의 희곡과 민간연예 金學主 著 신국판 양장
改訂增補版 新完譯 孟子(上·下) 車柱環 譯著 신국판
新完譯 論語 -경제학자가 본 알기쉬운 논어- 姜秉昌 譯註 신국판
新完譯 한글판 論語 張基槿 譯著 신국판
국내최초 한글판 완역본 코란(꾸란:이슬람의 聖典) 金容善譯註 신국판
戰國策 김전원 編著 신국판
宋名臣言行錄 鄭鉉祐 編著
基礎漢文讀解法 제34회 문화관광부 추천도서(2001.11.6) 崔完植·金榮九·李永朱·閔正基 共著
漢文讀解法 崔完植·金榮九·李永朱 共著 신국판
基本生活漢字 제33회 문화관광부 추천도서(2000.11.17) 최수도 엮음 4·6배판
東洋古典41選 安吉煥 編著 신국판
東洋古典解說 李民樹 著 신국판 양장